U1000299

海南自贸港人才吸引力研究

理论与实践

HAINANZIMAOGANG RENCAIXIYINLI YANJIU

杨双◎著

中国经济出版社
CHINA ECONOMIC PUBLISHING HOUSE
·北京·

图书在版编目（CIP）数据

海南自贸港人才吸引力研究：理论与实践 / 杨双著．北京：中国经济出版社，2024．5．-- ISBN 978-7-5136-7793-6

Ⅰ．F752．866

中国国家版本馆 CIP 数据核字第 2024XP5168 号

策划编辑　姜　静
责任编辑　王西琨
责任印制　马小宾
封面设计　任燕飞装帧设计工作室

出版发行　中国经济出版社
印 刷 者　北京富泰印刷有限责任公司
经 销 者　各地新华书店
开　　本　710mm×1000mm　1/16
印　　张　13．25
字　　数　224 千字
版　　次　2024 年 5 月第 1 版
印　　次　2024 年 5 月第 1 次
定　　价　78．00 元
广告经营许可证　京西工商广字第 8179 号

中国经济出版社 网址 http://epc.sinopec.com/epc/ 社址 北京市东城区安定门外大街 58 号 邮编 100011
本版图书如存在印装质量问题，请与本社销售中心联系调换（联系电话：010-57512564）

版权所有　盗版必究（举报电话：010-57512600）
国家版权局反盗版举报中心（举报电话：12390）　　服务热线：010-57512564

序言

在知识经济时代，人才已成为区域竞争力的关键要素，尤其在全球化背景下，人才流动更为频繁。如何吸引并留住人才，成为各地区面临的重要课题。

作为中国对外开放的前沿，海南自由贸易港是中国经济内外双循环交汇点，承载着汇聚国内国外两种资源的任务，拥有吸引、集聚人才要素的政策红利，以及得天独厚的自然资源禀赋优势，为人才提供了良好的发展机遇和广阔的成长空间。2018 年，海南启动实施“百万人才进海南”战略，并配套出台一系列人才引、育、留、培方面政策，逐步构建比较完善、务实、有效的人才政策体系，人才培育引进“双轮驱动”机制取得了显著成效。对海南自由贸易港人才吸引力的持续性研究，有助于我们识别影响人才吸引力的关键因素，提升海南自由贸易港的世界影响力，使海南成为国内外人才会聚热土。

海南以“聚四方之才”为目标，实施包括税收优惠、出入境便利、科研资助、教育与医疗配套服务等在内的系列创新性人才政策，旨在创造一个有利于人才聚集和发展的环境。这些政策的实际效果和长远影响都需要进行系统研究和评估，为后续政策调整和优化提供科学依据。

着眼于未来发展，海南自由贸易港人才发展战略一定要具有全球视野，立足本岛，面向全国，放眼全球，吸纳全球各国各地区的优秀人才。海南的人才政策制定和实施也应具备国际性、前瞻性和可持续性，以适应不断变化的国际和国内形势。同时，文化多样性和包容性也是自由贸易港的应有之义，海南自由贸易港在国际化发展过程中也将吸引越来越多的不同文化背景的各类人才。

本书通过科学的方法论和翔实的数据分析，从多个维度对海南自由贸易港人才吸引力进行了指标化分解，从政策环境、经济机遇、社会文化、生活条件等维度构建立体式、全景化的海南自由贸易港人才吸引力评价指标体系，不仅是对海南自由贸易港人才吸引力具体实践的剖析解读，更是对如何构建有效人才吸引机制的系统思考。书中配套的案例分析和策略建议，也可以为海南各级政府部门管理干部、企事业单位人才工作者等提供有价值的实践和政策参考。

热诚地期待本书能够激发学界业界的更多思考和充分讨论；与社会各界协力互勉，共同研究构建具有中国特色、符合海南定位的人才政策体系，助推海南自由贸易港在全球人才竞争中取得更大的成功。

海南自由贸易港人才发展研究院院长
海南省政协经济委员会副主任
2024 年 5 月

前言

在知识经济迅猛发展和全球化浪潮兴起的今天，人才资源已经成为衡量一个区域竞争力和吸引力的关键要素。高质量的人才储备不仅能驱动科技创新，提升产业能级，更能引领经济社会全面发展，增强区域的综合影响力和国际地位。人才资源区别于其他资源的一个本质特征是人才具有自主流动性，人才资源总是不断流向吸引力大的城市。一个具有高人才吸引力的城市，通常具备良好的经济发展水平、完善的产业体系、优质的教育资源、良好的医疗条件、丰富的文化娱乐活动以及舒适的生活环境，这些因素共同作用，不仅能够吸引和留住各类人才，还能够促进区域的持续发展和竞争力提升。近年来，各省市纷纷推出各种人才引进政策，优化人才发展环境，以期吸引和保留人才，实现以人才为支撑的经济高质量发展。但在实际中，出现了过于强调经济补贴、过度关注高学历或高层次人才等引才政策同质化的问题。这种同质化政策容易引发城市间的恶性竞争，而不同城市在政策环境、经济发展、生活环境等方面各具优势。因此，系统、客观、量化地评估其人才吸引力的水平状况及优劣势，并利用自身优势展开差异化引才策略，精准有效地提升城市对人才的吸引力显得尤为重要。

随着海南自贸港建设的蓬勃兴起，海南在国内外的影响力不断提升，这也为海南自贸港吸引和集聚人才提供了良好的契机。海南自贸港作为中国对外开放的新高地，拥有独特的政策优势、区位优势和资源优势，为人才提供了广阔的发展空间和机遇。通过对海南自贸港人才吸引力进行评价和分析，能够有针对性地剖析海南自贸港人才吸引力的影响因素和机制，做到精准发力，高效提高区域对人才的吸引力，推动海南自贸港成为国内外优秀人才的聚集地和创新创业的热土，为海南自贸港的蓬勃建设和发展打下坚实基础。

本书由综合篇、理论篇、案例篇、专题篇四个部分组成。通过科学构建涵盖人才规模、人才投入、政策环境、经济环境、生活环境等多元维度的分析框架，系统且全面地揭示了影响自贸港人才吸引力的关键因素及其在各市县间的分布特征与挑战。本书不仅详尽展示了海南各区域及各重点市县的人才吸引力现状与问题，而且提出了针对性的策略建议与未来展望，旨在为各类型人才、海南各级政府和人才工作者提供参考和借鉴，为理解区域人才吸引集聚的形成机制，促进海南各区域及市县人才吸引力的提升做出理论和实践探索。

受本人学识和统计数据的限制，本书所提出的评价指标体系不尽完善，仅能相对反映海南各区域及市县的人才吸引力水平。本人将在后续的研究和实践中，不断调整和完善指标体系，丰富数据获取方式，扩大样本量和时间维度，以期更加立体、全面地展现海南自贸港人才吸引力的全貌，为进一步提升海南自贸港人才吸引力，共同铸就全球人才高地的璀璨未来做出贡献。

最后，衷心感谢海南自由贸易港人才发展研究院李世杰院长、岳炳阳等研究团队对本书出版的支持，感谢中国经济出版社、各位专家、各市县提供的意见和建议。作为一项持续性研究的阶段性成果，我将持续不断地深化此项研究，将其精炼打磨，努力使之成为指导海南自贸港人才工作战略决策和实践行动的重要参考资料。

杨　双

2024 年 3 月

目录

综合篇

理论篇

案例篇

专题篇

综合篇

海南人才的发展史是海南社会经济发展的见证史。30 多年来，从“十万人才过海峡”的壮丽画卷，到“百万人才进海南行动计划”的宏大布局，无数英才齐聚海南，成为海南发展的见证者、参与者和贡献者。海南人才的发展史在时代变迁中展现出独特的发展脉络，从早期的建省办特区到如今的自贸港建设，人才战略作为经济社会发展的核心驱动力，不断推动着海南产业结构升级和社会进步。2018 年 4 月 13 日以来，海南自由贸易港建设上升为国家战略，海南省在此背景下进一步加大了对国内外高端人才引进与培养的力度，构建了一套系统化、多元化的人才吸引策略。

本部分深刻阐述了研究海南自贸港人才吸引力的时代背景与战略价值，凸显其在推动区域经济社会发展、高质量建设自贸港以及优化人力资源配置中的作用，并通过对海南自贸港人力资源现状的深度剖析与国内横向比较，为全面了解海南自贸港人才吸引力在全国所处水平提供了重要参考。为了精准有效地提升海南自贸港对人才的吸引力，本部分系统、客观、量化地评估了海南各区域及各市县的人才吸引力水平状况及其优劣势，勾勒出一幅清晰的人才吸引力地图，并针对海南自贸港提升人才吸引力提出一些建议，从而为精准定位并强化海南在全球人才竞争格局中的优势奠定了坚实的基础。

一、海南自贸港人才吸引力研究背景

（一）推动经济和社会发展，形成人才国际竞争比较优势的必然要求

随着全球化和技术变革的加速，各国之间的经济竞争已经演变为科技和人才的竞争。人才作为生产要素中最活跃、最重要的因素，已经成为推动经济社会发展的关键力量。面对这一趋势，世界各国纷纷采取积极措施以增强对高素质人才的吸引力，包括加大教育科研投入、强化产学研合作、优化居住环境以及设立基金和项目等。美国凭借开放移民政策，科学、技术、工程和数学（Science，Technology，Engineering，Mathematics，STEM）教育基金及创业支持计划等吸引全球人才；新加坡则通过优厚待遇、一流商业环境打造人才高地；加拿大除了宽松的移民政策以外，还推出创业基金、实习计划等手段来提高人才培养质量和留住人才。这些措施共同推动了各国创新创业生态系统的进一步完善，为吸引人才打下了坚实的基础。

党的二十大报告明确指出，要"深入实施人才强国战略""完善人才战略布局""加快建设世界重要人才中心和创新高地""着力形成人才国际竞争的比较优势"，前瞻性、科学性地阐明了新时代人才工作的新使命新要求。各主要城市，如北京、上海、杭州等地，均通过制定个性化的人才政策、建设服务平台、改善生活环境及拓宽国际合作路径等方式积极吸引人才。其中，北京依托丰富的教育资源和顶尖科研机构，致力于营造全球领先的创新氛围；上海借助自贸区政策优势和完善的基础设施，吸引了大量国际高端人才；杭州以其宜人的自然环境、活跃的创新创业生态及知名互联网企业集聚效应，为各类人才提供了广阔的发展空间和有力的政策扶持。

海南自贸港在高质量建设和发展过程中，人才的重要性尤为突出。

习近平总书记“4·13”重要讲话精神中提到，海南要坚持五湖四海广揽人才，在深化人才发展体制机制改革上有突破，实行更加积极、更加开放、更加有效的人才政策，创新人才培养支持机制，构建更加开放的引才机制，全面提升人才服务水平，让各类人才在海南各尽其用、各展其才。海南自贸港作为中国对外开放的新高地，要实现经济和社会的快速发展，必须紧紧抓住人才这一关键要素。了解影响人才流入的因素，包括生活成本、教育医疗资源、居住环境等，可指导各城市改进公共服务设施，打造宜居宜业的城市环境，有助于人才在自贸港扎根、成长，发挥最大效能。通过提升人才吸引力，可以吸引和培养更多具有国际视野和创新能力的高素质人才，推动经济结构的优化升级和社会事业的全面进步，为经济社会发展提供智力支持和创新驱动，从而在激烈的国际竞争中形成比较优势。

（二）响应国家战略布局要求，高质量建设海南自贸港的时代选择

海南自由贸易港是习近平总书记亲自谋划、部署并推动的重大国家战略，承载着建设成为我国对外开放新高地和全球资源配置枢纽的重任。人才作为驱动这一宏伟蓝图高质量发展的核心要素之一，其集聚效应对于自贸港的成功构建至关重要。海南自贸港要实现高质量发展，必须拥有一支高素质、专业化的人才队伍。通过提升人才吸引力，海南自贸港可以吸引更多优秀人才来投资、创业和生活，这不仅可以为自贸港的建设提供充足的人力资源，还可以带来先进的技术和管理经验，推动产业升级和创新发展。因此，深入研究海南自贸港的人才吸引力机制，有助于更好地对接国家战略需求，实现人才资源的高效集聚与利用，是高质量建设海南自贸港的时代选择。

为加快海南自贸港建设，党中央近5年来给予了海南系列重大人才政策支持，尤其是中央部委出台了《关于支持海南开展人才发展体制机制创新的实施方案》，从创新人才培养支持机制、构建更加开放的引才机制、完善人才评价激励机制、建设高素质专业化干部人才队伍、全面提升人才服务水平5个方面提出17条近百项措施。同时海南系统推进的“百万人才进海南”战略，开展了系列人才团队建设工程、柔性引才聚智工程、国际人才集聚工程等，但从实践成果上来看，2022年，海南人才引进全国排名第22位，高于贵州、山西、黑龙江、甘肃、新疆、宁夏等省份。省会城市

海口在《中国城市人才吸引力》排行榜中，也由 2019 年的 47 名下滑至 2022 年的 64 名[①]，仅高于拉萨、长春两座省会城市。总体看来，海南自贸港在人才吸引力上仍有较大提升空间。因此要通过系统分析海南自贸港及市县人才吸引力的影响因素，取长补短，增强海南自贸港各市县人才吸引力，提升海南自贸港城市发展能级，为高质量建设海南自贸港打下坚实基础。

（三）优化人力资源配置，建设重要人才中心和创新高地的重要举措

随着全球经济格局的重构和科技革命的推进，人才流动和资源配置越来越呈现全球化的趋势。自 16 世纪以来，全球范围内先后涌现出意大利、英国、法国、德国、美国 5 个科学和人才中心。这些中心以其独特的吸引力，汇聚了大批顶尖科学家，并孕育出众多具有划时代意义的科技创新成果。当前，新一轮科技革命和产业变革正处于交汇发展的关键时期，我们迎来了前所未有的历史机遇，也面临着严峻的挑战。习近平总书记高瞻远瞩地指出，要加快建设世界重要人才中心和创新高地，并强调可以在北京、上海、粤港澳大湾区建设高水平人才高地，一些高层次人才集中的中心城市也要着力建设吸引和集聚人才的平台。这是党中央对新时代人才工作的顶层设计和战略谋划，必将为世界百年未有之大变局中的全球人才事业发展贡献中国智慧、提供中国方案。海南自贸港具有得天独厚的自然资源和地理位置优势，是我国面向太平洋和印度洋的重要门户，是我国联络“一带一路”沿线国家和地区，尤其是东南亚和南亚国家的桥头堡，具有巨大的发展潜力和战略价值。海南自贸港作为我国改革开放的最前沿，有条件成为世界重要的人才中心和创新高地。

近年来，海南省坚决贯彻落实习近平总书记的重要讲话和批示指示精神、以《中共中央　国务院关于支持海南全面深化改革开放的指导意见》《海南自由贸易港建设总体方案》《中华人民共和国海南自由贸易港法》以及中央组织部等 7 部门联合印发的《关于支持海南开展人才发展体制机制创新的实施方案》等 5 项顶层设计为指导，坚定推进省级人才政策的优化整合。按照全国人才雁阵的“3+N”布局，海南正着力构建具有国际竞争

---

① 中国城市人才吸引力排名：山东 9 城入百强，多数吸引力上升，https：//baijiahao. baidu. com/s？ id＝1771814689294199091&wfr＝spider&for＝pc。

比较优势的政策来吸引人才，比如充分利用独一无二的自贸港政策优势、国际和国内双循环交汇点等优越的地理位置、得天独厚的自然环境和资源等。从实践上来看，一是引进方面，海南系统推进“百万人才进海南”战略，开展了系列人才团队建设工程、柔性引才聚智工程、国际人才集聚工程等；二是发展方面，搭建了十多个自贸港重点园区、多个重点产业平台载体等，为人才提供干事创业的舞台；三是人才培育方面，实施了“南海系列”育才项目，有计划、有重点地遴选培养具有潜力的人才，统筹推进全省各类人才队伍建设；四是服务保障方面，相继出台了人才落户、安居、购房、购车、子女入学、配偶就业、医疗保障等一系列专项政策，为人才来琼留琼提供重要政策支持和全方位制度保障；五是构建了“1+2+N”的国际人才政策体系，出台“两个办法”，放宽境外人员在海南的资格认可，并对境外人员工作许可实行负面清单管理，建立起国际领先的境外人才服务管理体制机制。这些都为海南吸引和汇聚人才融入自贸港、建设自贸港打下了坚实的基础。

然而，由于历史原因和地理位置的限制，海南在人才总量和产业基础方面与国内先进地区相比仍存在一定差距。尽管海南省已经出台了一系列优惠政策来吸引人才，但在实际操作中仍面临一些挑战，如引才政策的同质化、中心城市虹吸效应明显等。通过分析海南自贸港不同市县在吸引、留住和培养人才方面的优势和挑战，可以更好地把握人才流动的趋势和规律，制定相应的政策措施，有效解决人才供需结构性失衡问题，确保自贸港重点产业发展所需人才的稳定供应。同时可以更好地优化政策制定和资源配置，促进海南全岛各市县的差异化发展和协同效应，避免同质化竞争，实现区域内各类产业的合理布局及联动发展，是推动海南自贸港成为世界级的人才中心和创新高地的重要举措。

二、海南自贸港人力资源及吸引力概况

（一）海南自贸港人力资源发展现状

作为我国南海之滨的璀璨明珠，过去10年间，海南在人力资源方面取得了显著的发展和变化。10年来，海南省人口总量呈现低速稳定增长态势，2022年达到1027.02万人，较2012年增长了约140万人，年均增长率

为1.48%。与此同时，城镇化进程加快，城镇常住人口比例从2012年的51.6%提升到2022年的61.49%，提高了近10个百分点，反映出城市化进程的持续推进和农村劳动力向城市的有序转移。劳动适龄人口（15~64岁）缓慢增长，但占全省人口比重从2012年的72.43%降至2022年的69.67%，显示人口老龄化程度加深。

随着教育投入的加大和普及程度的提高，海南人口素质逐步提升，文盲率显著降低，从2010年的4.07%降到2020年的3.25%。2022年海南省6岁以上平均受教育年限为9.69年，与2012年相比，上升了0.59年，劳动力平均受教育年限为10.82年，与全国劳动力平均受教育年限达14年相比[①]，仍有较大提升空间。高校在校生规模快速扩大，2018年以来，研究生和中等职业教育在校生数量分别以年均21.51%和4.91%的速度增长，表明青年受教育水平持续提升，毕业生数量稳步上升，反映了教育体系的不断优化和人才培养能力的增强。

人力资源产业结构优化调整明显，第三产业就业人员占比自2012年以来上升了14.55个百分点，达到56.47%，人力资源总体持续向第三产业转移态势明显，第一产业就业人员占比则相应减少13.26个百分点，第二产业就业人员占比基本稳定，10年来仅小幅下降了1.29个百分点。这在一定程度上反映了自贸港建设背景下，人力资源分布逐渐适应现代服务业和高新技术产业发展需求的趋势。

自贸港人才队伍建设卓有成效，科技人才队伍实力增强，R&D经费支出在10年间实现了大幅度增长，2022年同比增长45.53%。与2021年相比，基础研究经费支出大幅增加，专利授权数量减少，每万人口有效发明专利拥有量仍有所提升，体现了科技创新环境的改善以及创新能力的提升。教育人才学历结构和年龄结构得到优化，但仍需加大努力，尤其是专任教师数量在2022年出现了同比下降；卫生技术人才队伍逐年壮大，医疗卫生资源和服务能力同步增强，但增速波动较大，与2021年相比增速下降了5.67个百分点。

社会保障体系不断完善，参保水平不断提高，基本养老保险参保人数呈现快速增长，尤其是城镇职工养老保险参保率显著提升。海南省通过推

① 教育部：2022年学历教育在校生2.93亿人新增劳动力平均受教育年限达14年，http://www.moe.gov.cn/fbh/live/2023/55167/mtbd/202303/t20230323_1052352.html?eqid=f7e0bb28000bb541000000046475b0f4。

进异地就医直接结算等措施，推动医疗保障服务得以扩展和完善，为居民提供了更便捷高效的医疗服务。失业、工伤和生育保险参保人数也同步增加，确保了劳动者的基本权益。工资收入和居民人均可支配收入方面，2022 年城镇非私营单位在岗职工平均工资较 2012 年提高了一倍多，年均增幅达 10.41%，2021 年已突破 10 万元大关。城乡人均可支配收入亦有显著增长，与 2012 年相比，年均增长率为 8.12%。这揭示出海南省经济实力和人民生活水平不断提升，人力资源的经济效益和社会效益日益显现。

综上所述，10 年来，海南省人口结构逐步优化、教育资源扩充以及社会保障体系逐步完善，并加强了科技人才和卫生人才队伍的建设，提升了整体人力资源素质，实现了居民收入水平的持续增长。然而，未来需要关注的是如何进一步缩小与发达省份在教育年限上的差距，稳定劳动年龄人口规模，以及维持和扩大全员劳动生产率的增长势头，以支持经济高质量发展和产业升级的需求。

1. 自贸港人力资源总量及结构

（1）人口总量呈增长趋势

截至 2022 年底，海南省常住人口为 1027.02 万人，占全国人口的 0.73%，比上年末增加 6.56 万人，同比增长 0.64%。全年出生人口 8.81 万人，出生率为 8.60‰[①]，相比 2012 年人口增加了 140.47 万人，年均增长 1.48%，近 10 年来一直保持低速增长的态势（见表 1-1）。

表 1-1　2022 年海南省人口总量及其构成

指标	年末数（万人）	比重（%）	同比增长（%）
海南省常住人口	1027.02	100	0.64
城镇	631.48	61.49	1.49
乡村	395.54	38.51	-0.69
0~14 岁	195.25	19.01	-2.43
15~64 岁	715.53	69.67	0.73
65 岁及以上	116.24	11.32	5.65

数据来源：《海南统计年鉴 2023》。

① 海南省人民政府：《2022 年海南省国民经济和社会发展统计公报》，https://www.hainan.gov.cn/hainan/ndsj/202302/ca8dec78f2394f1c906d6cdf8984662a.shtml。

海南省人口总量一直保持稳定增长，但是增长率起伏波动较大，近年来呈下降趋势。2022 年海南省常住人口同比增长率为 0. 64%，同比下降了 0. 16 个百分点，增长率呈下降趋势（见图 1-1）。

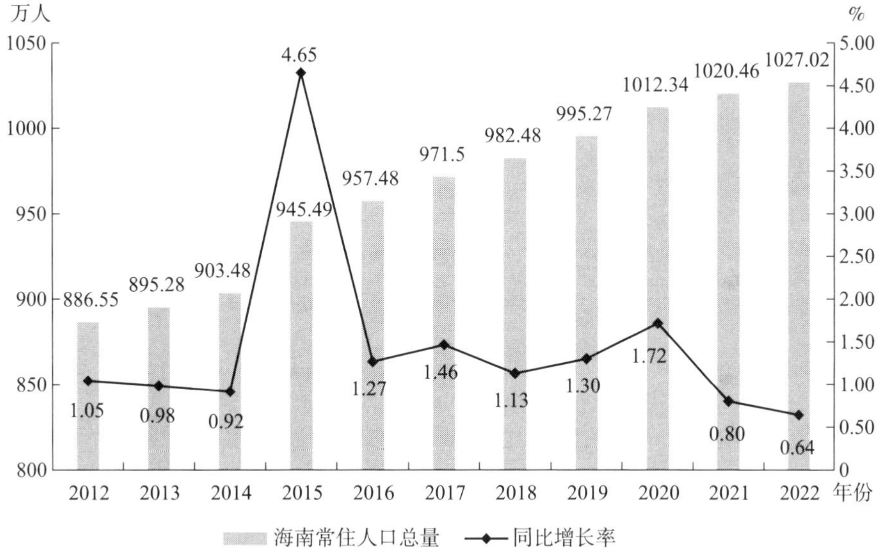

图 1-1　2012—2022 年海南省常住人口总量

数据来源：《海南统计年鉴 2023》。

（2）人力资源城镇化水平不断提高

近年来，海南省常住人口保持逐步增长的态势。截至 2022 年底，海南省城镇常住人口 631. 48 万人，占总人口的 61. 49%，城镇常住人口增长 1. 49%（见表 1-1）。经过 10 多年的发展，海南省城镇常住人口大幅增长，从 2012 年至 2022 年，城镇化率提高了 9. 89 个百分点①（见图 1-2）。

（3）劳动适龄人口缓慢增长，人口老龄化程度进一步加深

海南省劳动年龄人口总量在经历一段时间增长后，于 2018 年开始出现减少趋势，随后逐渐趋于稳定。劳动年龄人口总量占全省人口总量的比重由 2012 年的 72. 43%下降到 2022 年的 69. 67%，人口老龄化程度进一步加深（见图 1-3）。

① 海南省统计局：《海南统计年鉴 2023》，https：//stats. hainan. gov. cn/tjj/tjsu/ndsj/。

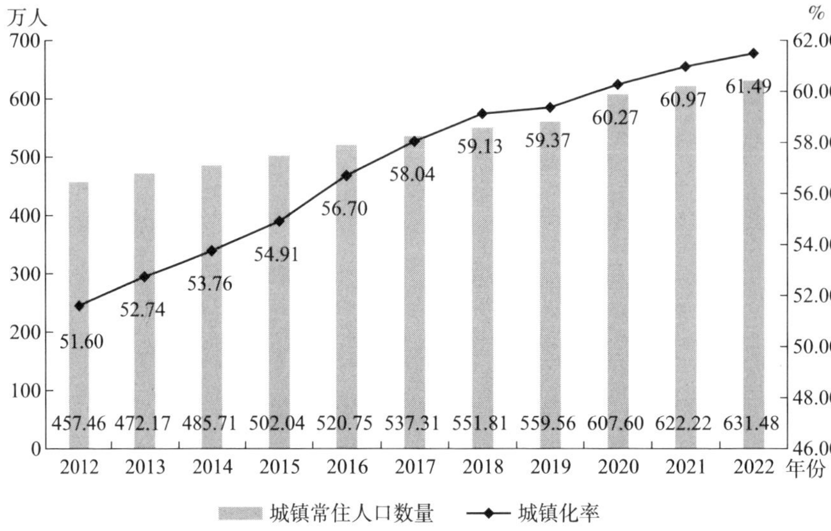

图 1-2　2012—2022 年城镇常住人口数量及城镇化率

数据来源：历年《海南省经济和社会发展统计公报》。

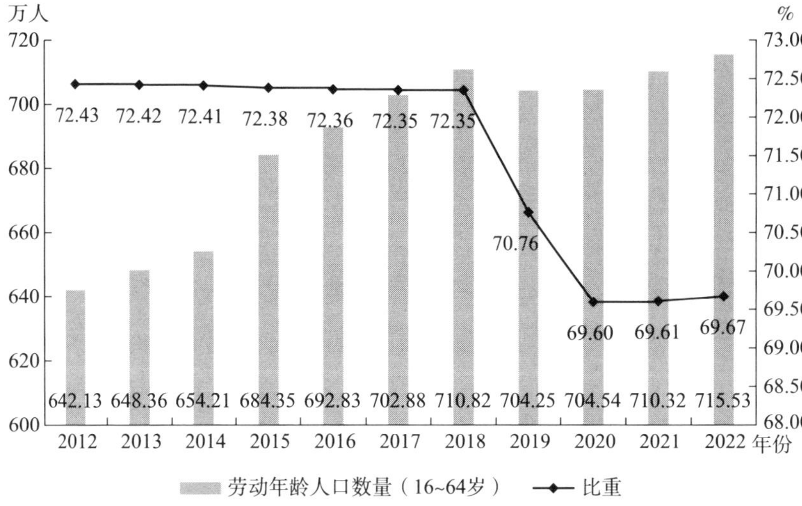

图 1-3　2012—2022 年劳动年龄人口数量及其占全省人口的比重

数据来源：《海南统计年鉴 2023》。

2. 自贸港人力资源素质

（1）平均受教育年限稳步增加

2022 年，海南省 6 岁以上平均受教育年限为 9. 69 年，比 2021 年提高了0.03年，2012—2022年的年均增长率为0.63%。与2012年相比，6岁以上平均受教育年限提高了0.59年，文盲率由2010年的4.07%降到2020年的3.25%，下降0.82个百分点，人口素质大幅提升，但平均受教育年限距离发达省份仍存在一定差距，还有较大提升空间（见图1-4）。

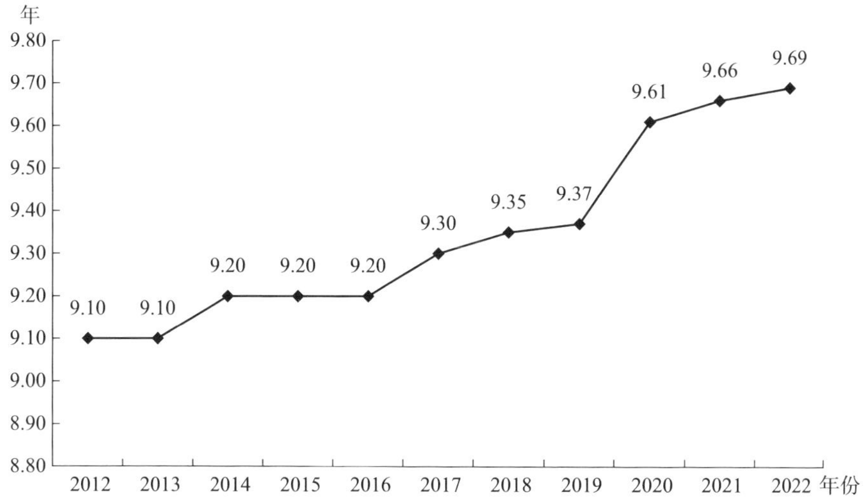

图1-4　2012—2022年6岁以上平均受教育年限

数据来源：《海南统计年鉴2023》。

（2）青年受教育程度逐步提升

海南省教育招生规模持续扩大，在校生数稳步增加。2022年，普通高中在校生为204564人，同比增加10868人，增长5.61%，普通和职业本专科、研究生在校生分别为290842人、15033人。普通和职业本专科在校生数从2018年的204948人增长至2022年的290842人，年均增速为9.14%；研究生在校生数从2018年的6897人增长至2022年的15033人，年均增速为21.51%。中等职业教育在校生从2018年的134556人增长至2022年的162988人，年均增速为4.91%（见图1-5）。

毕业生数量稳步增加。2022年，海南省普通和职业本专科毕业生为77469人，毕业研究生为3083人，与2018年相比，年均增幅分别为9.51%、19.22%。2022年海南省普通和职业本专科毕业生数量增幅较大，研究生毕业生数量逐年增加，总体来看，海南省高校毕业生数量稳步增加，劳动者的整体素质进一步提升（见图1-6）。

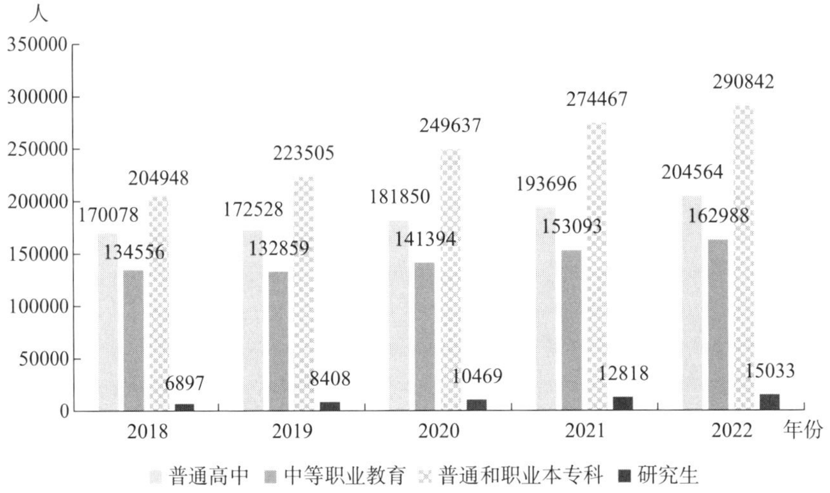

图 1-5　2018—2022 年在校生规模

数据来源：《海南统计年鉴 2023》。

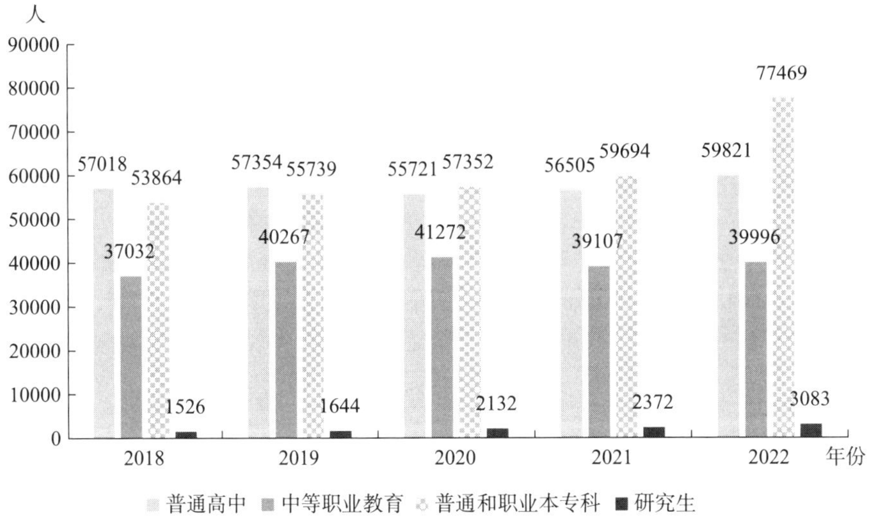

图 1-6　2018—2022 年毕业生规模

数据来源：《海南统计年鉴 2023》。

（3）义务教育普及规模增长

2022 年，普通小学、初中招生规模分别为 136536 人、138008 人。普通小学、初中在校生分别为 869033 人、405256 人，初中在校生同比增加 13004 人，增长了 3.32%；小学在校生同比减少 900 人，下降了

0.10%（见图1-7）。

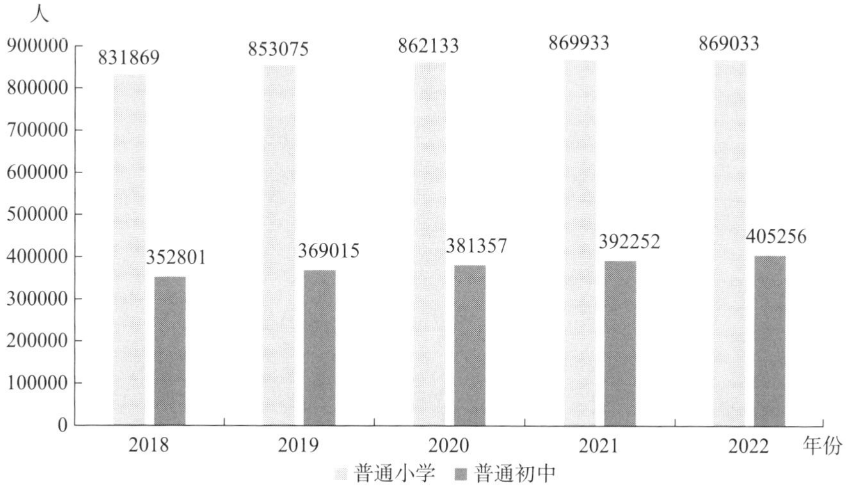

图1-7　2018—2022年义务教育阶段在校生规模

数据来源：《海南统计年鉴2023》。

2022年海南省初中毕业生124202人，同比增长0.82%；普通小学毕业生137868人，同比下降0.27%。2022年海南省义务教育在校生总数为127.43万人，与2018年相比增长7.56%，毕业生总数为26.2万人，与2018年相比增长13.48%，义务教育普及水平不断提升（见图1-8）。

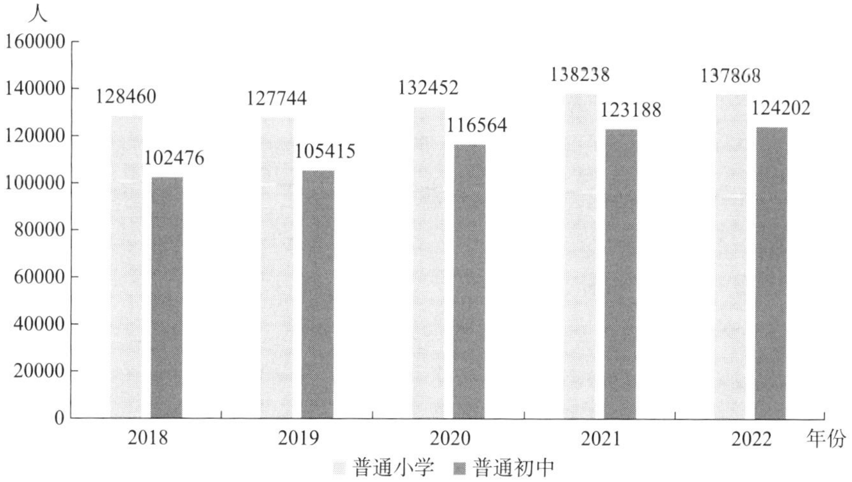

图1-8　2018—2022年义务教育阶段毕业生规模

数据来源：《海南统计年鉴2023》。

(4) 全员劳动生产率波动幅度较大

全员劳动生产率是衡量劳动者整体素质的核心指标。近年来，全员劳动生产率总体呈现增长趋势，同比增长率起伏波动较大。数据显示，劳动生产率2012年的增速为10.67%，2022年劳动生产率增速为7.35%，2022年增长率绝对数总体与2021年相比下降了8.8个百分点（见图1-9）。

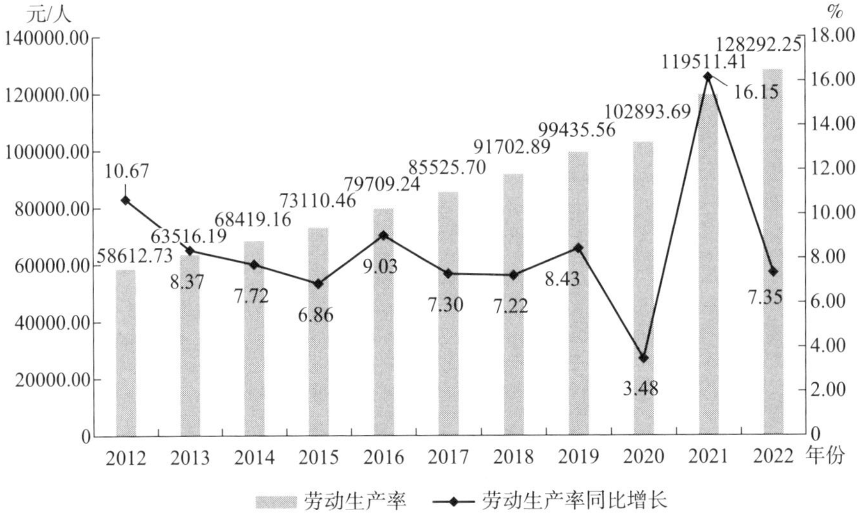

图1-9 2012—2022年全员劳动生产率及其增速

数据来源：《海南统计年鉴2023》。

3. 自贸港人力资源产业结构

海南省进入经济高质量发展的快车道，人力资源产业分布结构加速调整优化。截至2022年底，海南省就业人员中从事第一产业占比32.58%，同比增长1.51个百分点；从事第二产业占比10.95%，同比下降0.45个百分点；从事第三产业占比56.47%，同比下降1.07个百分点。2012—2022年，海南省第二产业就业人员占比基本稳定，10年来仅小幅下降了1.29个百分点，但第一产业就业人员占比下降了13.26个百分点，第三产业就业人员占比上升了14.55个百分点，人力资源总体持续向第三产业转移态势明显（见图1-10）。

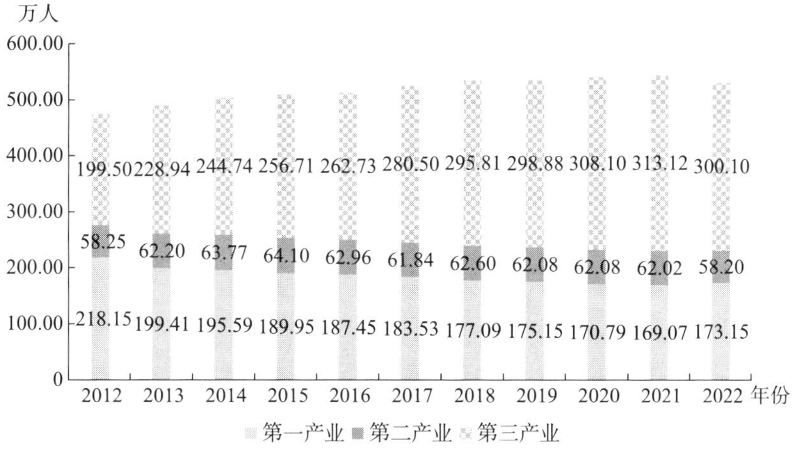

图 1-10　2012—2022 年就业人员分布

数据来源：《海南统计年鉴 2023》。

4. 自贸港人力资源人才队伍建设

（1）科技人才队伍建设稳步发展

10 年间，海南省全年研究与试验发展（R&D）支出实现了大幅度增长，2022 年 R&D 经费支出 68.37 亿元，同比增长 45.53%（见图 1-11）。其中基础研究经费支出 13.06 亿元，同比增长 10.03%（见图 1-12）。海南省持续加强科技人才科研平台建设，截至 2022 年，海南省已有 33 所科研院所，其中有 R&D 活动的单位 30 所。

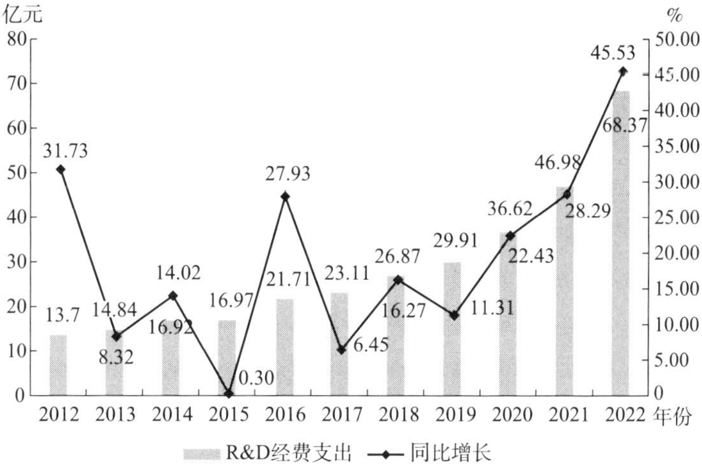

图 1-11　2012—2022 年 R&D 经费支出及同比增长

数据来源：《海南统计年鉴 2023》。

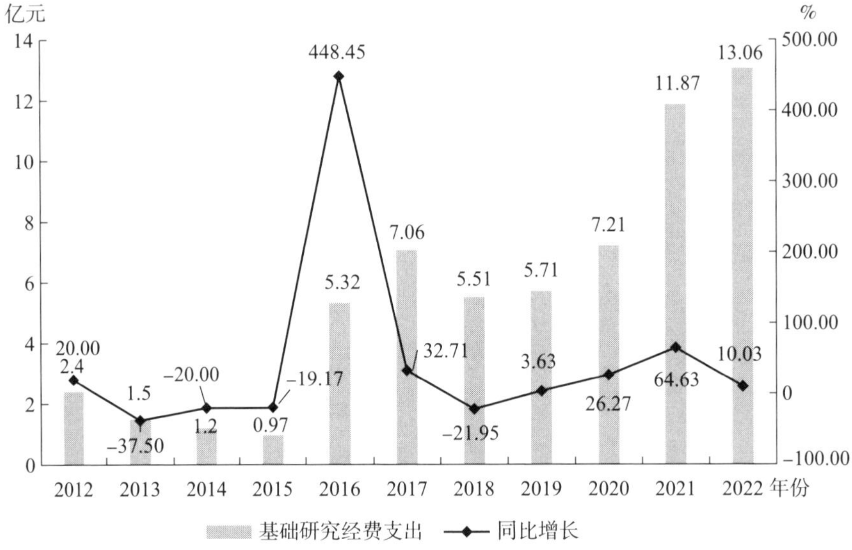

图 1-12　2012—2022 年基础研究经费支出及同比增长

数据来源：《海南统计年鉴 2023》。

2022 年，海南省科技人才创新成效进步明显，全年专利授权 13148 件，期末有效发明专利数 2873 件，同比增长 22.36%（见表 1-2），10 年间，年末有效发明专利数、每万人口有效发明专利拥有量均稳步高效增长，2022 年每万人口有效发明专利拥有量达到 2.80 件（见图 1-13）。

表 1-2　2022 年科技人员专利申请授权和有效发明专利数量

指标	专利数（件）	比上年增长（%）
专利申请授权	13148	-3.55
期末有效发明专利	2873	22.36

数据来源：《海南统计年鉴 2023》。

（2）教育人才队伍建设仍需重视

近年来，专任教师配置状况得到改善，教师年龄结构和学历结构逐步优化，但总体来说增幅较缓。特别地，2022 年，海南省专任教师共 134638 人，与 2021 年相比，绝对数下降了 14.79 个百分点，需要相关部门特别关注，进一步提高专任教师数量（见图 1-14）。

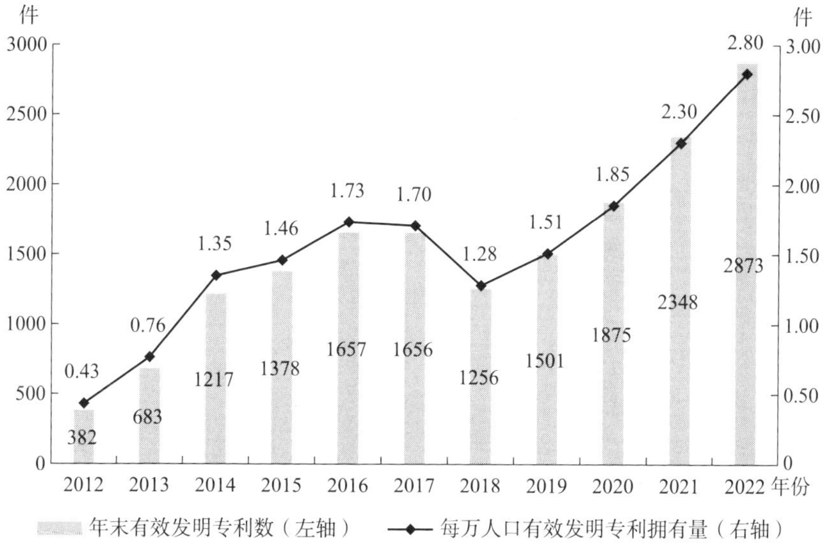

图 1-13　2012—2022 年年末有效发明专利数和每万人口有效发明专利拥有量

数据来源：《海南统计年鉴 2023》。

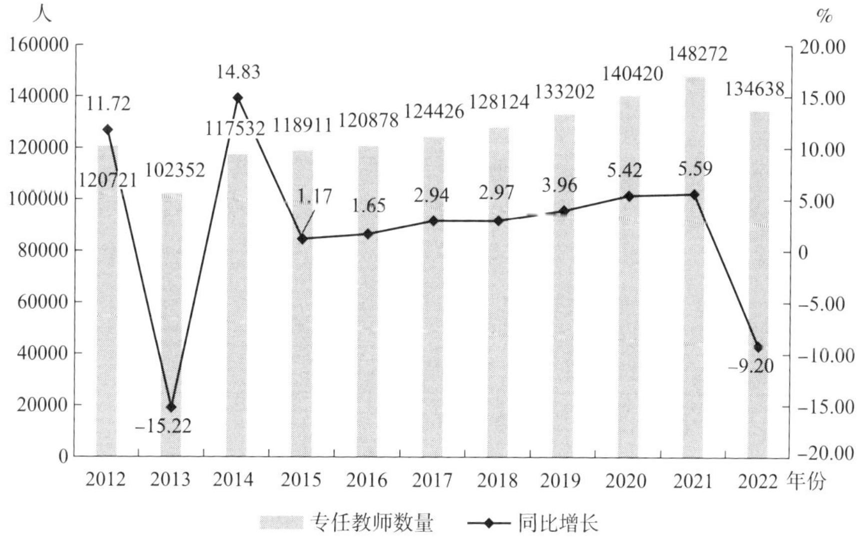

图 1-14　2012—2022 年专任教师数量及同比增长

数据来源：《海南统计年鉴 2023》。

近年来，学前教育、小学、初中、高中、高校专任教师数量稳步增长，其中 2022 年小学专任教师数量占 2022 年总教师数量的 38.02%（见图 1-15）。

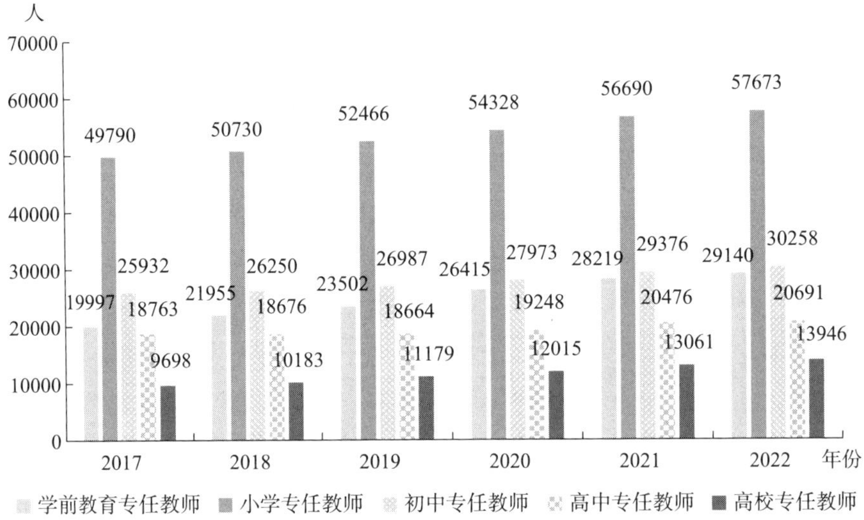

图 1-15　2017—2022 年各个阶段专任教师数量

数据来源：《海南统计年鉴 2023》。

（3）卫生人才队伍规模逐步扩大

海南省卫生人才数量逐步增加，但波动较大。2022 年末达到 82622 人，同比增长 2.60%，2022 年增长率绝对值相较 2021 年下降了 5.67 个百分点（见图 1-16）。海南省各级各类卫生和社会服务机构建设成效明显，医疗卫生机构共 6386 个；执业（助理）医师 30563 人，同比增长 2.93%；注册护士 39343 人，同比增长 2.42%。

5. 自贸港社会保障与收入分配水平

（1）人力资源参保水平逐步提高

2022 年，海南省基本养老保险、基本医疗保险、失业保险、工伤保险、生育保险事业稳步发展，人力资源参保人数逐步增加（见图 1-17）。

第一，基本养老保险参保人数增长较快。

2022 年海南省共有 689.27 万人参加基本养老保险，其中有 352.83 万人参加城镇职工基本养老保险，同比增长 7.23%；参加基本养老保险的职工 274.02 万人，参保离退休人员 78.81 万人，同比分别增加 21.13 万人和

2.67 万人，同比分别增长 8.35%和 3.51%。

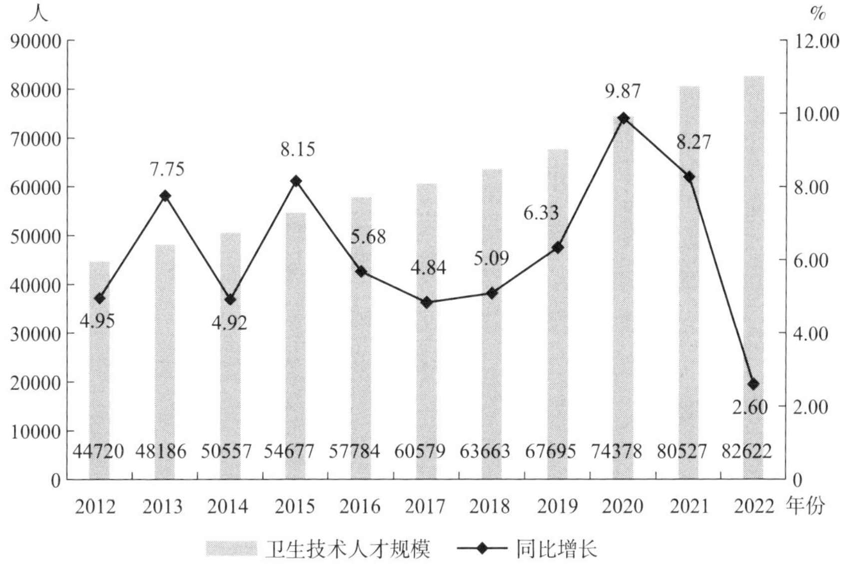

图 1-16　2012—2022 年卫生技术人才规模及同比增长

数据来源：《海南统计年鉴 2023》。

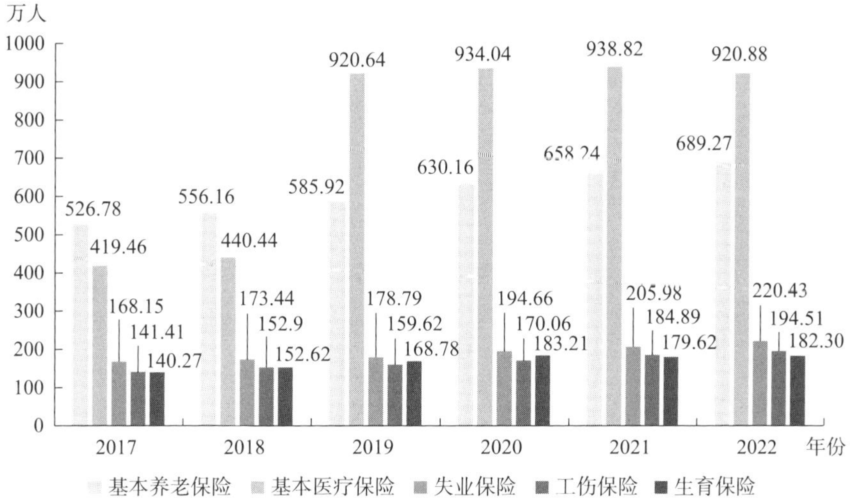

图 1-17　2017—2022 年社会保险参保人数

数据来源：基本医疗保险指标采用城镇基本医疗保险参保人数来代替。基本养老保险、失业保险、工伤保险、生育保险人数来源于《2022 年度海南省人力资源和社会保障事业发展统计公报》。

第二，基本医疗保险近 4 年参保人数较为稳定。

截至 2022 年底，海南省共有 920. 88 万人参加城镇基本医疗保险。其中，182. 29 万人参加城镇职工基本医疗保险，同比增长 1. 49%；退休人员 68. 25 万人，同比增长 3. 08%；城镇居民 670. 34 万人，同比下降 3. 27%。

第三，失业保险、工伤保险和生育保险参保人数稳定增长。

截至 2022 年底，海南省共有 220. 43 万人参加失业保险，比上年末增加 14. 45 万人。全年共为 6. 18 万名失业人员发放了不同期限的失业保险金，比上年增加 0. 6 万人。2022 年末海南省参加工伤保险人数 194. 51 万人，比上年末增加 9. 62 万人。① 2022 年海南省有 182. 29 万人参加生育保险，同比增长 1. 49%。

（2）人力资源工资水平稳步提高

近年来，海南省城镇非私营单位在岗职工平均工资水平稳步提高，增速呈“V”字形，2021 年突破 10 万元大关，2022 年达到了 107795 元，同比增长 6. 63%，同 2012 年相比，年均增幅为 10. 41%（见图 1-18）。

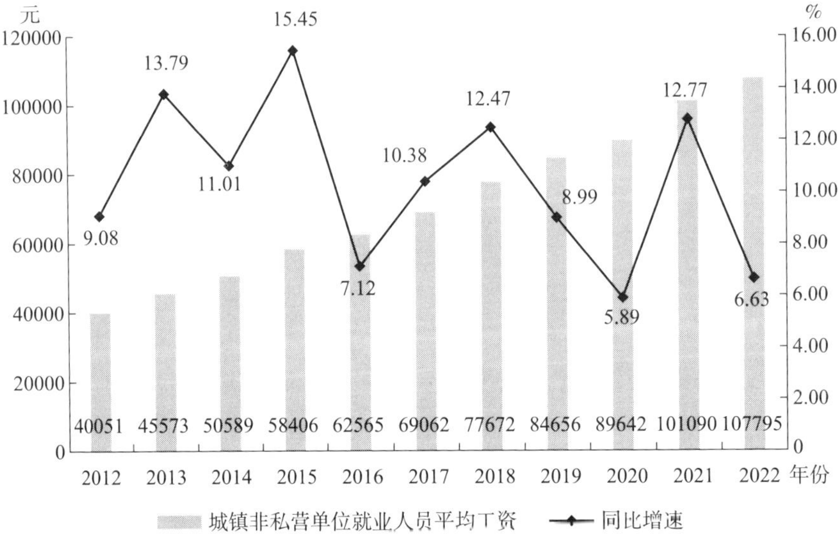

图 1-18　2012—2022 年城镇非私营单位就业人员平均工资及同比增速

数据来源：《海南统计年鉴 2023》。

① 海南省人力资源社会保障厅：《2022 年度海南省人力资源和社会保障事业发展统计公报》，http：//hrss. hainan. gov. cn/hrss/0900/202311/6f6acc96057f4328bea8fb6e737c9037. shtml？ddtab=true。

(3) 人均可支配收入逐年增加

10 年来，海南省城乡居民人均可支配收入呈现出逐年增加的态势，2022 年，海南省城乡人均可支配收入达 30957 元，同比增长 1.64%，相比 2012 年，居民人均可支配收入增加了 16777 元，实现翻倍增长(见图 1-19)。

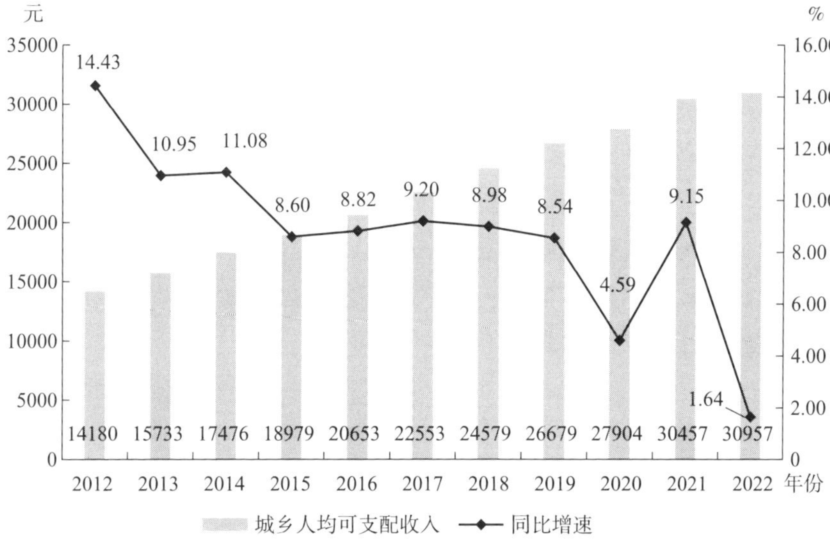

图 1-19　2012—2022 年城乡人均可支配收入及同比增速

数据来源：《海南统计年鉴 2023》。

(二) 海南自贸港人才吸引力横向对比

近年来，国内外学者对于区域人才的研究日益深入。通过对相关文献的梳理，我们可以发现研究焦点主要有两个方面，一方面是针对区域人才总体情况的研究。许多学者从不同角度构建了区域人才相关的评价指标体系，包括人才数量、人才质量、人才结构、人才流动性和人才发展环境等多个方面，这些指标体系为评估区域人才的总体情况提供了有益的工具。另一方面是区域人才影响因素的研究。影响区域人才总体情况的因素繁多，包括政策环境、经济水平、科技实力、教育资源、生活质量等。人才吸引力是一个复合概念，体现在能够吸引并留住人才的各项优势条件中，为了提高海南自贸港综合人才吸引力，本书聚焦区域人才影响因素的研究，通过对这些因素的深入分析，我们可以更好地理解区域人才吸引集聚的形成机制。

1. 主要结论

按照前瞻性、系统性和有效性原则，参考中国人事科学研究院对31个省（区、市）人才工作综合水平的评价，我国31个省（区、市）人才工作综合水平呈金字塔形分布，分为三个层次[①]。为了更好地对比，体现海南人才吸引力水平，本篇分别选取第一层次的北京（京）、上海（沪）、浙江（浙）、广东（粤）等省市，第二层次的海南（琼）、湖北（鄂）、山东（鲁）、安徽（皖）等省市，第三层次的江西（赣）、福建（闽）、河北（冀）、黑龙江（黑）等省（区、市）进行横向对比分析（见图1-20）。研究发现，海南自贸港在国家层面的区域人才吸引力中展现出一定的发展潜力，但同时也面临若干挑战和改进空间。

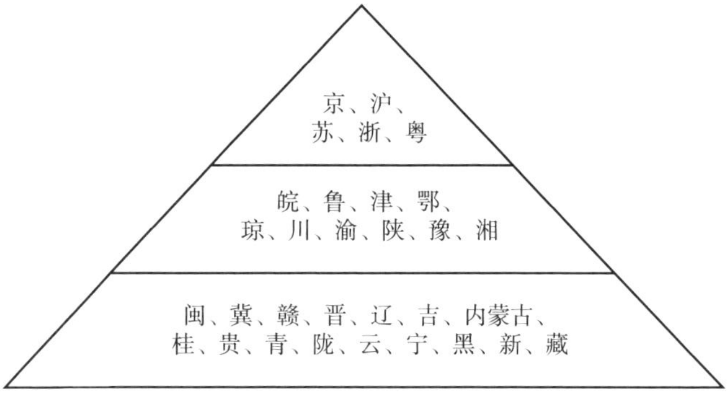

图1-20 各省（区、市）人才工作综合水平分布

从人才规模角度看，海南省相较于广东、山东等省份，在常住人口数量和就业人数方面排名相对靠后。2023年统计年鉴数据显示，海南省在人才规模指数上处于劣势，这与海南省历史底蕴相对较薄、产业基础较为薄弱等因素有关。尽管近年来海南省出台了一系列吸引人才政策，但在一线城市及经济发达地区的对比下，其政策效果和吸引力仍有较大提升空间。建议海南省进一步加大政策创新力度，优化营商环境，尤其是针对青年人才和高技

① 中国人事科学研究院：《中国人才政策环境比较分析（省域篇）》，2022，第4页。

能人才提供更具竞争力的就业岗位和发展机会，以增强人才规模效应。

在人才投入方面，海南省表现积极且成效显著，人均财政教育支出和卫生健康支出均体现出较高的投入水平，仅次于北京、上海等第一层次省市，尤其是在卫生教育领域的人才投入上取得了较为突出的成绩，位于第三名。排名靠前的省市都致力于通过加大财政投入、优化资源分配、深化制度改革和完善人才政策等多维度手段，持续提高教育和卫生健康的支出水平，以期打造更优质的公共服务环境。高水准的教育体系、健全的公共卫生体系和高质量的医疗保障，能够有效解决人才在工作地生活的后顾之忧。海南应继续加大在这些领域的投入，塑造吸引人才的特色亮点，增强对国内外人才的吸引力，成为国内外人才流动时优先考虑的目的地。

在经济环境方面，海南省人均 GDP 虽然有所增长，但与京沪等发达城市及同层次的湖北、山东、安徽相比仍存在一定差距，同时，海南城镇化水平也相对滞后，城镇人口比重低于其他发达城市。经济发展是一个缓慢的过程，海南自贸港应充分借助自贸港政策优势，加速产业结构升级，特别是在贸易自由化、投资便利化等方面深化改革创新，吸引更多外资企业入驻，并通过培育新兴产业和高科技产业，提高整体经济活力和生产效率，为人才创造更加优渥的经济发展环境。

创新环境是决定一个地区长期发展动力的关键因素，海南在这方面虽取得一定进步，如发布《海南省赋予科研人员职务科技成果所有权或长期使用权试点实施方案》等，但在 R&D 经费投入强度以及每项技术成交合同金额等方面仍居于末位。为了提升创新能力，海南自贸港应当借鉴北京、广东等地的成功经验，加大对科技创新的财政支持和税收优惠力度，搭建更完善的科研平台和成果转化体系，同时加强国际科技合作，引入和培养高端科研团队，营造浓厚的创新氛围，打造具有国际竞争力的创新高地。

综上所述，海南自贸港在人才吸引力方面展现了一定的进步态势，尤其在人才投入方面有亮点可寻。然而，在人才规模、经济环境以及创新环境建设上还需加大努力，通过持续深化改革、强化政策扶持、优化资源配置以及构建完善的社会保障体系来提升整体人才吸引力，从而实现人才资源的高效集聚和利用，助力自贸港建设步入新的发展阶段。

2. 具体分析

由于统计数据的限制，本篇主要选取几个具有代表性的影响区域人才吸引力的因素，如代表人才规模的常住人口、就业人数；代表经济环境的人均 GDP；代表创新环境的 R&D 经费等进行横向对比，以小见大，体现海南自贸港人才吸引力现状。

（1）人才规模指数

从人才规模角度来看，广东、山东排名靠前，海南处于末位，海南自由贸易港如何更好地汇聚人才依然是首要工作（见图 1-21 和图 1-22）。对比经验做法，广东省在进一步促进人才就业方面采取了多种措施，2023 年 8 月，广东发布优化调整稳就业政策措施“十六条”，包括扩大就业容量、拓宽青年就业渠道、强化失业人员就业帮扶、完善基层就业服务网络等多个方面，全力营造良好就业创业氛围[①]。山东省在提高人才规模方面推进“万名博士、十万硕士、百万大学生创业齐鲁计划”，省市联动开展“山东—名校人才直通车”活动，持续办好“高校学子山东行”“青鸟计划”“优选山东”等人才招引对接活动，吸引了大批人才来鲁就业[②]。河北省在促进就业方面，实施“百人计划”“燕赵英才服务卡制度”等人才工程，引进并培养了一批高层次人才和团队，为持卡人配备服务专员，在创业创新、生活保障等方面提供优质便利服务[③]。总体来看，海南无论是从就业人数还是常住人口量，在全国范围内都不占优势，近年来海南省虽已出台了一系列吸引人才的政策，但受限于经济体量小、产业薄弱等原因，与一线城市和经济发达地区相比，其政策力度、吸引力以及能为人才提供的岗位数量仍有待提高。此外，一些政策在执行过程中可能存在落实不到位或执行效果不佳的情况，这也影响了对人才的吸引力。

① 广东省出台 16 条优化调整稳就业政策措施，http：//www.gd.gov.cn/zwgk/zcjd/mtjd/content/post_4237791.html。

② 山东启动新一轮青年人才集聚专项行动，https：//baijiahao.baidu.com/s? id=1760437807376780164&wfr=spider&for=pc。

③ 河北面向高层次人才实施燕赵英才服务卡制度，http：//m.xinhuanet.com/he/2017-12/31/c_1122191001.htm。

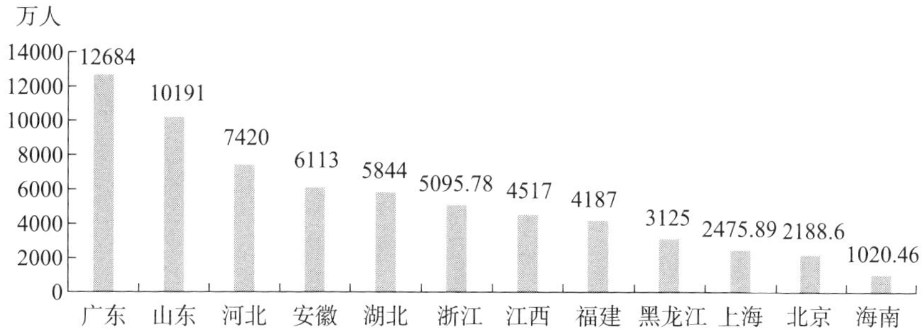

图 1-21 部分省市常住人口排名

数据来源：各省市 2023 年统计年鉴。

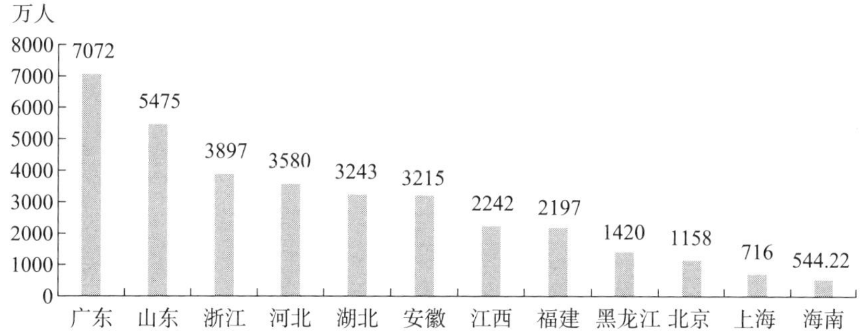

图 1-22 部分省市就业人数排名

数据来源：各省市 2023 年统计年鉴。

（2）人才投入指数

从人才投入角度来看，北京、上海位居前列，海南在人均财政教育支出和卫生健康支出方面均体现出较高的投入水平，仅次于北京、上海等第一层次省市，其卫生健康支出更是位于第三名（见图 1-23 和图 1-24）。2023 年，北京市通过推动义务教育优质均衡发展，统筹 365 对义务教育学校开展“手拉手”结对，覆盖全市所有乡镇义务教育学校；深化教育领域综合改革，升级建设北京青少年创新学院，建立首批 18 个市级培养基地；实施中考中招改革，畅通多样化录取途径和多元化升学途径[①]。上海践行党的二十大报告，在医药卫生体制改革领域持续促进医保、医疗、医药“三医联动”协同发展和治理，多年来深耕不辍。2023 年，上海市出台

① 市十六届人大二次会议举行第二场新闻发布会北京交出增进民生福祉优异答卷，https：//www.beijing.gov.cn/ywdt/yaowen/202401/t20240125_3544675.html。

《上海市进一步完善多元支付机制支持创新药械发展的若干措施》（以下简称《若干措施》），通过9方面措施促进商业健康保险发展，做优做强“沪惠保”，同时优化基本医保政策、促进创新药械临床应用。在DRG/DIP支付方面予以倾斜，将创新药械纳入支付改革新技术激励范围，实现定点零售药店和门诊统筹，同时扩大医疗服务项目和器械的医保支付范围，至今累计将76个新增服务项目、90个医用耗材纳入医保支付范围①。海南则以“小病不进城、大病不出岛”为目标，不断加强医疗卫生领域投入，投资120多亿元对省会城市三级公立医院进行布局调整和规划建设，“五大区域医疗卫生中心”基本形成，50个省级临床医学中心正在抓紧建设。基层卫生健康事业高质量发展取得较好成效，全省1249个基层医疗卫生机构标准化建设全部竣工，基层医疗机构基础设施和服务能力都得到极大改善。同时从重塑全省医疗资源布局入手，聚焦县域医疗领域的短板弱项，推进人才、技术、管理、服务等资源要素全面下沉②。高水准的教育体系有助于培养本地人才，同时也能吸引更多外来人才为子女提供更好的教育机会，而健全的公共卫生体系和高质量的医疗保障，则能够有效解决人才在工作地生活的后顾之忧。海南通过在这些领域加大投入，可以塑造自身的特色亮点，从而增加人才流入量，推动区域经济发展和社会进步，增强城市在国内外的人才吸引力。

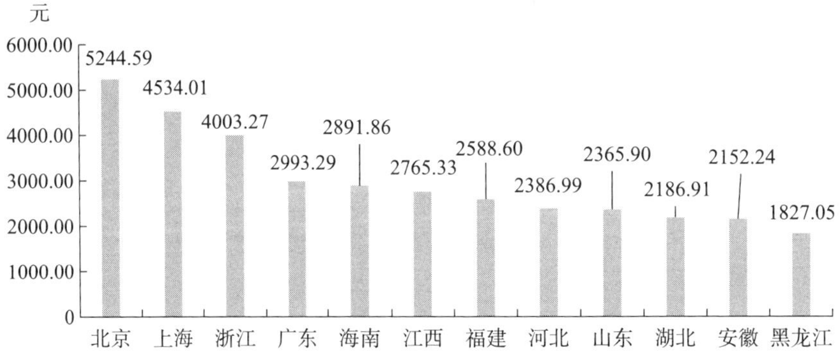

图1-23 部分省市人均财政教育支出排名

数据来源：各省市2023年统计年鉴。

① 上海医改如何让市民更有获得感？“三医联动”协同发展增进更多健康福祉，https：//export. shobserver. com/baijiahao/html/698962. html。

② 实录丨海南省卫生健康事业发展新闻发布会，https：//wst. hainan. gov. cn/swjw/jdhy/hygq/xwfbh/202401/t20240124_3579206. html。

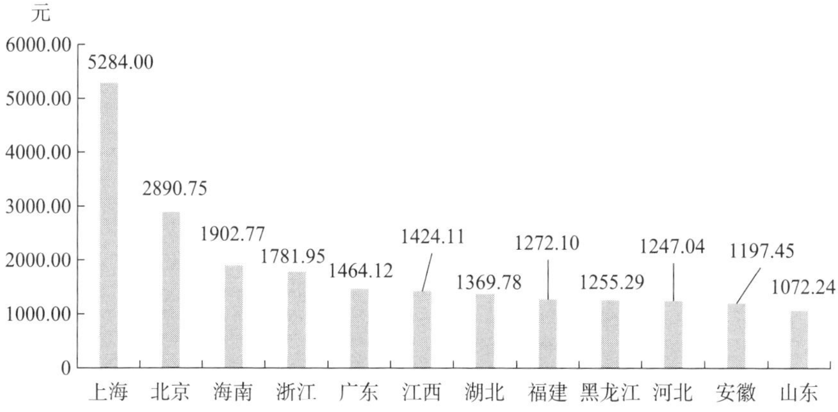

图 1-24 部分省市人均财政卫生健康支出排名

数据来源：各省市 2023 年统计年鉴。

（3）经济环境指数

从经济环境角度来看，北京、上海分别位居前列，海南位居后三位，还需依托自贸港独特的政策和地域优势进一步发力（见图 1-25 和图 1-26）。北京市作为国家的政治中心，拥有更多的政策支持和资源倾斜，拥有更完善的基础设施建设，这些都为经济发展提供了强大的动力。2023 年下半年，北京市在京津冀更大范围推进高精尖产业协同；深入实施关键核心技术攻坚战行动计划；加大供给侧结构性改革创造和引领新需求，充分激发市场主体活力，进一步提升北京市经济发展水平①。上海市位于中国东部沿海地区，是长江三角洲的核心城市，具有得天独厚的地理位置优势。近几年上海的经济条件和布局变化很大，相继提出了强化“四大功能”、全力打响“四大品牌”、发展“五型经济”、建设国际消费中心城市、打造国际数字之都、五个新城全面发力等②。福建省位于中国东南沿海，是海上丝绸之路的起点之一，拥有丰富的海洋资源和优质的港口条件，这为福建省的经济发展提供了得天独厚的优势。福建省的产业结构以电子信息和数字产业、先进装备制造、石油化工、现代纺织服装、现代物流、旅游六大主导产业为主，提档升级特色现代农业与食品加工、冶金、

① 上半年北京经济发展述评（上半年经济回升向好，北京做对了什么？| 新京报专栏），https：//www. great-bj. com/new/show-348619. html。

② 上海 GDP 突破 4 万亿，高质量发展瞄准这些新动能，https：//baijiahao. baidu. com/s？id=1722485925132489419&wfr=spider&for=pc。

建材、文化四大优势产业，培育壮大新材料、新能源、节能环保、生物与新医药、海洋高新五大新兴产业[①]。这种产业结构优化为福建省的经济发展提供了强大的支撑，促进了产业升级和经济转型。而对于海南省来说，自海南出台《海南自由贸易港建设总体方案》以来，虽然海南在贸易自由便利、投资自由便利、跨境资金流动自由便利等方面取得了显著成效，但由于经济发展起步较晚，海南在产业结构和发展方面与国内发达城市相比还有差距。同时与北京、上海等城市相比，海南城镇化水平相对滞后，城镇人口比重落后于国内其他省市。

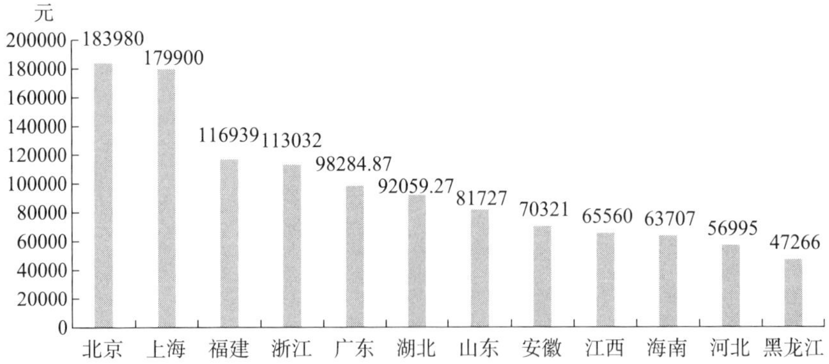

图 1-25　部分省市人均 GDP 排名

数据来源：各省市 2023 年统计年鉴。

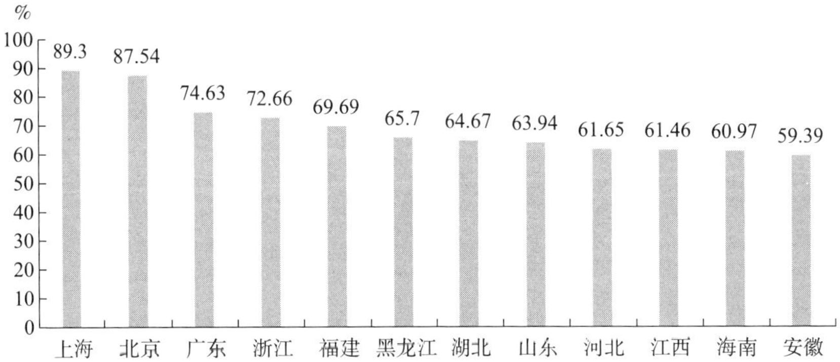

图 1-26　部分省市城镇人口比重排名

数据来源：各省市 2023 年统计年鉴。

① 中共福建省委关于制定福建省国民经济和社会发展第十四个五年规划和二〇三五年远景目标的建议，http：//www. fujian. gov. cn/xwdt/fjyw/202012/t20201231_5504703. htm。

（4）创新环境指数

从创新环境角度来看，北京、广东、浙江排名靠前，海南位居末位，海南虽在科技发展方面做出了一些相应的举措，但在 R&D 经费投入以及技术合同成交额等领域还有很大改进空间（见图 1-27 和图 1-28）。对于北京市来说，其拥有众多高校和科研机构，能够吸引大量的高端人才和优秀科研人员。同时北京以“五子”联动作为服务和融入新发展格局、推动首都高质量发展的基本战略举措，大力推进国际科技创新中心建设、“两区”建设、全球数字经济标杆城市建设，以供给侧结构性改革引领和创造新需求，重视科研项目和科研团队建设，通过提供资金支持、奖励科技成果等措施，推动科研事业的发展①。广东省用全过程创新生态链覆盖“基础研究+技术攻关+成果转化+科技金融+人才支撑”的全链条各环节，从建设重大科技基础设施集群到探索关键核心技术攻关新型组织模式，从支持企业建立研发机构到打造全球一流科技创新人才向往聚集地，多措并举加快构建全过程创新生态链，为开辟新赛道、塑造新动能提供科技支撑②。上海市则是对于研发投入较大的企业，给予一定的资金支持或税收优惠，设立创新创业基金，为人才提供资金支持；建设孵化器和加速器等平台，为初创企业提供资源和服务③。近年来，海南省在科技创新方面采取了多项举措，一是印发《海南省赋予科研人员职务科技成果所有权或长期使用权试点实施方案》，深化科技成果使用权、处置权和收益权改革；二是围绕种业、深海、航天“陆海空”等领域，加快构建现代型、创新型的产业体系④。但与第一层次的省市相比仍存在差距，后续需进一步提升海南创新能力。

---

① 北京：加快以“五子”联动推动高质量发展取得新突破，https：//www.gov.cn/govweb/lianbo/difang/202308/content_6900053.htm。

② 广东加快构建全过程创新生态链 强化科技引领支撑，https：//baijiahao.baidu.com/s?id=1762934758561321878&wfr=spider&for=pc。

③ 政策丨《上海市高质量孵化器培育实施方案》，http：//www.sh-gaoxin.com/detail.php?id=1530。

④ 今日海南：一年来，海南加快推进建设创新型省份，https：//www.hainan.gov.cn/hainan/5309/202312/565aaaf672cc4c11b3f039ffdc03c8b2.shtml。

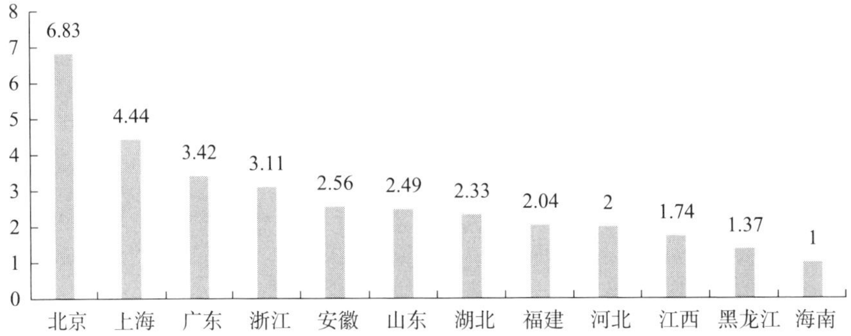

图 1-27 部分省市 R&D 经费投入强度排名

数据来源：《2022 年全国科技经费投入统计公报》。

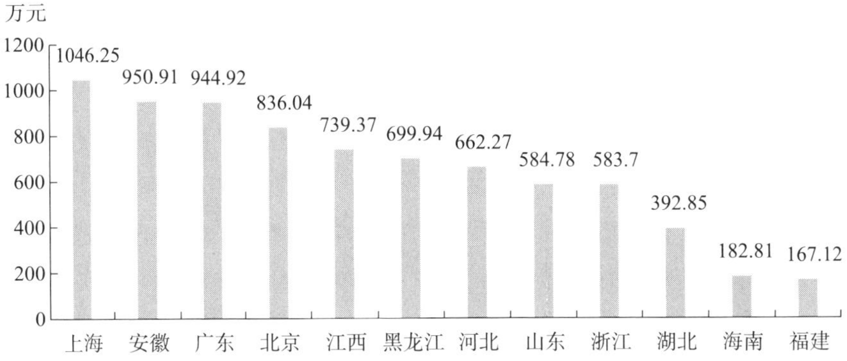

图 1-28 部分省市平均每项技术成交合同金额排名

数据来源：《2022 年全国技术合同登记情况表》。

三、海南自贸港人才吸引力指数评述

前述篇章对海南人才吸引力与国内其他省份进行了横向对比，为全面了解海南自贸港人才吸引力在全国所处水平提供了重要参考。为了精准有效地提升海南自贸港对人才的吸引力，关键的一步是系统、客观、量化地评估海南各市县人才吸引力的水平状况及优劣势。截至 2022 年 12 月，海南省行政区划地级市 4 个，分别为海口市、三亚市、三沙市、儋州市；县级市 5 个，分别为五指山市、文昌市、琼海市、万宁市、东方市；县 4 个，分别为定安县、屯昌县、澄迈县、临高县；民族自治县 6 个，分别为白沙黎族自治县、昌江黎族自治县、乐东黎族自治县、陵水黎族自治县、保亭黎族苗族自治县、琼中黎族苗族自治县①，鉴于三沙市成立时间较短，本篇暂选取除三沙市以外的18个市县进行分析。

为了对海南自贸港人才吸引力进行更准确的评估，本研究尽可能采用定量数据为依据进行分析，所用数据一方面来自统计年鉴、海南省各市县统计公报等具有权威性的数据，另一方面来源于各市县提供以及问卷调查。为保证指标的准确性，在构建指标体系时，遵循可度量性与可比性原则，确保指标所对应的数据对于每一个市县都可以被直接收集、记录和分析，避免部分市县出现指标数据空白的情况。同时为了进行有效的比较，指标数据在收集时参考相同的时间和数据来源，并以相同的单位进行度量。综合上述原则，建立海南自贸港人才吸引力指标体系，该体系分为五个一级指标和十六个二级指标②（具体研究方法和指标体系说明请参见理论篇）。各市县的最终得分及排名由综合分数决定。基于对海南自贸港人才吸引力指标体系的研究分析，我们得出了海南人才吸引力的指数排名（见表1-3）。

表1-3　海南市县人才吸引力指数及排名

序号	市县	人才规模指数		人才投入指数		政策环境指数		经济环境指数		生活环境指数		综合指数
		分数	排名	分数	排名	分数	排名	分数	排名	分数	排名	
1	海口市	10.38	1	26.57	2	7.72	13	17.27	1	24.35	2	86.29
2	三亚市	6.90	2	27.83	1	9.81	4	17.16	2	23.57	4	85.27
3	儋州市	6.10	5	20.13	4	10.52	3	15.36	4	23.51	5	75.62
4	澄迈县	6.22	3	21.79	3	8.80	10	15.68	3	22.86	8	75.35
5	东方市	5.77	9	16.86	8	11.00	1	12.72	8	23.46	6	69.81

① 海南省人民政府网：行政区划，https://www.hainan.gov.cn/hainan/xzqh/201701/512e64fbecbb4f3da7360bdcb8756f00.shtml。

② 本研究受统计数据的限制，诸如各地区R&D人员全时当量、专利授权量、技术市场成交额等人才产出指标尚未计算在内，因此该指标体系只是相对体现各市县的人才吸引力指数，我们将在后续的研究和实践中，不断完善和更新指标体系，以更全面地反映区域人才吸引力的各个方面。

续表

序号	市县	人才规模指数		人才投入指数		政策环境指数		经济环境指数		生活环境指数		综合指数
		分数	排名	分数	排名	分数	排名	分数	排名	分数	排名	
6	陵水黎族自治县	5.55	11	17.31	5	9.49	6	12.37	10	24.28	3	69
7	文昌市	6.15	4	16.72	9	8.88	9	13.81	6	22.69	9	68.25
8	琼海市	5.72	10	16.93	7	7.20	15	13.79	7	23.15	7	66.79
9	万宁市	5.97	7	16.55	10	8.55	11	12.40	9	21.43	11	64.90
10	C10	5.31	14	15.88	13	8.33	12	14.15	5	20.65	13	64.32
11	C11	5.40	13	15.74	15	6.58	17	10.98	14	24.53	1	63.23
12	C12	5.27	15	17.07	6	9.71	5	9.95	17	21.14	12	63.14
13	C13	5.98	6	15.85	14	5.57	18	11.88	11	22.65	10	61.93
14	C14	5.24	16	15.47	18	10.82	2	9.52	18	20.39	14	61.44
15	C15	5.22	17	15.89	12	9.47	7	10.55	15	19.78	15	60.91
16	C16	5.21	18	15.50	17	9.01	8	11.36	12	19.40	16	60.48
17	C17	5.90	8	16.13	11	7.52	14	10.17	16	18.20	17	57.92
18	C18	5.52	12	15.50	16	6.62	16	11.08	13	18.02	18	56.74

数据来源：《海南统计年鉴2023》。

（一）海南自贸港人才吸引力综合指数评述

从综合得分看，海南人才吸引力最高分为海口86.29分，最低分为56.74分，极差近30分。超过平均值67.24分的市县有7个，分别是海口、三亚、儋州、澄迈、东方、陵水、文昌（见图1-29）。整体来看，海南自贸港各市县人才吸引力水平不高，平均值为67.24分，同时极差较大，呈不均衡分布状态，前三名的海口、三亚、儋州，都为三极经济圈的中心城市，中心城市虹吸效应明显，其余各市县还未充分发挥其独特亮点来吸引人才。

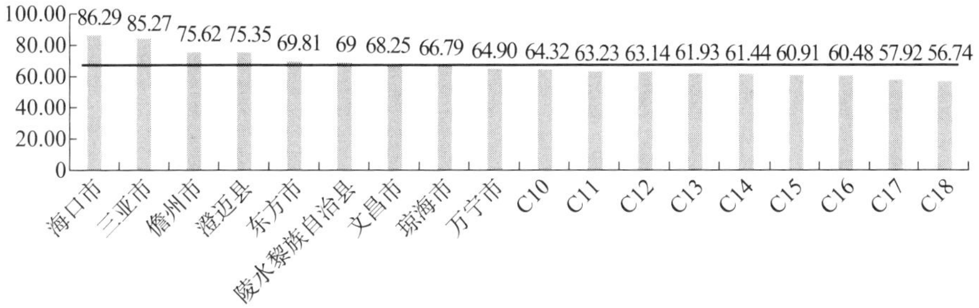

图 1-29　海南省各市县人才吸引力综合指数

从区域看，依据海南区域协调发展新格局标准，将海南 18 个市县的测评结果按照“三极一带一区”[①] 进行比较，可以发现海口经济圈综合实力较强，其中海口排名第一、澄迈排名第四、文昌排名第七。三亚经济圈次之，三亚排名第二、陵水排名第六。中部生态保育区相对较弱。具体来看，海口经济圈在人才规模和经济环境上占据绝对优势，在政策环境上还有较大提升空间；三亚经济圈在人才投入、政策环境和生活环境上表现出色，在人才规模和经济环境上还需要进一步提升；儋洋经济圈各项指标表现均衡，基本在平均值以上，位于前五名左右；滨海城市带整体处于中游水平；中部生态保育区在政策环境和生活环境上有很多亮点，在人才规模和经济环境上还要充分发挥优势亮点来提升整体发展水平。

从分项指标看，人才规模方面，海口经济圈人才资源相对充足，海口遥遥领先，中部地区人才资源较为欠缺，其中海口人才规模指数遥遥领先，是平均值的近一倍水平；三亚紧随其后，整体上南北两极人才资源相对充足。同时，超过平均值的市县中有一半处于海口经济圈内，具有绝对优势。

人才投入方面，全省呈现不均衡现象，中心城市投入相对较多，中部生态保育区相对较弱。其中，三亚的人才投入指数位居第一，与最后一名相比极差为 12，同时仅有 4 个市县达到人才投入指数的平均值，全省人才投入呈现不均衡现象。中心城市三亚、海口、儋州位于前列，海口经济圈

---

① “三极一带一区”：海口经济圈（海口、澄迈、文昌、定安、屯昌）、三亚经济圈（三亚、陵水、乐东、保亭）、儋洋经济圈（儋州洋浦一体化）、滨海城市带（琼海、万宁、东方、临高、昌江）和中部生态保育区（五指山、琼中、白沙）。

范围内澄迈在人才投入上名列第三。特别地，琼中在人才投入方面排名全省第六，尤其在二级指标人均财政文旅支出、人均财政科学技术支出方面相较同类市县表现优异。澄迈、三亚在二级指标人均财政科学技术支出方面分别排名第一、第二，远超平均值近一倍水平；海口在二级指标人均财政教育支出方面排名第一。

政策环境方面，大部分市县超过平均值，指标整体表现较好，中部保育区和三亚经济圈政策环境指数具有比较优势，海口经济圈政策环境有待改善。分析发现，全省政策环境超过平均值的市县有 10 个，较其他指标而言，总体表现优秀。东方排名第一，白沙、琼中和五指山三个中部生态保育区市县都有较好的表现，这说明中部生态保育区在人才政策创新和落实上有着积极的动作和显著的效果，三亚经济圈范围内的三亚、陵水、保亭 3 个市县均超平均值，海口经济圈范围内仅有澄迈和文昌两个市县超过平均值，还存在较大的进步空间。

经济环境方面，三个中心城市经济环境优势明显，海口经济圈相对较优，中部生态保育区城市相对较弱。海口、三亚、儋州三个中心城市排名靠前，二级指标中儋州在人均 GDP 指数上拔得头筹，海口和三亚则在人均居民可支配收入方面表现出色，特别地，昌江作为非中心城市，在经济环境指数中总体表现优秀，各项分类指标尤其是人均居民可支配收入位居第三。

生活环境方面，海南整体生活环境指数较均衡，各区域各具特色亮点。海南生活环境指数极差较小，除中部地区整体相对弱一些以外，各区域都有指数表现优异的市县，整体较均衡。比如，东方、海口、定安在中等职业教育上表现优秀；陵水、万宁、海口在中小学教育资源上表现优秀；三亚、琼中、澄迈在社会保险参保人员比率上表现优秀；白沙、琼中、五指山在人均社区服务机构数量指数上表现优秀；五指山、三亚、琼中在空气质量综合指数上表现优秀。

（二）海南自贸港人才吸引力分类指标评述

1. 人才规模方面，海口经济圈人才资源相对充足，海口遥遥领先，中部地区人才资源较为缺乏

人才规模指数是五个维度指数中最能够直观体现人才吸引力水平

的指数，即根据数量来衡量各区域的人才吸引力情况。经研究分析发现，在人才规模指数上，海口人才规模指数（10.38）遥遥领先，是平均值（5.98）的近2倍水平；三亚紧随其后，人才规模指数达到6.90，南北两极人才资源充足。同时，超过平均值的市县中有3个（海口、澄迈、文昌）处于海口经济圈内，具有绝对优势。受经济发展和其他因素影响，中部生态保育区各市县人才规模指数均排名较后（见图1-30）。

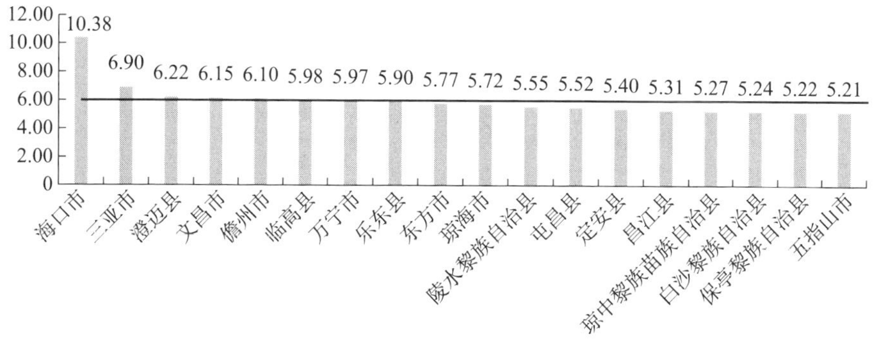

图1-30 海南省各市县人才规模指数

人才规模指数由两个二级指标组成，即就业人数（在岗职工）和人才总量。根据熵权法的权重分配，就业人数（在岗职工）的权重为0.050，人才总量的权重为0.054。

（1）就业人数指数

在人才吸引力评价中，就业人数指数能够反映出经济和社会的状况以及人才供需关系，并为我们制定政策提供参考。高就业指数通常意味着一个地区企业需求旺盛，经济增长强劲，能够提供更多的就业机会和更高的薪资，人才发展机会较多。此外，就业指数可以反映不同行业和领域的就业趋势，从而指导人力资源的配置和教育培训的方向，也说明相关主管部门采取了积极的就业政策和产业发展措施，提供了更多的就业机会。海口、三亚、儋州、澄迈、文昌、万宁等6个市县就业指数排名靠前，超过了平均值2.89，其中海口经济圈具有相对优势（见图1-31）。通过分析发现，就业指数与当地经济发展水平息息相关，较高的经济发展水平，能给当地居民带来更多的就业机会与工作岗位，其就业人数指数也就相对较高。

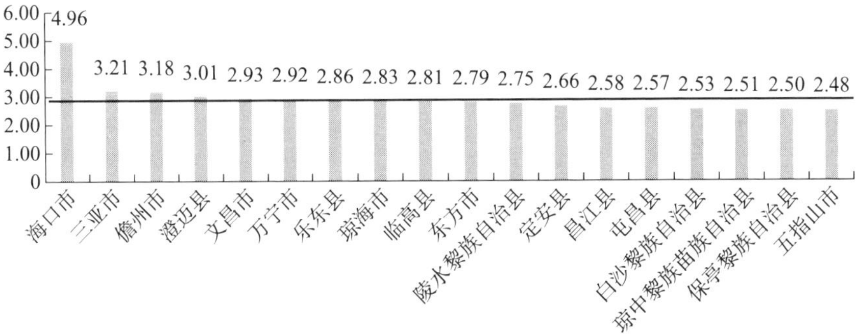

图 1-31 海南省各市县就业人数指数

（2）人才总量指数

人才总量反映了一个地区的人才储备情况，是衡量一个地区人才资源丰富程度的重要指标。人才总量的多少直接影响到该地区的经济发展、科技创新、社会进步等各个方面的能力。通过对人才总量的统计和分析，当地政府可以了解当前的人才结构和分布情况，制定更加科学、合理的人才政策，优化人才资源配置，为人才培养、培训、引进等方面提供决策依据，促进人才的全面发展。海口作为海南省的省会城市，人才总量远远领先于其他市县，其人才总量指数达到 5.42，紧随其后的三亚人才总量指数为 3.70，平均值为 3.09（见图 1-32）。自 2018 年习近平总书记在海南发表“4·13”重要讲话以来，海南省实施百万人才进海南战略，虽引进大量人才，但海南对世界各地的人才吸引力尚处于发展阶段，人才大多集聚在海口、三亚等相对发达或具备影响力的城市，城市虹吸效应明显。

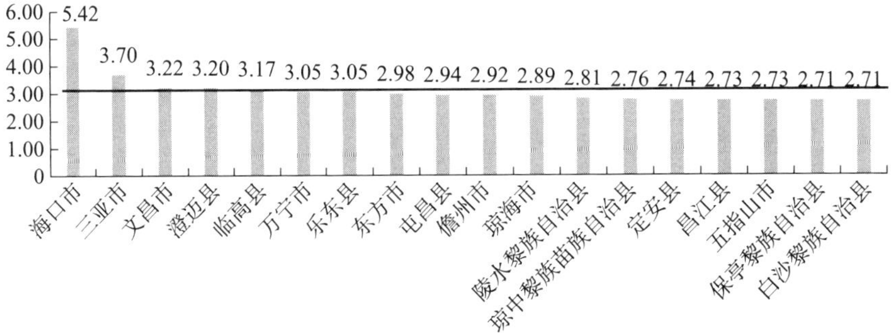

图 1-32 海南省各市县人才总量指数

2. 人才投入方面，全省呈现不均衡现象，中心城市投入相对较多，中部生态保育区相对较弱

受统计数据的制约，为了确保指标所对应的数据对于每一个市县都是可以被直接收集、记录和分析的，同时为了进行有效的比较，本书选取了相同的时间和数据来源，并以相同的单位进行度量统计的几个二级指标来衡量人才投入指数，分别是人均财政科学技术支出、人均财政教育支出、人均财政卫生健康支出、人均财政文旅支出。这几项指标指数较高的地区往往表明当地政府注重通过投资于科技、教育、卫生和文化等领域来优化人才发展的软硬件环境，从而提高对人才的整体投入水平，助力区域经济社会的持续健康发展。通过比较不同地区的人才投入指数，可以了解其在优化和吸引人才发展的软硬件环境方面的重视程度和投入水平。通过对比发现，全省人才投入呈现不均衡现象，三亚的人才投入指数位居第一，达到 27.83，与最后一名相比极差为 12.36，同时仅有 4 个市县达到人才投入指数的平均值（17.98）（见图 1-33）。三极经济圈内的中心城市三亚、海口、儋州位于前列，海口经济圈范围内的澄迈在人才投入上名列第三，中部生态保育区内市县在人才投入方面相对薄弱，特别地，琼中在人才投入方面排名全省第六，尤其在二级指标人均财政文旅支出、人均财政科学技术支出方面相较同类市县表现优异。

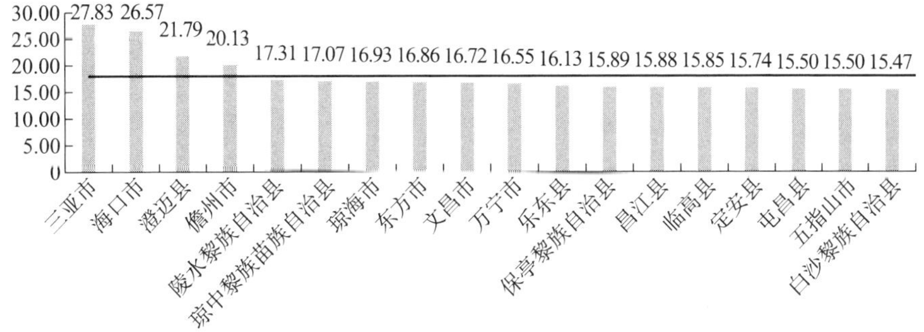

图 1-33　海南省各市县人才投入指数

人才投入指数由四个二级指标构成，分别是人均财政科学技术支出、人均财政教育支出、人均财政卫生健康支出和人均财政文旅支出。根据熵权法的权重分配，人均财政科学技术支出权重为 0.096、人均财政教育支

出权重为0.055、人均财政卫生健康支出权重为0.084、人均财政文旅支出权重为0.070。

（1）人均财政科学技术支出指数

人均财政科学技术支出指数反映了政府对科技创新和研发活动的支持程度。较高的科技支出意味着政府在科研基础设施、技术研发项目、科技人才培养与引进等方面的投入较大，有利于吸引和留住高技术人才，提升区域创新能力和产业竞争力。如果该指数较高，说明政府在科技领域的投入相对较多，对科技创新和发展较为重视。海南省各市县人均财政科学技术支出最高的城市为澄迈，其人均财政科学技术支出指数达到9.58，远远超过平均值5.41，相较而言，海口作为省会城市排名第三，其在人均财政科学技术方面的支出仅接近澄迈的1/2（见图1-34）。

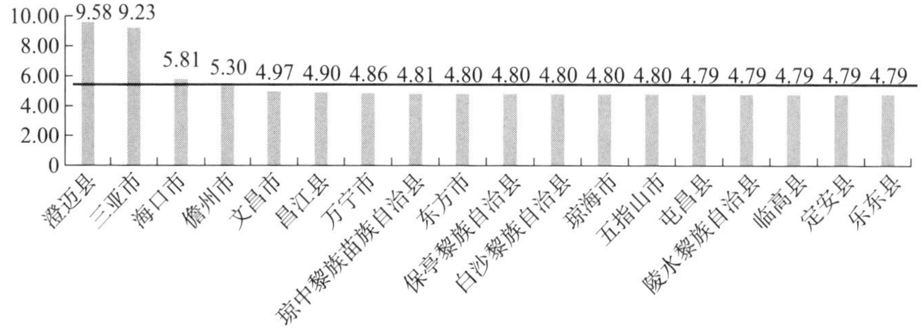

图1-34　海南省各市县人均财政科学技术支出指数

（2）人均财政教育支出指数

人均财政教育支出指数可以反映一个地区在教育方面的投入水平，通过比较不同地区的人均财政教育支出指数，可以了解其在教育资源投入方面的差异。教育支出直接影响到地区的人才储备和培养质量，较高的教育支出水平通常意味着更好的教育资源配置、更高质量的教育服务和更多的教育机会，能够培养更多高素质、专业化的各类人才，为经济发展和社会进步提供持久动力。海南省各市县人均财政教育支出最高的城市为海口，其人均财政教育支出指数达到5.54，紧随其后的儋州和三亚则分别为4.19、4.06（见图1-35）。综合海南整体来看，人均财政教育支出指数的平均值为3.32，仅有海口、儋州、三亚、澄迈4个市县达到平均水平。

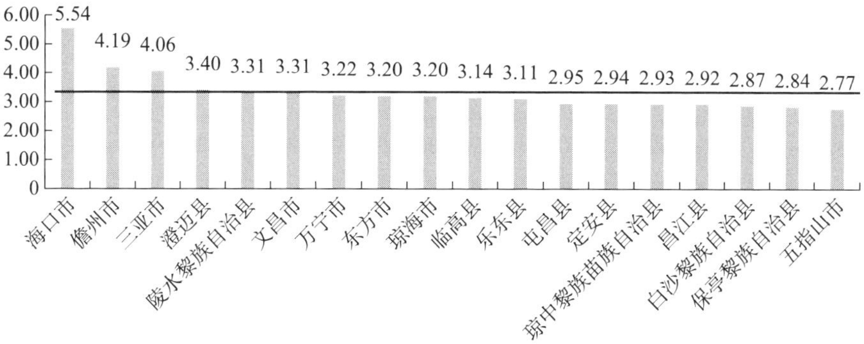

图 1-35　海南省各市县人均财政教育支出指数

（3）人均财政卫生健康支出指数

人均财政卫生健康支出指数体现了政府对公共卫生设施、医疗服务、疾病防控、医疗保障体系等领域的投入水平。良好的卫生健康发展环境有助于维护人才的身体健康，提高其工作效率和生活质量，从而增强地区对高层次人才的吸引力。如果该指数较高，说明该地区的卫生健康事业发展较为完善，医疗保障体系较为健全，能够为人才提供较好的医疗服务。海南省各市县人均财政卫生健康支出最高的城市为三亚，其人均财政卫生健康支出指数达到 8. 44，紧随其后的海口和儋州则分别为 8. 19 和 6. 10，达到平均值 5. 05 以上的市县有三亚、海口、儋州、陵水（见图 1-36）。

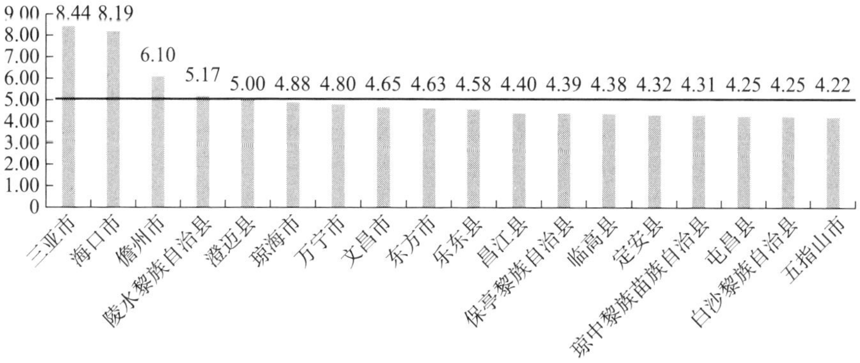

图 1-36　海南省各市县人均财政卫生健康支出指数

（4）人均财政文旅支出指数

人均财政文旅支出高不仅能够丰富本地居民的文化生活，还能间接促进文化创意产业和旅游业发展，形成对各类创意型和复合型人才的吸引力。海南省各市县人均财政文旅支出最高的城市为海口，其人均财政文旅支出指数达到7.02，紧随其后的三亚和琼中则分别为6.09和5.03。海南省人均财政文旅支出指数的平均值为4.18，海口、三亚、琼中、儋州、东方5个市县达到平均值以上（见图1-37），在这些市县中东方属于滨海城市带，琼中属于中部生态保育区，其他市县均位于南北经济圈范围内。值得注意的是，位于中部保育区的琼中在人均财政文旅支出指数的排名仅次于海口和三亚，对比2022年和2023年统计年鉴中琼中财政文旅支出的金额可以发现，2023年统计年鉴中琼中文旅支出的数据要远超过2022年统计年鉴数据。琼中通过打造“遇见琼中奔格内”等七大主题精品旅游线路、全省首家黎苗医药体验区、“琼中游好市”夜市品牌等措施，使琼中全年旅游接待总人次、总收入分别增长39.68%和53.36%，跃居海南省前列①。

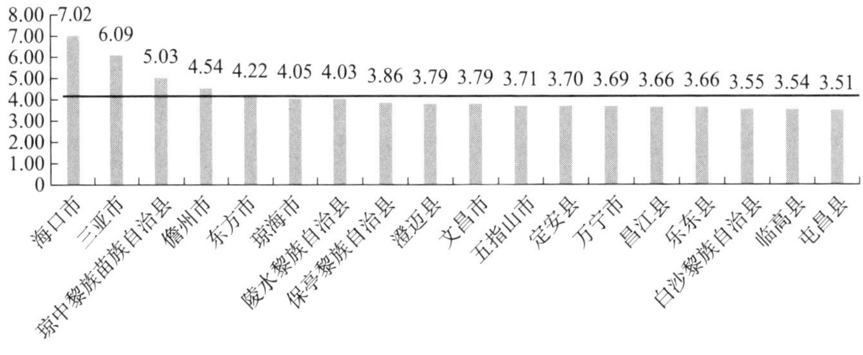

图1-37 海南省各市县人均财政文旅支出指数

3. 政策环境方面，大部分市县超过平均值，中部生态保育区和三亚经济圈政策环境指数具有比较优势，海口经济圈政策环境有待改善

人才政策环境指数表现好通常意味着该区域在构建和完善吸引、培养和留住人才的相关政策方面取得了显著成效。这体现在政府制定了一系列有利于人才引进、发展和安居乐业的政策措施，并且这些政策具有较强的创新性和竞争力，能够有效对接自贸港建设对于各类高端及专业人才的需

① 琼中黎族苗族自治县第十六届人民代表大会第五次会议隆重召开，https：//qiongzhong.hainan.gov.cn/ywdt_51715/jrqz/202401/t20240118_3572468.html。

求。分析发现，东方的政策环境指数最高，达到 11.00，紧随其后的是白沙和儋州，其政策环境指数分别为 10.82 和 10.52。超过平均值（8.64）的市县有 10 个，较其他指标而言，总体表现优秀，白沙、琼中和五指山 3 个中部生态保育区市县的政策环境相较于其他市县来说总体表现较好，其政策环境得分均在平均值以上（见图 1-38）。三亚经济圈范围内三亚、陵水、保亭 3 个市县均超过平均值，海口经济圈范围内仅有澄迈和文昌两个市县超过平均值，总体需要进一步完善提高。值得一提的是，位于三亚经济圈内的保亭，虽在人才总量、人才投入、经济环境和生活环境指标上并不突出，但其政策环境位于全省靠前行列，其两项二级指标也均位于全省前六行列，取得了不错的成效。总体来说，中部生态保育区的人才总量、人才投入、经济环境等指标虽在全省范围内并不突出，但是通过推出一系列吸引和培养人才的优惠政策吸引人才流入，以及提供优质服务确保人才留得住、用得好，从而有效提升了区域的整体人才吸引力。

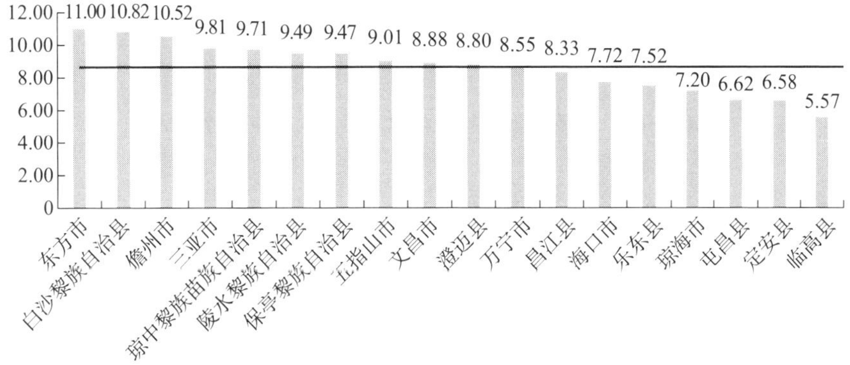

图 1-38　海南省各市县政策环境指数

在本书中，政策环境指数由两个二级指标构成，分别是人才对政策吸引力满意度和人才对现有政策落实服务满意度。根据熵权法的权重分配，人才对政策吸引力满意度权重为 0.055、人才对现有政策落实服务满意度权重为 0.056。

（1）人才对政策吸引力满意度指数

人才对政策吸引力满意度高反映出区域在人才政策的设计上切合了人才的实际需求和期待，政策内容包括但不限于税收优惠、生活补贴、购房优惠、科研项目支持、子女教育保障等方面，使得人才认为该地区具备良好的职业发展空间和个人生活质量提升的潜力，因而对该地区的政策产生了较高的认同感。海南省各市县人才对政策吸引力满意度最高的城市为三亚，其人才对政策吸引力满意度指数达到 5.70，紧随其后的东方、白沙和儋州则分别为 5.53、5.22 和 5.13（见图 1-39）。整体来看，海南省人才对政策吸引力满意度指数平均值为 4.29，三亚、东方、白沙、保亭等 11 个市县均达到平均值以上，这些市县在海口经济圈、三亚经济圈、滨海城市带和中部生态保育区范围内均有分布，表明海南各市县都在积极加强政策的吸引力。

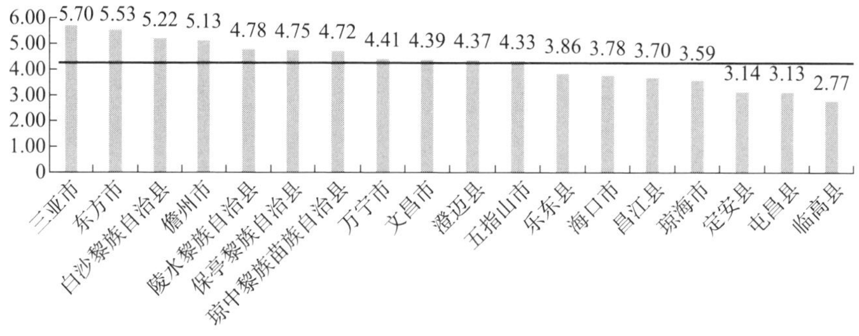

图 1-39　海南省各市县人才对政策吸引力满意度指数

（2）人才对现有政策落实服务满意度指数

人才对现有政策落实服务满意度评价高，说明政策不仅停留在纸面上，而是得到了有力的执行与落地实施，政府相关部门在提供服务的过程中高效透明，确保了政策红利切实惠及各类人才。这包括简化办事流程、优化公共服务平台、及时解决政策执行过程中的问题等措施，从而提升了人才对政策服务的满意度和信任度。海南省各市县人才对现有政策落实服务满意度最高的城市为白沙，其人才对现有政策落实服务满意度指数达到 5.60，紧随其后的东方和儋州则分别为 5.47、5.39（见图 1-40）。人才对现有政策落实服务满意度指数的平均值为 4.34，与人才对政策吸引力满意度指数相比，中部生态保育区和西部滨海城市带整体排名较为靠前，从侧面反映出两个地区的市县在完善人才政策体系和落实服务方面，做出了很大成效。

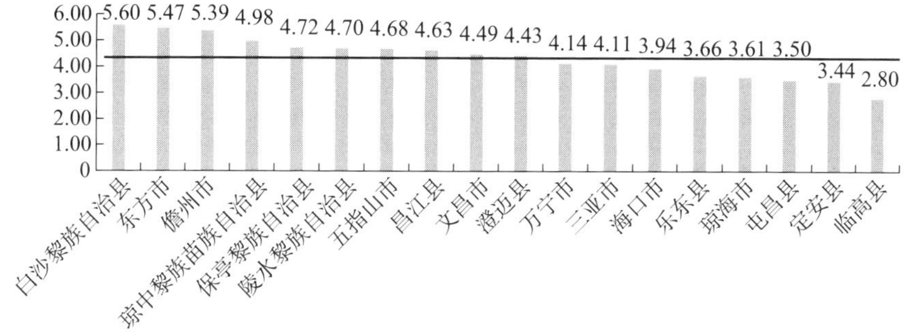

图 1-40　海南省各市县人才对现有政策落实服务满意度指数

4. 经济环境方面，三级经济圈的中心城市经济环境优势明显，海口经济圈相对较优，中部生态保育区城市相对较弱

良好的经济环境不仅能提供充足的就业机会和优厚的薪酬待遇，还意味着更先进的发展理念、更广阔的舞台、更高的生活质量以及更好的个人发展前景，从而极大地增强了该地区对国内外高端人才的吸引力。同时，这也是人才流动和集聚的主要驱动力之一，对地区经济的持续发展和社会进步起着决定性作用。经济环境指数好通常意味着当地经济发展水平高、就业市场繁荣、收入水平和生活质量较高，有较完善的基础设施环境和广阔的未来发展前景。经济环境指数超过平均值 12. 79 以上的市县有海口、三亚、澄迈、儋州、昌江、文昌、琼海等 7 个市县（见图 1-41）。其中海口、三亚、儋州排名靠前，都为三极经济圈范围内的中心城市，海口经济圈范围内的澄迈、文昌超过平均值。特别地，滨海城市带范围内的昌江，在经济环境指数中总体表现优秀，各项分类指标尤其是人均居民可支配收入位居第三，其他指标也居于前列。

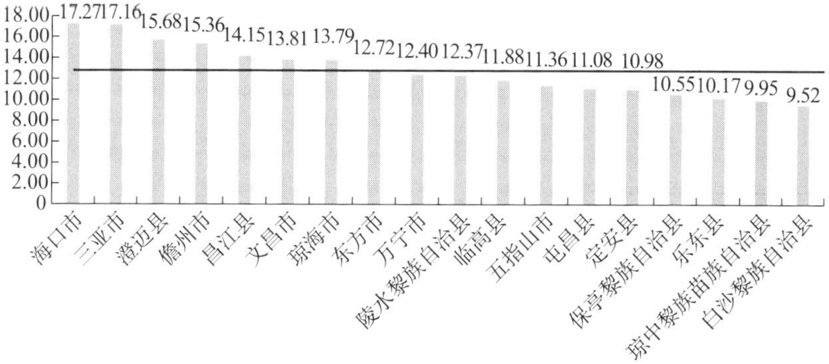

图 1-41　海南省各市县经济环境指数

在本书中，受统计数据的限制，经济环境指数由三个二级指标构成，分别是人均 GDP、人均居民可支配收入和城镇人口比重。根据熵权法的权重分配，人均 GDP 权重为 0.075、人均居民可支配收入权重为 0.066、城镇人口比重权重为 0.044。

（1）人均 GDP 指数

人均 GDP 指数表现好通常体现该区域经济发展水平高、经济增长速度快、产业结构优化升级等特征，显示出强大的经济实力和潜在的市场活力。2022 年，海南省各市县人均 GDP 最高的城市为儋州，其人均 GDP 指数达到 7.47，紧随其后的澄迈和三亚，人均 GDP 指数分别为 7.35 和 6.78（见图 1-42）。儋州、澄迈、三亚、海口等 8 个市县超过海南省整体人均 GDP 指数平均值（5.23），且大部分位于海口经济圈、三亚经济圈和儋洋经济圈，而位于中部生态保育区的市县，其人均 GDP 指数排名相对靠后。

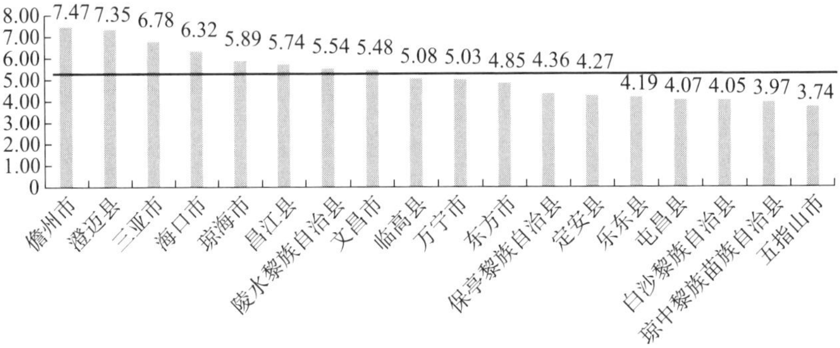

图 1-42　海南省各市县人均 GDP 指数

（2）人均居民可支配收入指数

人均居民可支配收入反映了居民在当地获得的收入水平，这直接影响着人才的生活质量，反映出经济环境的优劣。人均居民可支配收入高意味着该区域的居民有更强的消费能力、更好的社会保障以及更高的生活满意度。海南省各市县人均居民可支配收入最高的城市为海口，其人均居民可支配收入指数达到 6.60，紧随其后的三亚市，其人均居民可支配收入指数为 6.41，两个城市为海南人均居民可支配收入排行的第一梯队（见图 1-43）。海南省整体人均居民可支配收入指数平均值为 4.34，有一半以上的市县超过平均水平。特别地，滨海城市带范围内的昌江，在人均居民可支配收入指数上不仅超过平均值水平，同时在全省名列第三，整体表现优秀。

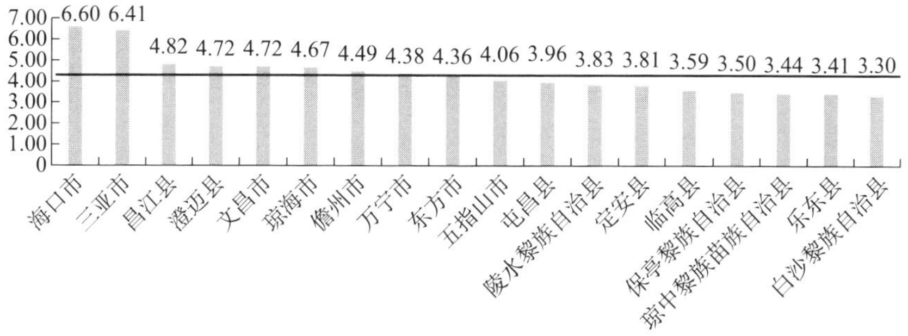

图 1-43　海南省各市县人均居民可支配收入指数

（3）城镇人口比重指数

城镇化水平较高的地区通常伴随高度发达的第二、第三产业，比如制造业、服务业、金融业、信息技术等行业，这些产业能创造出大量的、多元化的工作机会，满足不同类型和层次人才的就业需求。同时城镇人口比重较高的地方，城市基础设施建设和公共服务设施通常更为完善，包括教育、医疗、交通、文化娱乐等各方面，为人才及其家人提供了优良的生活条件和便利的服务。海南省各市县城镇人口比重最高的城市为海口，其城镇人口比重指数达到 4.35，紧随其后的三亚，其城镇人口比重指数为 3.97（见图 1-44）。海南整体城镇人口比重指数平均值为 3.22，大部分市县均能达到这一平均值，特别地，中部生态保育区范围内的五指山，在城镇化水平指标上表现优秀，超过平均值水平，在同类市县中整体表现优秀。儋州作为中心城市，虽然超过平均值水平，但相比海口和三亚，在城市发展规模、产业结构、人口集聚度等方面仍有发展空间。

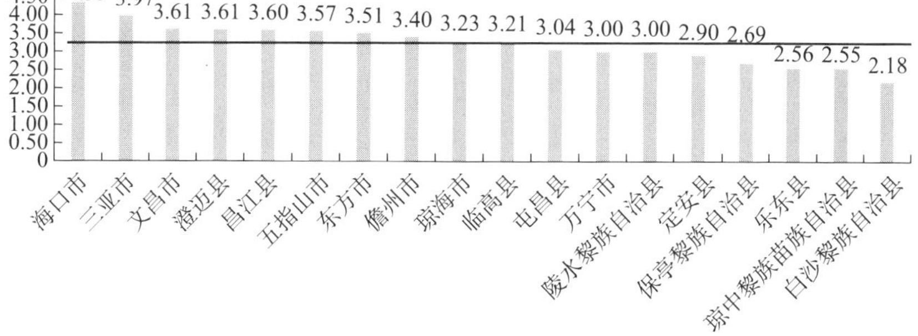

图 1-44　海南省各市县城镇人口比重指数

5. 生活环境方面，海南整体生活环境指数较均衡，各区域各具特色亮点

生活环境指数可以反映城市或地区的公共服务、环境保护、文化氛围、基础设施、教育资源等方面的情况，一个地区生活环境指数高，意味着它能为人才提供全方位的优质生活体验和理想的工作生活环境，从而增强对人才的吸引力。

海南整体生活环境指数平均得分为21.89，极差为6.51，整体差距较小（见图1-45）。其中定安、海口、陵水的生活环境指数居于前列，尤其是定安，在生活环境指数上表现优秀，可通过多渠道宣传，进一步吸引人才。总体来看，全省生活指数除中部地区整体相对弱一些以外，各区域都有指数表现优异的市县。比如，东方、海口、定安在中等职业教育上表现优秀；陵水、万宁、海口在中小学教育资源上表现优秀；三亚、琼中、澄迈在社会保险参保人员比率上表现优秀；白沙、琼中、五指山在人均社区服务机构数量指数上表现优秀；五指山、三亚、琼中在空气质量综合指数上表现优秀。

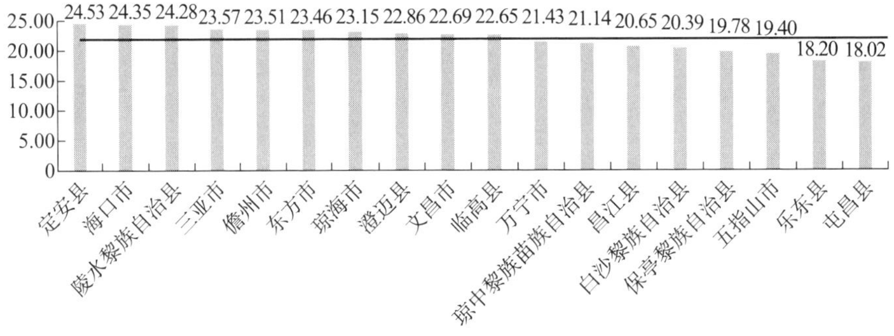

图1-45　海南省各市县生活环境指数

生活环境指数由五个二级指标构成，分别是普通中小学师生比、中等职业教育师生比[①]、社会保险参保人员比率、人均社区服务机构数量、空气质量综合指数等。根据熵权法的权重分配，中等职业教育师生比权重为

① 教育资源是吸引人才的重要因素之一，鉴于海南目前的高等教育资源大部分分布在海口和三亚，无法进行统一尺度的比较，同时近年来，无论是国家层面还是海南层面都在积极推动职业教育的改革和发展，力求使之成为经济社会发展的重要支撑力量，因此在教育资源方面，本书采用“普通中小学师生比、中等职业教育师生比”两个指标来衡量。

0.105、普通中小学师生比权重为0.052、社会保险参保人员比率权重为0.058、人均社区服务机构数量权重为0.037、空气质量综合指数权重为0.042。

（1）普通中小学师生比指数

对于已经成家立业，特别是有适龄子女的家庭型人才来说，优质的中小学教育资源尤为重要。他们往往会关注所在地区的中小学校排名、师资力量、教学设施、教育质量以及学校的文化氛围等，确保孩子能够在良好的环境中接受基础教育。普通中小学师生比指标表现好，既反映了学校的教育品质和资源配置合理性，也体现了其对人才培养的重视和对教师人才的吸引力。海南省各市县普通中小学师生比指数最高的城市为陵水，其普通中小学师生比指数达到5.18，充分展示了陵水建设“海南陵水黎安国际教育创新试验区”的系列成果。紧随其后的万宁和海口，两个城市的普通中小学师生比指数分别为4.90和4.59（见图1-46）。超过平均值3.90的市县有滨海城市带的万宁、临高、东方；三级经济圈的海口、三亚、儋州、陵水、定安、文昌。整体来看，普通中小学师生比除中部市县3个城市位于末位外，其他市县分布相对均衡。

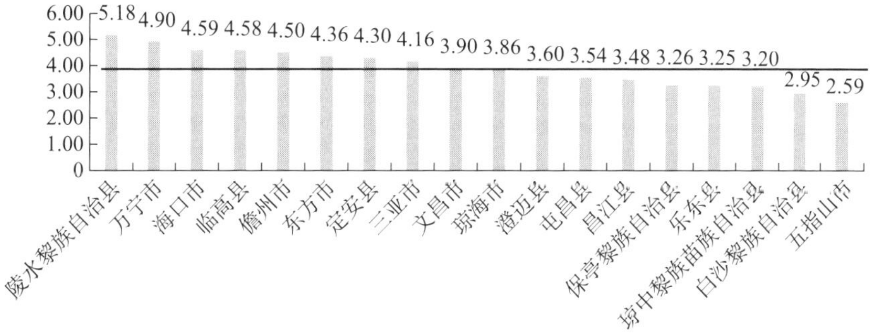

图1-46 海南省各市县普通中小学师生比指数

（2）中等职业教育师生比指数

对于专业技术人员、创业者以及期望子女能够获取实用技能的人才来说，他们比较关注区域是否有良好的职业技能培训体系、校企合作项目、实习实训基地以及是否能够培养符合当地产业需求的技能型人才。中等职业教育师生比指数表现好意味着学校在教育资源配置上较为合理，每名教师负责的学生人数较少，能够给予每位学生更多关注和指导，一般来说，合理的师生比可以提高学生的学习效果和教师的工作效果，进而提高教育质量。海南省各市县中等职业教育师生比指数最高的城市为东方，其中等职业教育师生比指数达到 10. 55，紧随其后的是海口和定安，两个城市的中等职业教育师生比分别为 10. 01 和 9. 85（见图 1-47）。通过对比可以发现，东方、海口、定安等 9 个市县的中等职业教育师生比指数均在平均值 7. 61 以上。总体来看，海口经济圈范围内除屯昌外，其他市县均超过平均值，滨海城市带范围内东方、临高、琼海等城市表现优秀，特别地，三亚作为中心城市，其师生比指数未超过平均值，具有进一步提高的空间。

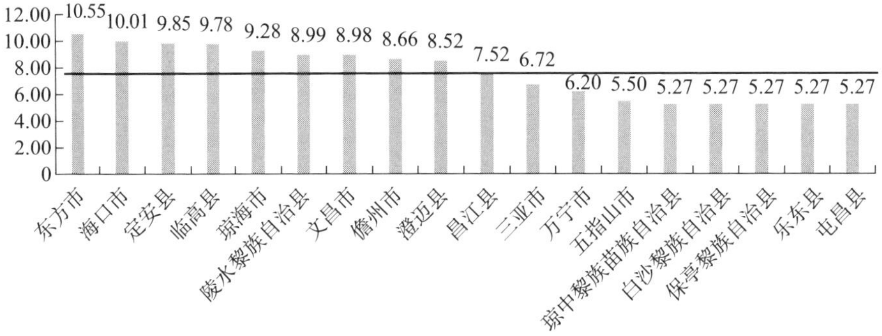

图 1-47　海南省各市县中等职业教育师生比指数

（3）社会保险参保人员比率指数

社会保险参保人员比率指数表现好，体现了该地区的社会保障体系完善，劳动权益保障到位，完善的社保体系有助于消除人才在择业和定居时的后顾之忧，提供了一种生活和职业发展的稳定性保障，社会保险制度的完善可以降低人才流动的风险和成本，使他们更加愿意尝试新的工作机会和职业发展路径，这有助于促进人才的合理流动和优化配置；同时，良好的社保制度也是衡量一个地区生活质量和社会福利水平的重要指标，有助于提升区域整体竞争力，吸引各类人才流入。海南省各市县社会保险参保人员比率指数平均值为 3. 98，排名前三的城市为三亚、琼中和澄迈，其社会保险参保人员比率指数分别为 5. 84、5. 04 和 4. 85（见图 1-48）。通过对比可以发现，位于中部生态保育区的市县普遍得分较高，说明中部生态保育区市县社会保险参保工作在落实方面较为完善，是吸引人才、做好人才服务保障工作的特色亮点之一。

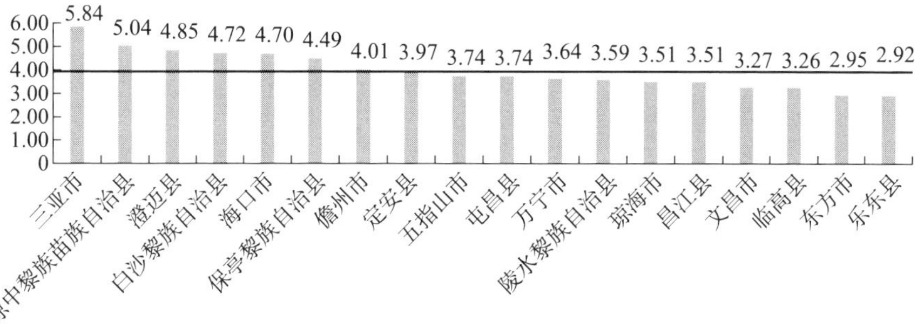

图 1-48　海南省各市县社会保险参保人员比率指数

（4）人均社区服务机构数量指数

人均社区服务机构数量指数表现好，通常意味着该地区的社区服务机构数量相对较多，有良好的生活配套设施，服务覆盖面广，居民能够更方便地获得所需的社区服务，能满足家庭成员多元化的需求，有利于提高生活的便利性和舒适度，增强人才的归属感和稳定性。尤其对于年轻人才和高层次人才来说，他们会更加倾向于选择那些公共服务设施齐全、生活环境优良的地方定居和发展，因为这不仅能保障自己和家人的生活质量，也是衡量一座城市综合竞争力和长期发展潜力的重要指标之一。海南省各市县人均社区服务机构数量指数最高的城市为白沙，其人均社区服务机构数量指数为 3. 72，紧随其后的是琼中和五指山，其人均社区服务机构数量指数分别为 3. 69 和 3. 38（见图 1-49）。通过分析，达到海南省人均社区服务机构数量指数平均值（2. 90）的市县有 10 个，特别是白沙、琼中、五指山 3 个中部生态保育区市县在社区服务方面的指标表现优秀，为人才提供了较好的生活配套服务。

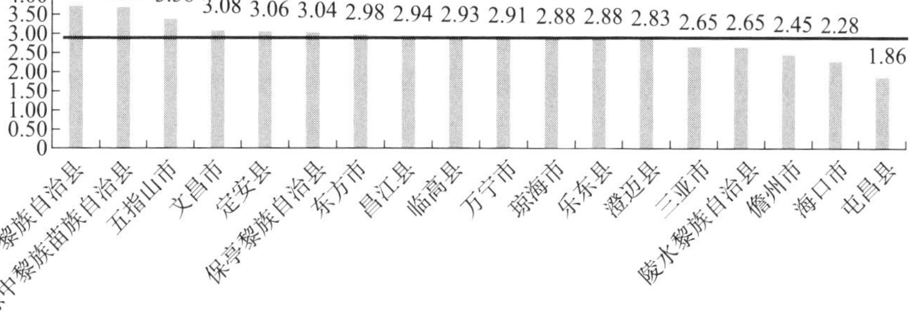

图 1-49　海南省各市县人均社区服务机构数量指数

(5) 空气质量综合指数

空气质量综合指数表现好，通常意味着这里具备宜居的自然环境和生态条件，如植被覆盖率高、气候宜人等，许多高素质人才在选择居住和工作地点时，会将空气质量作为一个重要的考量因素，优质的空气环境无疑对吸引和留住人才具有积极作用，特别是在科技、文化、教育等领域，高层次人才尤为看重生活品质。空气质量综合指数表现好不仅彰显了地区的生态文明建设成果，而且对提升地区整体吸引力、吸引和留住各类人才具有显著优势。本指标所采用数据来源于统计年鉴中“空气质量达到二级以上天数占全年有效监测天数比重（%）”，其数值越低，代表空气质量越差。海南省各市县空气质量综合指数并列第一名的为五指山和三亚，其空气质量综合指数均为4.19，其次是琼中的3.93，并列第三名的为乐东、陵水和儋州，空气质量综合指数为3.88（见图1-50）。整体来看，超过平均值（3.50）的市县有11个，分布在中部生态保育区和三亚经济圈，海口经济圈范围内的市县整体排名靠后，需要加以重视，充分发挥海南得天独厚的自然环境和生态条件来吸引人才。

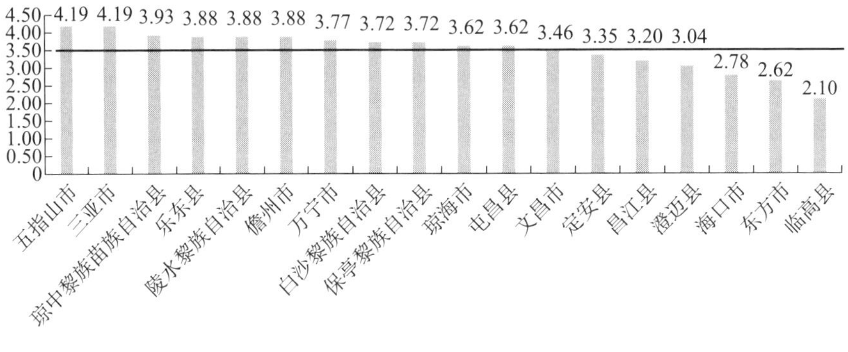

图1-50　海南省各市县空气质量综合指数

（三）海南自贸港重点市县人才吸引力指数评述

1. 海口市人才吸引力指标评述

海口市作为海南的省会城市，在吸引国内外优秀人才方面展现出显著的优势。通过数据可以看到，海口凭借其在多个维度的优异表现，综合人才吸引力指数达到了86.29的高分，在全省18个市县稳居首位，充分反映了海口在人才战略上的积极布局与显著成效。

具体到各分项指标，海口的人才规模指数以 10.38 的得分名列前茅，彰显了其在人才总量和高层次人才聚集方面的突出成就。人才投入指数得分 26.57，位居全省第二，体现了政府及企业在人才培养、引进和激励政策上的大量投入与不懈努力。经济环境指数得分 17.27，位居全省第一，反映了其经济活力强、发展潜力大的特点，为人才提供了广阔的发展舞台和丰富的就业机会。此外，生活环境指数得分 24.35，排名第二，显示出海口在城市基础设施、公共服务、生态环境等方面的积极部署。然而，政策环境指数得分 7.72，全省排名第十二，揭示出海口在政策支持系统、制度创新及行政效率等方面尚存不足，相较于其他领域的显著优势，政策环境成了海口人才吸引力的一个短板，是海口市未来改革的方向与重点。

综上所述，海口市在人才吸引力上整体表现出色，尤其在人才规模、经济基础、投入力度及生活环境上形成了强大的磁场效应，为城市的发展注入了强劲动力。但同时，海口也面临着优化政策环境、提升制度吸引力的挑战，须进一步深化改革，完善人才政策体系，以期全面释放人才活力，巩固并扩大其作为海南省人才高地的地位。

2. 三亚市人才吸引力指标评述

三亚在吸引国内外高端人才方面展现出独特的魅力与竞争力，通过数据显示，三亚市人才吸引力的综合评分为 85.27，反映出三亚在构建人才友好型城市方面所取得的显著成就。

细分到各项评价指标，三亚的人才规模指数为 6.90，位居全省第二，这表明三亚在吸引并保留人才方面取得了实质性的效果。更值得关注的是，在人才投入方面，三亚凭借 27.83 的高分位居全省榜首，显示出当地政府在人才培养、科学技术、教育文旅等方面的巨大努力和显著成效。经济环境方面，三亚得分 17.16，位列第二，显示了三亚经济发展的蓬勃态势和产业转型升级的显著成效，为人才提供了广阔的就业和发展机会。尽管在人才投入、人才规模和经济环境上表现卓越，三亚市在政策环境指数（9.81）和生活环境指数（23.57）上的排名均为第四，相比其他指标略显逊色，表明其在政策创新性、执行效率以及城市生活品质、公共服务设施等方面存在进步空间。

综上所述，三亚市在人才吸引力方面整体表现出色，特别是在人才规模、投入及经济环境上成绩斐然，但要实现更高层次的发展，还需在优化政策环境和提升生活质量上加大力度，确保人才引得进、留得住、用得好，推动城市向更加繁荣、宜居的目标迈进。

3. 儋州市人才吸引力指标评述

儋州在吸引多元化人才资源上展现出了强劲的竞争力，其人才吸引力综合指数得分为75.62，位居第三位，充分体现了其在构建人才发展生态方面的显著成效。具体到各分项指标，儋州在人才投入、政策环境及经济环境方面表现尤为突出，人才投入指数得分20.13，位居全省第四，显示出儋州市政府对人才培养、引进及激励机制的重视，通过增加教育投资、科研经费等措施，有效促进了人才资本的积累。政策环境指数得分为10.52，排名全省第三，体现了儋州在优化人才政策、简化行政程序、提供创业优惠等方面走在前列，为人才创新创业提供了良好的制度保障。经济环境指数得分为15.36，位列全省第四，反映出儋州经济发展态势良好，产业结构不断优化，为各类人才提供了广阔的就业平台和成长空间。人才规模指数（6.10）和生活环境指数（23.51）均位于全省第五，表明儋州已逐步形成了一定规模的人才集群，在城市基础设施建设、公共服务、生态环境保护等方面取得了一定进展，但在提高生活便利性和文化娱乐多样性方面还有较大进步空间。

综上所述，儋州市在人才投入、政策环境及经济环境方面表现相对优秀，但针对人才规模较小和生活环境尚需改善的现状。儋州市应继续加大投入，通过优化人才结构、加强教育和医疗资源配置、提升城市文化氛围和居住品质等措施，进一步优化人才发展环境，以期吸引更多高层次人才，促进经济社会全面发展。

4. 澄迈县人才吸引力指标评述

澄迈县的人才吸引力综合指数得分为75.35，位居全省第四，尤其是在人才规模、人才投入和经济环境等维度上，相较同类市县，澄迈县总体表现较为突出。首先，人才规模指数得分6.22，全省排名第三，形成了具有竞争力的人才集群。其次，人才投入指数得分21.79，仅次于海口和三亚，位列全省第三，体现出当地政府对人才培养和引进的高度重视，通过丰富的教育资源、科研资助和职业发展项目，为人才的成长搭建了坚实的平台。最后，经济环境指数得分为15.68，排名第三，凸显了澄迈经济的强劲势头和多元化产业布局，为人才提供了广泛的就业机会和职业晋升路径。然而，政策环境指数得分 8.80，全省排名第十，反映出澄迈在构建高效便捷的政策体系、优化创业创新环境方面还需加大力度，需要以更开放和灵活的政策吸引更多人才。此外，生活环境指数得分为 22.86，排名第八，提示澄迈在提升城市生活品质、完善基础设施、增强文化娱乐设施等方面存在进一步改善的空间，以营造更加舒适宜人的居住环境，满足人才对高质量生活的需求。

综上所述，澄迈在人才投入、人才规模以及经济环境等方面相较同类市县表现优秀，构成了其作为新兴人才聚集地的坚实基础。与此同时，政策环境和生活环境也是当前的短板所在，须进一步优化政策设计、加速生活品质提升，以期构建一个全方位、多层次的优质人才生态系统。

5. 东方市人才吸引力指标评述

东方在吸引各类人才上展现出了独特的地域优势，东方市的人才吸引力综合指数得分为 69.81，排名第五。从分项指标来看，东方市的政策环境指数得分为 11.00，位居全省第一，这表明东方市在制定人才吸引政策、简化审批流程等方面走在了全省前列，为人才发展创造了极为有利的政策条件。此外，生活环境指数得分为 23.46，排名全省第六，显示东方在城市基础设施建设、自然环境保护、文化生活丰富性等方面拥有较好的基础，为人才提供了相对舒适的生活空间。然而，东方市在人才规模、人才投入和经济环境上面临的挑战也不容忽视。人才规模指数得分为 5.77，排名第九，表明当前人才总量与结构尚有较大提升空间，需要通过更有效的策略吸引并留住更多人才。人才投入指数得分为 16.86，排名第八，反映在教育投资、研发支出及人才发展项目的资金支持上还需进一步增强。经济环境指数得分为 12.72，排名第八，显示东方市虽然拥有一定的经济基础，但在经济多元化、产业升级和就业机会的创造上还有待加强，以期能够更好地支撑人才的长期发展。

综上所述，东方市在政策环境和生活环境方面展现出了显著的吸引力，为人才发展奠定了良好的基础，但要全面提升人才吸引力，还须聚焦扩大人才规模、增加人才投入、优化经济结构，通过一系列针对性的改革与创新举措，促进人才与经济的良性互动，加速东方市向高水平人才集聚地转型。

6. 陵水黎族自治县人才吸引力指标评述

陵水的人才吸引力综合指数得分为 69，在 18 个市县中排名第六，反映了陵水在人才战略上的初步成效。具体到各项细分指标，人才投入指数得分 17.31，排名全省第五，凸显了陵水在吸引和培育人才方面的大力投入，包括资金支持、教育资源优化、研发项目资助等，这些举措有效提升了陵水对高端人才的吸引力。政策环境指数 9.49 分，排名全省第六，显示陵水在人才政策创新与实施上取得了显著成效，一系列鼓励创新、扶持创业、优化人才服务的政策，为人才发展提供了良好的制度保障。此外，生活环境指数得分为 24.28，位列全省第三，陵水凭借其优质的自然环境、完善的基础设施和丰富的文化生活，为人才提供了极为宜居的环境，增强了人才的幸福感和归属感。然而，陵水在人才规模和经济环境方面还有待进一步提升。人才规模指数得分为 5.55，排名全省第十一，意味着陵水在人才总量和密度上相比其他一些市县仍有一定差距，未来须加大人才引进力度，拓宽人才引进渠道，以充实人才储备。经济环境指数得分为 12.37，排名第十，显示出陵水的产业发展和经济实力虽已奠定一定基础，但与吸引高端人才所需的更为强劲的经济支撑相比，还有较大的提升空间。

总之，陵水县在人才吸引力方面展现出了明显的亮点，特别是在人才投入、政策环境和生活环境上的优秀表现，为人才的引进与培育打下了坚实的基础。然而，针对人才规模和经济环境的相对劣势，陵水须采取更加积极的策略，不断优化人才结构，促进经济转型升级，从而在激烈的人才竞争中持续增强自身的吸引力，实现人才与经济的双赢发展。

7. 文昌市人才吸引力指标评述

文昌市在全省人才吸引力综合评估中得分 68.25，位列第七名，表明该市在吸引与保留人才方面拥有一定的区域竞争力。具体到各项细分指标，文昌市的人才规模得分 6.15，在全省居第四位，显示出该市在汇聚人才资源方面具有较强的吸引力。然而，在人才投入、政策环境、经济环境及生活环境这四大维度上，文昌市的表现则稍显平庸，均位于全省中游。其中，经济环境排名第六，表明经济发展具有一定活力。人才投入指数为 16.72 分，位居第九，揭示出该市在资金支持、教育资源配置等方面仍有较大提升空间。政策环境排名第九，尚须进一步优化和完善，以创造更加有利的创新创业条件。生活环境指数 22.69 分，排列第九，说明尽管文昌在提供宜居宜业环境方面做出了一定努力，但在基础设施建设、公共服务质量、文化娱乐设施等方面还须加强，以更好地满足人才对高品质生活的需求。

综上所述，文昌市在人才规模上表现优异，但在人才投入、政策环境、经济环境和生活环境等多维度上尚有提升空间，需通过加大投入、优化政策、促进经济转型和提高生活质量等措施，全面提升人才吸引力的综合水平，推动城市可持续发展。

8. 琼海市人才吸引力指标评述

琼海凭借得天独厚的地理优势与丰富的文化底蕴，在吸引各类高层次人才与专业技能人才方面展现出独特魅力与显著成效，通过数据我们可以看到，人才吸引力综合指数得分66.79，在全省中位居第八位，充分体现了琼海在构建人才友好型城市方面取得的显著成就。从分项指标来看，琼海市的人才投入指数为16.93分，排名第七，彰显了琼海在资金、资源向人才倾斜的力度，表明了琼海在打造人才发展平台上所做的实质性努力。此外，经济环境指数13.79分，排名第七，说明琼海的经济发展动力强劲，产业结构优化升级，为企业提供了肥沃的生长土壤，也为人才提供了丰富的就业机会和广阔的职业发展空间。生活环境指数得分23.15，位列第七，体现了琼海在城市基础设施建设、公共服务、自然环境和文化氛围等方面的成效，为人才营造了舒适惬意的生活空间。然而，琼海在某些方面仍有提升空间，其中人才规模指数得分为5.72，排名全省第十，这表明尽管琼海具有吸引人才的条件，但在人才数量的积累和人才库的扩容上仍须加强，未来可探索更多元化的人才引进策略，扩大人才基础。政策环境指数为7.20分，全省排名第十五，说明相对于其他市县，琼海在人才政策的创新性、灵活性及执行力度上稍显不足。为了进一步提升人才吸引力，琼海需优化人才政策框架，简化政策流程，提高政策透明度和吸引力，确保人才政策能够切实有效地服务于人才的引进、培养和使用。

总体而言，琼海市在人才吸引力方面呈现出多元化的优势，尤其是在人才投入、经济环境和生活环境上相较同类市县表现优秀，同时，针对人才规模和政策环境的相对弱势，琼海市应精准施策，弥补短板，以期在未来的区域人才竞争中占据更加有利的位置。

9. 万宁市人才吸引力指标评述

万宁在吸引各类人才方面展现出一定的潜力与特色，通过数据显示，万宁的人才吸引力综合指数得分为64.90，排名第九，在构建人才生态体系方面取得一定成效。具体分析各项指标，万宁的人才规模指数达到5.97，位列全省第七，表明其在现有人才基础和人才聚集度上具有一定的优势。然而，人才投入指数得分仅为16.55，排名第十，揭示出其在人才引进的资金支持、项目资助及基础设施建设等方面尚存不足，须进一步增加投入以提升竞争力。政策环境指数得分为8.55，排名全省第十一，在人才政策创新、政策执行效率及政策宣传力度上还有较大提升空间。经济环境指数得分12.40，排名第九，反映出当地经济发展水平和产业结构对高端人才的吸引力有待加强，需要通过优化产业结构、提升企业创新能力来吸引更多优质人才。生活指数为21.43分，排名全省第十一，体现万宁在提升生活质量、打造宜居宜业环境方面仍有很大进步空间。

综上所述，万宁市在人才吸引力方面展现了一定的亮点，特别是在人才规模上保持了相对的优势，但面对人才投入不足、政策环境和生活品质提升的需求，还须采取更为积极主动的策略，持续优化人才发展环境，增强整体竞争力，从而在激烈的区域人才竞争中脱颖而出，实现可持续发展。

四、提升海南自贸港人才吸引力的建议

提升海南自贸港人才吸引力是一项系统工程，需要各级政府、企事业单位和社会各界共同努力，既要注重整体框架下的差异化发展，也要兼顾各市县自身的特色优势，通过科学规划、分类指导和市场驱动，逐步构筑一个层次丰富、特色鲜明、吸引力强劲的人才高地。同时，加强软硬环境建设，不断完善政策和服务体系，形成人才发展的良好生态系统，促使海南自贸港成为国内外人才竞相汇聚之地。

（一）构建多元化区域人才吸引模式

一是强化中心城市引领作用，立足海口、三亚、儋州三个海南中心城市各自特点和优势，进一步发挥其集聚效应，打造国际一流的营商环境和创新生态，共同构建层次丰富、吸引力强的人才高地。依托海口作为省会城市和自贸港核心区域的优势，可通过构建高端产业群落、提供优质公共服务设施及便利生活配套，提升对国内外优质人才的吸引力。比如引进优

质教育资源和国际一流医疗机构，解决高端人才子女教育及健康保障问题。通过简化行政手续、建立一站式人才服务中心、加快公共服务数字化转型等方式，创造高效便捷的政务服务环境，吸引国内外企业和人才入驻。依托三亚利用其世界级旅游资源优势，积极培育旅游新业态、新模式，逐步构建面向全球的旅游消费吸引力，打造国际旅游消费中心核心区。比如推动以种业科技、海洋科技等为核心的高新技术产业突破发展，打造海南自由贸易港前沿科技创新旗帜，为人才提供广阔的事业发展空间。深入挖掘使用“候鸟”人才，加快推进国际人才管理体制改革，定期组织国际性会议、研讨会、文化节等活动，增强三亚的国际影响力，吸引全球人才交流互动。加强儋州“西部陆海新通道国际航运枢纽、临港经济引领区”定位，将自由贸易港税收政策优势转化为产业发展优势，强化产业资源要素吸引和配置能力，不断增强产业集聚功能，为高层次人才提供实践舞台。比如进一步改革产业园区体制机制，加强与洋浦产业的联动，结合儋州特色产业发展需求，实施精准化引才政策，打造吸引人才的特色亮点，拓宽招贤纳士渠道，确保人才供需平衡。

二是构建多元化区域人才吸引模式，针对海南省内不同地域特点，绘制“人才地图”，采取因地制宜的策略，助力需求与人才精准匹配，同时打好“特色牌”，让市县在一些局部领域成为“单项冠军”。例如，海口经济圈应当充分发挥自身的核心引擎作用，聚焦金融、现代服务业及高新技术产业，打造国际一流的创新中心和高端服务业集聚区，通过一系列政策优惠、优质公共服务设施以及高级职位机会，吸引并留住各类行业精英。三亚经济圈则以“做优做精三亚经济圈，打造国际旅游胜地、自由贸易港科创高地”为发展方向，依托其丰富的旅游资源，重点发展旅游业及相关服务业，并结合海洋科研与健康产业优势，打造国际旅游消费中心及科研创新高地，采取更为开放包容的人才引进政策，以吸引更多国内外旅游、科研、创新创业等领域的专家和技术人才。滨海城市带各市县也应挖掘各自资源禀赋，找准定位，发展如港口物流、海洋经济、新能源等新兴产业，形成独特产业集群，精准对接引入符合产业发展需求的专业人才。

三是加强区域人才品牌形象塑造与推广工作，发掘并宣传各自的独特优势。深入发掘海南各地的历史文化内涵、地理人文特色，线上线下双管齐下，加大对各个区域独特魅力的宣传力度，如自然生态、文化旅游、特色产业等，特别是对于滨海城市带和中部生态保育区的市县，要充分利用自然资源优势打造特色吸引人才优势。整合全岛特色优势资源，通过举办专题活动、搭建信息平台等方式，搭建高层次人才交流平台，展示海南自贸港的整体形象与各地市县的独特魅力，吸引更多符合地方发展战略目标的人才流入，提高海南整体以及各个区域的品牌知名度和美誉度，从而在全球范围内有效提升海南自贸港对于优秀人才的吸引力。

（二）完善区域协同发展和流动机制，促进全岛同城化

一是构建"三极一区一带"协同引才网络，打造高效联动的人才流动机制。构建全岛一体化的人才招引体系，推动各市县间政策联动和创新，加强人才交流和资源共享机制，减少地域差异，形成"全岛一盘棋"的引才格局。实施灵活高效的社保、公积金转移接续政策，确保各类人才在海南自贸港内自由流动时能够无缝衔接各项权益。搭建全岛统一的人才信息共享平台，打破信息孤岛，实现人才资源的无缝对接与合理配置，为推动产业发展、统筹人才管理提供参照。推行跨区域人才交流项目，推动人才资源在市县间、区域间双向流动和平等交换，设立联合培养计划，鼓励人才在各区域之间进行轮岗学习和互动交流，相互派遣干部挂职锻炼，形成区域协调发展的思维和视野。

二是均衡区域发展与资源投入。加大对中部生态保育区以及经济环境相对薄弱市县的人才引进政策扶持力度，通过产业引导、项目布局、税收优惠等措施吸引企业和研发机构入驻，提高当地的人才规模指数和经济环境指数。在人才投入方面，优化财政资金分配，确保各市县在人才培养、科研支持、技术创新等方面得到充分的资金保障，缩小各市县之间的人才投入差距。同时可通过协同构建产业平台和载体建设、提供优质公共服务设施及便利生活配套，实现区域内高层次人才待遇同步、资源共享，营造自由流动、优势互补、互促共进的良好环境，提升对国内外优质人才的吸引力。

三是强化人才服务体系建设，为人才提供一站式的服务窗口和便捷通道，推动公共服务一体化，主动打破区域壁垒，有效整合并最大化利用全岛的教育资源、医疗资源和创新资源，解决他们在就业、创业、安居等方面的后顾之忧。推进教育资源均衡布局与优化配置，吸引国内外知名高

校、研究机构在海南设立分校或合作办学，打造高水平国际教育平台，提供从基础教育到高等教育的完整优质教育资源链。建立全省医疗资源共享系统，推广远程诊疗技术，使得优秀医疗人才的服务能够辐射到海南全境，引导优质医疗机构在各地设立分院或者合作共建医疗中心，提升全岛整体医疗服务水平，保障各类人才的生活品质。加强科技创新资源共享平台建设，构建起覆盖全省的技术研发、成果转化等方面的深度合作网络，支持跨区域、跨领域的重大科技项目合作，鼓励各市县以及企事业单位之间进行技术成果的转化与推广，形成产学研用一体的协同创新生态。

四是推进公共基础设施互联互通。加快推进交通基础设施建设，提升海口、三亚、儋州等中心城市的交通便捷度，实现全岛 3 小时通达，三极经济圈内 1 小时通勤，方便人才通勤及商务交流。构建覆盖全岛的 5G 通信网络和光纤宽带网络，为科研创新、远程教育、在线办公等提供高速稳定的信息化支持。完善公共服务设施配套，如图书馆、文化体育场所、医疗健康服务等，满足不同层次人才的生活需求。加大对城镇人口比重较低市县的城市基础设施投入，加快城市建设步伐，包括升级交通网络、完善医疗资源布局、强化教育资源配备等，形成更具竞争力的城市群落。

（三）充分发挥自贸港政策优势，进一步提升经济发展水平和薪酬福利待遇

一是充分利用海南自贸港贸易自由化、投资便利化的政策红利，引导外资企业和跨国公司在海南设立分支机构或研发中心，通过外资企业的进驻带动本地人才市场的繁荣升级，发挥自贸港政策的溢出效应。利用海南自贸港的低税率、所得税优惠等政策优势吸引高端人才，使其在同等条件下享有更高的实际收入，增强海南相对于其他地区的人才竞争优势，逐步打造对全球高端人才的强大吸引力。

二是优化产业布局、引导产业结构升级，带动高薪岗位增长。重点发展现代服务业、高新技术产业以及与国际旅游消费中心建设相关的具有高附加值的行业，吸引更多优质企业入驻，提升整体经济发展水平，从而创造更多高薪就业岗位，为各类专业人才提供广阔的职业发展空间。

三是打造一流营商环境，促进经济发展。营造公平透明、便捷高效的营商环境，吸引更多的国内外投资，通过繁荣的市场经济和良好的产业发

展态势保障人才的长期稳定就业和较高薪酬待遇。构建完善的企业扶持与奖励机制，对于引进及留住高级人才成效显著的企业，给予一定的财政补贴或税收优惠，形成政府与企业共同参与的人才引进模式，推动企业加大人力资源投入，提高人才待遇。

（四）推进省级人才政策优化整合，打造热带雨林式的人才生态系统

一是优化整合省级人才政策体系。紧密结合海南自贸港的战略定位和发展目标，推进各项人才引进、培养与激励政策优化整合，形成系统化、规范化的省级统一人才政策框架，包括简化人才认定标准、强化高层次人才引进奖励机制、提供税收优惠和科研项目资助等措施。探索实施更加开放包容的外籍人才引进政策，如放宽工作许可条件、优化签证便利服务等。设立专项基金，对国际顶尖人才及团队实行个性化定制政策，提供科研启动经费、住房补贴、子女教育等全方位支持。推行人才评价体系改革，注重业绩成果和实际贡献，破除唯学历、唯资历倾向。打造高端产业平台集聚人才，结合海南自贸港重点产业发展方向，建设一批高水平的科研机构、创新型企业集群和产业园区，为各类人才提供施展才华的舞台。

二是推动人才政策制度集成创新，提高政策对人才的吸引力及政策落实的满意度。构建海南及各区域人才工作画像，提高人才引进与经济社会发展的“匹配度”，不断提升各区域人才工作的针对性和实效性，对不同层次不同类型的人才进行差异化政策设计，出台精准契合区域定位和人才发展需要的政策措施。比如针对创业人才，要提供创新创业的热土，对于已经成家立业，特别是有适龄子女的家庭型人才来说，优质的中小学教育资源尤为重要，要提供良好的生活环境。制定更灵活开放的人才引进政策，根据各市县产业特点和人才需求差异，制定精细化、有针对性的引才留才政策，包括但不限于住房补贴、子女教育优待、税收优惠、职业发展支持等措施，确保政策灵活性和有效性。简化人才认定和落户流程，提高政策透明度和执行效率，定期评估各地人才政策实施效果，及时更新和完善政策内容，确保人才政策始终保持竞争力和适应性，同时加强对人才流入流出数据的监测分析，为政策决策提供科学依据。进一步强化服务意识，及时推动各类人才新政落地落实，全方位提升人才服务保障水平，吸引更多人才。

三是打造宜居宜业的生活环境。健全社会保障体系，提高社会保险参保覆盖率，确保各类人才享有全面的社会保障，减轻其在迁徙和就业过程中的风险顾虑，特别是在养老、医疗、失业、工伤和生育保险等方面提供强有力保障，增强人才的归属感和安全感。优化生活环境品质，全面提升基础设施建设和公共服务水平，关注人才的生活体验，改善空气质量、社区服务、文体设施等软硬件条件，打造宜居宜业的城市环境；加大投入力度，提升城市基础设施品质，建设优质的教育、医疗、文化娱乐设施，满足人才及其家庭高品质的生活需求。提升居住环境，加大人才公寓和公租房供应，解决人才的住房问题；利用海南优越的空气质量资源，加强对绿色低碳城市的规划和建设，保护和提升生态环境，凸显海南自贸港的宜居优势，吸引注重生活品质的人才。

理论篇

近年来，国内外学者对于区域人才吸引力的研究日益深入。城市如何吸引人才、如何对城市人才综合吸引力进行评价已然成为学术界的研究热点。查阅大量这方面的国内外文献资料并进行整理归纳发现，人才吸引力是在人才流动现象下产生的一个相对的概念。无论是人才流动还是人才吸引力的研究，都经历了从宏观到微观、从经济因素到生活需求方面的发展，研究方法趋于多指标综合评价，趋于关注人才的需求，使得研究更加全面具体。

本部分通过对国内外相关研究成果的梳理总结，按照科学性、全面性、可操作性、可比性以及发展性原则，参照权威机构的研究成果，结合海南实际情况，构建了一套涵盖人才规模、人才投入、政策环境、经济环境、生活环境等五个一级指标和十六个二级指标的多维度指标体系，并介绍了研究方法、数据来源、指标赋值原则和权重确定等具体实施细节，力求客观量化评估海南各区域及各市县人才吸引力的优势与短板。

一、研究综述与指标构建

（一）国内外人才吸引力研究综述

1. 人才流动的研究

人才流动受到个人、组织、社会和环境等多方面因素的影响。国外方面，Levin 和 Rosse[1]认为，除个人因素外，外部组织因素与社会因素对人才流动会产生影响。其中涵盖了整体社会因素，如宏观社会环境、劳动力供求状况、办公条件与组织文化等，以及个人基本状况，如年龄、性别、个性特质与价值观等，这些均属于影响人才流动的关键因素。Clark[2]研究美国各个县舒适性对人口、产业和创新产出的影响，将舒适性划分为自然、人工设施以及社会经济结构和居民态度价值观四个维度；Amnon 等[3]针对知识型员工群体，研究其在选择住址时所关注的舒适度、工作环境及其生活方式等因素对决策的影响。Erhan 等[4]研究了高技能人才在发展中国家间迁移的关键因素；Kaplan 等[5]调查了美国得克萨斯州 2700 名青年知识型工作者，研究了其迁移意图中社会网络规范的影响。

国内方面，李琴和谢治[6]针对青年人才居留意愿的影响因素，从个体、家庭、经济与社会四个维度展开分析。孟颖颖等[7]基于 2017 年全国流动人口动态监测调查数据进行研究，指出人口流动的距离会制约医疗保险对人口流动意愿的影响。宋丽敏和田佳蔚[8]通过研究发现经济增长水平、对外开放度和人均固定资产投资三个变量对东北地区人口流动决策具有显著影响，尤其对域外流出促进效应最大且随年龄的增加影响程度也不断增强，随着受教育水平的先降低再增强，呈“U”形变化趋势。林坤等[9]发现个人月收入、职业、住房、流入本地时间、本地家庭规模、区位类型、城镇在岗职工平均工资及城市规模一直是决定高、低技能流动人口落户意愿的主要因素。张伟丽等[10]研究表明，在人口流动的网络变化和最终形成的过程中，经济差距、地区间的距离及居住舒适度差异等因素发挥了关键作用，提高居住的舒适度是人口流动的主要趋向，而不是日常生活中预想的单纯追求高收入。

2. 人才吸引力的研究

影响城市吸引人才的因素，包括地区层级位置、生活需求、经济因素、基础设施建设、就业机会和教育资源等多个方面。国外方面，Lepawsky 等[11]通过对具有创造力和受过高等教育的工人、雇主和中介组织的深入访谈，研究检验了两个假设：城市区域的社会动态构成了全球经济中经济成功的基础；有才华、受过高等教育的人将被吸引到那些提供丰富的就业机会、高质量的生活、大量文化活动和社会多样性的城市地区。Christian 等[12]的研究表明，地方政府采取了一系列积极的政策来吸引外国学生，这有利于地方城市发展，尽管人才吸引政策在政策圈中很受欢迎，但可能会对城市社会的某些阶层产生不利的福利结果。

国内方面，王宁[13]的研究表明，地区对人才的吸引力主要受两个因素影响：一是地区在全国地方分层体系中的层级位置，层级越高，对外地人才吸引力越大；二是人才的脱嵌性，即对家乡的依恋程度，依恋越强，外地吸引力越小。何洁等[14]通过对中国 19 所“985”工程高校理工科 R&D 科研人员的调查数据研究发现，个人生活需求、所处的科研团队因素、住房支出和家庭等因素对高校理工科科研人员的流动意愿影响是显著的。张炜等[15]以一线城市人才吸引力及影响因素为研究内容，利用 Logistic 回归模型进行研究，结果表明，自然环境、居住条件、教育程度、交通条件等为主要因素。张抗私和周晓蒙[16]基于微观调研数据发现，自然环境、生源地、产业结构和生活环境这些因素都会对大学毕业生的省际流动产生影响。杨雪和樊洺均[17]指出，经济因素、户口性质、流动范围、性别和家庭总人口数是影响高学历人口流动区域选择的重要因素。他们认为，发达的经济水平、完善的基础设施建设、丰富的就业机会和充裕的教育资源是吸引高学历人口流向的主要因素。郭利辉[18]认为人才吸引力是将人才吸引到特定组织工作的能力，可以理解为一种向心力。原新等[19]发现，工资水平和第三产业比重对高素质人才流入某地的概率有显著影响，相较医院数量，学校数量更能吸引人才。然而，人口的过度集聚和环境污染的加剧也会使人才对该地区产生排斥力。

3. 人才吸引力评价指标的研究

在人才研究领域，构建全面且科学的人才吸引力指标体系一直是学术界关注的焦点，并与区域发展的战略规划和政策制定密切相关。黄园浙[20]提出的全球人才指数（GTI）主要从人口统计资料、义务教育、高等教育、劳动力质量、人才环境、开放性、吸引人才的倾向等 7 个维度，评价各国培养、吸引和留住人才的能力；王辉耀等[21]从国际人才规模、结构、创新、政策、发展和生活等 6 个方面对中国区域国际人才竞争力进行衡量；赵紫燕和于飞[22]主要从人才资源竞争力（人才资源总量/人才素质）、人才效能竞争力（发展贡献）、人才环境竞争力（成长环境/制度环境/人才吸引倾向）等方面对中国区域人才竞争力进行衡量。叶晓倩和陈伟[23]利用熵值法和聚类法对 33 个中国主要城市的综合吸引力进行了测度。全球科技创新中心 GIHI[24]基于科学中心、创新高地和创新生态三个维度，评估全球 30 个城市（都市圈）呈现差异化发展路径和定位。孙博等[25]指出人才流动受个体需求与环境因素影响，评估不同宏观环境因素对人才流动的显著性和影响值，构建城市人才吸引力指标体系，并对主要城市进行分层分析。王福世[26]通过衡量国家在人才培养、吸引、留存等方面的表现，评估全球各国的人才竞争力，所选指标包括市场环境、人才培养、人才吸引力、人才留存、职业和技术能力、全球知识技能等。任泽平[27]通过对 31 个省（区、市）进行横向对比分析，提炼出了包括人才规模指数、人才投入指数、经济环境指数、创新环境指数等在内的多个核心指标，进一步完善了我国省级层面人才工作综合水平评估的方法论基础。周文霞等[28]从经济基础、创新潜能、文化开放、生态健康、社会福利、公共生活等 6 个维度构建评价指标，全面客观测算了全球 102 个城市（国内 39 个、国外 63 个）吸引、留住人才的能力，为优化城市创新定位、发挥平台服务优势、增强国际人才引进提供重要的参考和指引。

（二）海南自贸港人才吸引力评价指标体系

上述文献揭示了当前国内外学术界对区域人才吸引力问题的深入探索和研究成果，为研究海南自贸港如何有效挖掘和培养人才提供了丰富的理论基础和实践借鉴。基于文献回顾，我们可以发现无论是国外还是国内，研究者们都强调政策创新、经济发展、教育卫生投入、科技创新环境、生态环境等多维度因素对于区域人才吸引力的重要性。人才吸引力是一个复合概念，体现在能够吸引并留住人才的各项优势条件中，它们通过增强人才对迁入地的认同感和归属感，进而影响到人才流动的方向和规模，形成人才向更具吸引力地区聚集的趋势。因此，结合海南自贸港的具体情况，构建一套既符合国际先进理念又贴合本土实情的人才吸引力指标体系显得尤为重要，提高海南自贸港综合人才吸引力有助于促进人才合理流动，实现人才资源的有效配置与优化利用，为高质量建设海南自贸港提供源源不断的人力和智力支持。

为准确评价海南省及各市县的人才吸引力，按照科学性、全面性、可操作性、可比性以及发展性原则，本研究根据前述的研究成果，结合海南实际情况，构建了海南自贸港人才吸引力评价指标体系，该体系分为五个一级指标和十六个二级指标（见表 2-1）①。

表 2-1　海南省各市县人才吸引力评价指标体系

一级指标	二级指标	来源
人才规模指数	就业人数（在岗职工）	统计年鉴
	人才总量	各市县提供
人才投入指数	人均财政科学技术支出	统计年鉴
	人均财政教育支出	
	人均财政卫生健康支出	
	人均财政文旅支出	
政策环境指数	人才对政策吸引力满意度	问卷调查
	人才对现有政策落实服务满意度	

① 为保证指标的准确性，在构建指标体系时，遵循可度量性与可比性原则，确保指标所对应的数据对于每一个市县都可以被直接收集、记录和分析。同时为了进行有效的比较，指标数据在收集时参考相同的时间和数据来源，并以相同的单位进行度量。本研究受统计数据的限制，诸如各地区 R&D 人员全时当量、专利授权量、技术市场成交额等人才产出指标尚未计算在内，我们将在后续的研究和实践中，不断完善和更新指标体系，以更全面地反映区域人才吸引力的各个方面。

续表

一级指标	二级指标	来源
经济环境指数	人均 GDP	统计年鉴
	人均居民可支配收入	
	城镇人口比重	
生活环境指数	普通中小学师生比	统计年鉴
	中等职业教育师生比	
	社会保险参保人员比率	
	人均社区服务机构数量	
	空气质量综合指数	

二、研究方法与数据来源

研究团队综合运用多种方法对所获数据进行分析，考虑到熵权法是一种基于信息熵理论的多指标综合评价方法，在处理复杂系统或决策问题时，熵权法在多指标综合评价中能够较好地解决指标赋权问题，提高评价体系的科学性和准确性。为此，研究团队采用熵权法来计算海南省 18 个市县的人才吸引力指数，并对其进行排名与分析。

（一）指标的赋值方法

为统一各指标的评判标准，根据各指标特点进行统一赋值，因本研究指标下的绝大多数二级指标同等重要，因此在研究时将每个一级指标的最高分设置为 100 分，使用熵权法对 16 项二级指标的权重进行计算，采用累加法将一级指标包含的所有二级指标权重系数计算总权重，再将各项一级指标的总权重与一级指标最高分相乘得到每项一级指标的最终得分，根据得分高低进行排序。其中二级指标权重系数之和为 1，一级指标赋分最高分为 100 分①。

（二）各指标权重确定

研究团队使用熵权法来测算指标的权重。熵权法最初主要用于热力学领域，由 Shannon（1948）开始将熵引入信息论中，用熵来度量信息源中信号的不确定性，还可以通过度量数据携带的有效信息量来评定权重的大

① 羊轶驹 . 绿色医院评价指标体系与综合评价模型研究［D］. 长沙：中南大学，2015.

小，通过计算指标的信息熵，可以判断指标的离散程度，也可以计算出指标权重。一般来说，评价对象在评价指标的值上差距比较大，熵值越小，表明该评价指标携带较小的有效信息量，即该指标的权重就会较大；相反，评价对象在评价指标的值上差距比较小，熵值越大，表明该指标几乎没有携带任何的有效信息量，即该指标的权重也就较小。随后，熵就被广泛用于系统科学、决策科学以及经济管理等研究领域。由于熵权法本身的性质是采用客观的赋权方法对数据本身进行计算，不受人为因素影响，因此利用熵权法能够得到比较客观的评价结果。熵权法的基本步骤如下：

第一步：确定指标[①]。

确定 n 个样本，m 个指标情况下，则 X_{ij} 为第 i 个样本第 j 个指标的数值（$i=1, 2, \cdots, n$；$j=1, 2, \cdots, m$）

第二步：指标的归一化处理。

正向指标：

$$X_{ij}=\frac{X_{ij}-\min\{X_{1j}, X_{2j}, \cdots, X_{nj}\}}{\max\{X_{1j}, X_{2j}, \cdots, X_{nj}\}-\min\{X_{1j}, X_{2j}, \cdots, X_{nj}\}}$$

负向指标：

$$X_{ij}=\frac{\max\{X_{1j}, X_{2j}, \cdots, X_{nj}\}-X_{ij}}{\max\{X_{1j}, X_{2j}, \cdots, X_{nj}\}-\min\{X_{1j}, X_{2j}, \cdots, X_{nj}\}}$$

第三步：计算第 j 项指标下第 i 个样本值占该指标的比重。

$$P_{ij}=\frac{X_{ij}}{\sum_{i=1}^{n} X_{ij}}(i=1, 2, \cdots, n; j=1, 2, \cdots, m)$$

第四步：计算第 j 项指标的熵值。

$$e_j=-k\sum_{i=1}^{n} p_{ij}\ln(p_{ij})(j=1, 2, \cdots, m)$$

其中，$k=1/\ln(n)>0$，所以满足 $e_j\geq 0$。

第五步：计算信息熵冗余度。

$$d_j=1-e_j(j=1, 2, \cdots, m)$$

第六步：计算各项指标的权重。

$$W_j=\frac{d_j}{\sum_{j=1}^{m} d_j}(j=1, 2, \cdots, m)$$

---

① 权重赋值之"熵权法"，https：//mp. weixin. qq. com/s/X8zIQqI6A7aH0AOdfXg8Nw。

第七步：计算各个样本的综合得分。

$$s_i = \sum_{j=1}^{m} w_j P_{ij} (i = 1, 2, \cdots, n)$$

（三）数据来源

1. 官方数据

官方数据具有易获得、权威性、准确性等特点，在研究数据中，“就业人数”“人均财政科学技术支出”“人均财政教育支出”“人均财政卫生健康支出”“人均财政文旅支出”“人均 GDP”“人均居民可支配收入”“城镇人口比重”“普通中小学师生比”“社会保险参保人员比率”“人均社区服务机构数量”“空气质量综合指数”等指标均为官方数据，数据来源于《统计年鉴》、海南省生态环境状态公报等。

2. 调查数据

本研究中，“人才总量”“人才对政策吸引力满意度”“人才对现有政策落实服务满意度”等指标数据来源于各市县提供和问卷调查。

（1）问卷发放情况

面向全省各市县引进的人才发放调查问卷，共收回有效问卷 9233 份。

（2）调查对象的基本情况

从性别方面看，男性 3676 人，占比 39.8%；女性 5557 人，占比 60.2%。从年龄结构来看，25 岁及以下的共 1188 人，占比 12.9%；26~35 岁的共 3731 人，占比 40.4%，36~45 岁的共 2423 人，占比 26.2%；46~55 岁的共 1264 人，占比 13.7%；56 岁及以上的共 627 人，占比 6.8%（见图 2-1 和图 2-2）。

图 2-1　调查对象性别人数及比例

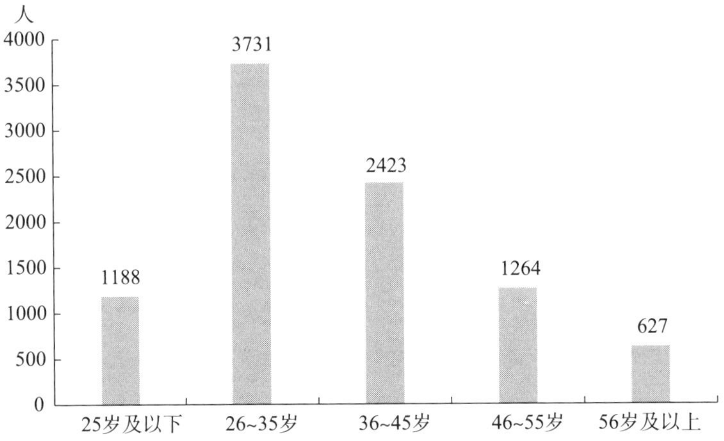

图 2-2　调查对象各阶段年龄人数

从文化程度上来看，博士 50 人，占比 0.5%；硕士 503 人，占比 5.4%；本科 5034 人，占比 54.5%，大专 2421 人，占比 26.2%；中专及以下 1225 人，占比 13.3%（见图 2-3）。可见调查对象主要集中在本科和大专学历，博士、硕士等高学历人才总量偏少。

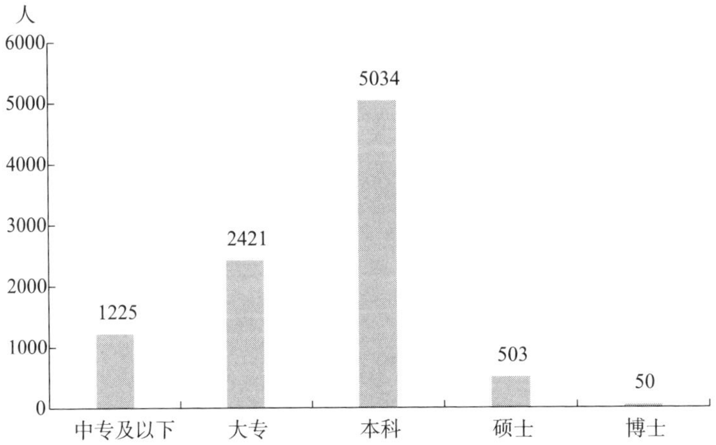

图 2-3　调查对象的学历情况

从年收入情况来看，年收入超过 100 万元的有 17 人，占 0.2%；50 万~100 万元的有 30 人，占 0.3%；20 万~49 万元的有 246 人，占 2.7%；10 万~19 万元的有 1791 人，占 19.4%；10 万元以下的有 7149 人，占 77.4%（见图 2-4）。从总体上来看，大部分人才年收入在 10 万元以下，高收入人群较少。

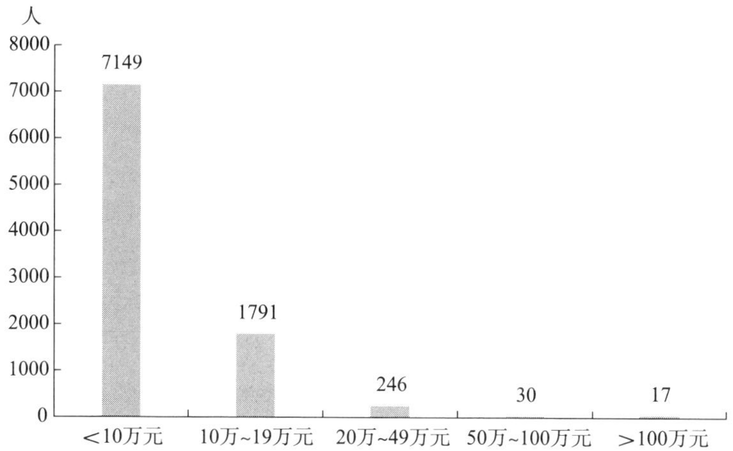

图 2-4　调查对象的收入情况

从人才类别来看，高技能人才共 227 人，占 2.5%；农村实用人才共 314 人，占 3.4%；企业经营管理人才共 610 人，占 6.6%；社会工作人才共 901 人，占 9.8%；专业技术人才共 4961 人，占 53.7%；其他人才共 2220 人，占 24.0%（见图 2-5）。

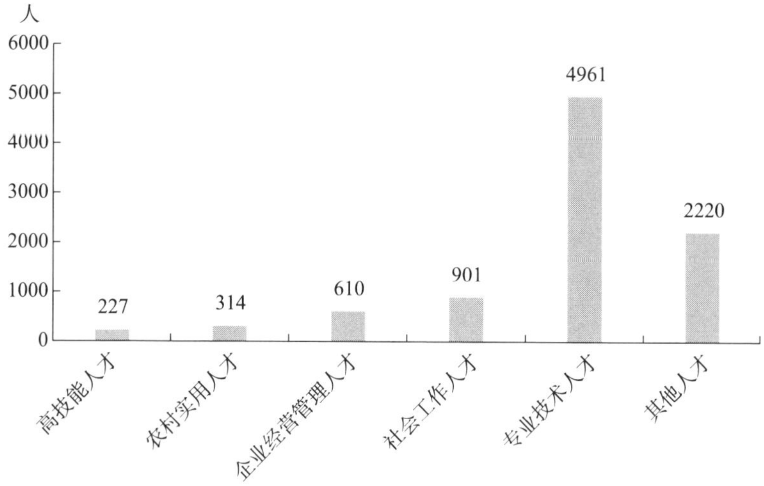

图 2-5　调查对象的人才情况

三、指标体系说明

（一）指标构建基本原则

1. 科学性原则

指标体系的设计需要基于科学理论和实践经验，选取客观、公正、科学的指标，避免主观臆断和片面性。同时，需要明确指标的定义和计算方法，确保指标的准确性和可操作性。因此，通过讨论，我们最终确定了5个一级指标、16个二级指标作为本次研究的指标体系。同时为了使指标更具科学性，本次研究所使用的定量指标均来自各市县官方统计数据，以期尽量符合当地的人才发展情况。

2. 全面性原则

指标体系需要涵盖市县吸引人才的各个方面，包括该市县现有人才总量、对人才的投入、出台的人才政策措施、经济发展水平、配套生活设施等，确保指标体系的全面性和针对性。

3. 可操作性原则

指标体系的设计需要考虑实际操作的可行性和便利性。需要选取具有代表性的指标，避免过于复杂和烦琐的计算过程。同时，需要确保数据的可获得性和准确性，以便于实际操作和应用。本次研究我们将所有指标数据采用熵权法进行分配比重，计算出各个指标的权重，为多指标综合评价提供依据。

4. 可比性原则

指标体系的设计需要考虑到不同地区之间的可比性。需要选取具有普遍性和代表性的指标，以便于进行比较和评估。同时，需要确保数据的可比性和一致性，以便于进行横向和纵向的比较和分析。

5. 发展性原则

指标体系的设计需要考虑未来的发展趋势和变化。需要选取具有前瞻性和预测性的指标，以便于及时反映人才领域的新变化和新趋势。同时，需要不断更新和完善指标体系，以适应时代的发展和变化。

（二）评价指标与权重

为准确评价海南省各市县的人才竞争地位，按照科学性、全面性、可操作性、可比性以及发展性原则，构建人才吸引力指标体系。其中海南市县人才吸引力为综合指数，包括人才规模指数、人才投入指数、政策环境指数、经济环境指数和生活环境指数等5个一级指标，以及16个二级指标。

1. 人才规模指数评价指标与权重

人才规模指数是直接反映人才在各个区域分布情况的指数，也是体现其区域人才吸引力水平的最直接数据。本研究对各市县的人才总量和就业人数进行了统计分析，人才规模指数下包含就业人数和人才总量，以反映各市县人才数量情况（见表2-2）。

表2-2　人才规模指数评价指标与权重

二级指标	权重	数据来源	备注
就业人数	0.050	《海南统计年鉴2023》	2022年就业人数
人才总量	0.054	各市县提供	2022年人才数量

2. 人才投入指数评价指标与权重

人才投入指数反映了政府培养人才的支出规模，能够体现人才的培养质量。人才投入指数包含人均财政科学技术支出、人均财政教育支出、人均财政卫生健康支出、人均财政文旅支出，以反映政府在科学技术、教育、卫生、文旅等方面对人才的投入情况（见表2-3）。

表2-3　人才投入指数评价指标与权重

二级指标	权重	数据来源	备注
人均财政科学技术支出	0.096	《海南统计年鉴2023》	公式：2022年科学技术支出/2022年常住人口数
人均财政教育支出	0.055	《海南统计年鉴2023》	公式：2022年教育支出/2022年常住人口数
人均财政卫生健康支出	0.084	《海南统计年鉴2023》	公式：2022年卫生健康支出/2022年常住人口数
人均财政文旅支出	0.070	《海南统计年鉴2023》	公式：2022年文旅支出/2022年常住人口数

3. 政策环境指数评价指标与权重

政策环境指数是人才针对人才政策相关内容进行评价的指标，包含人才对政策吸引力满意度和人才对现有政策落实服务满意度，反映了人才对于目前出台政策的满意度（见表 2-4）。

表 2-4　政策环境指数评价指标与权重

二级指标	权重	数据来源	备注
人才对政策吸引力满意度	0.055	问卷调查	人才对政策吸引力满意度的评分
人才对现有政策落实服务满意度	0.056	问卷调查	人才对现有政策落实满意度的评分

4. 经济环境指数评价指标与权重

经济环境指数是用来反映一个国家或地区经济环境的变动趋势和程度的指标，包含人均 GDP、人均居民可支配收入和城镇人口比重（见表 2-5）。

表 2-5　经济环境指数评价指标与权重

二级指标	权重	数据来源	备注
人均 GDP	0.075	《海南统计年鉴 2023》	2022 年人均 GDP 值
人均居民可支配收入	0.066	《海南统计年鉴 2023》	2022 年人均可支配收入值
城镇人口比重	0.044	《海南统计年鉴 2023》	公式：2022 年城镇人口/2022 年常住人口数

5. 生活环境指数评价指标与权重

生活环境指数是对人才生活区域的基础设施、自然环境和教育环境等进行评价的指标，鉴于海南自贸港在全国人才工作综合水平中所处的阶段及现状，研究认为，海南自贸港若要吸引人才，应着重突出海南生活环境的优势，因此生活环境指数在本书中的二级指标略多于其他指标，具体包含中等职业教育师生比、普通中小学师生比、社会保险参保人员比率、人均社区服务机构数量、空气质量综合指数①（见表 2-6）。

表 2-6 生活环境指数评价指标与权重

二级指标	权重	数据来源	备注
普通中小学师生比	0.052	《海南统计年鉴 2023》	公式：2022 年普通中小学学生数量/2022 年普通中小学老师数量
中等职业教育师生比	0.105	《海南统计年鉴 2023》	公式：2022 年中等职业教育学生数量/2022 年中等职业教育老师数量
社会保险参保人员比率	0.058	《海南统计年鉴 2023》	公式：2022 年社会保险参保人数/2022 年常住人口数
人均社区服务机构数量	0.037	《海南统计年鉴 2023》	公式：2022 年社区服务机构数量/2022 年常住人口数
空气质量综合指数	0.042	《海南统计年鉴 2023》、海南省生态环境状态公报	空气质量达到二级以上天数占全年有效监测天数比重（%）

参考文献

[1] Levin R, Rosse J. Talent flow: A strategic approach to keeping good employees, helping them grow, and letting them go[M]. Jossey Bass Wiley, 2001: 16.

[2] Clark T N. Urban amenities: Lakes, opera, and juice bars: Do they drive development[J]. Research in Urban Policy, 2003, 9(3): 103-140.

[3] Amnon Frenkel, Edward Bendit, Sigal Kaplan. Residential location choice of knowledge-workers: The role of amenities, work place and life style [J]. Cities, 2013(35): 33-41.

[4] Erhan Artuc, Frédéric Docquier, Çaglar Özden, et al. A Global Assessment of Human Capital Mobility: The Role of Non-OECD Destinations[J]. World

① 教育资源是吸引人才的重要因素之一。对于已经成家立业，特别是有适龄子女的家庭型人才来说，优质的中小学教育资源尤为重要；对于专业技术人员、创业者以及期望子女能够获取实用技能的人才来说，职业教育资源的发达与否同样重要。高层次人才、学者以及有深造意向的年轻人会看重区域的高等教育水平。此外人才还会考虑到整个教育链的完整性，从幼儿园到大学，乃至继续教育和终身学习的机会，鉴于海南目前的高等教育资源大部分分布在海口和三亚，无法进行统一尺度的比较，同时近年来，无论是国家层面还是海南层面都在积极推动职业教育的改革和发展，力求使之成为经济社会发展的重要支撑力量，因此在教育资源方面，本书采用“中等职业教育师生比、普通中小学师生比”两个指标来衡量。

Development，2015：65.

[5]Kaplan S，Luise Grünwald，Hirte G. The effect of social net works and norms on the inter-regional migration intentions of knowledge-workers：The case of Saxony，Germany[J]. Cities，2016(55)：61-69.

[6]李琴，谢治．青年流动人才空间分布及居留意愿影响因素——基于2017年全国流动人口动态监测数据[J]. 经济地理，2020，40(9)：27-35.

[7]孟颖颖，张孝栋，王静．锁定与回拉：医疗保险制度对流动人口居留意愿的影响[J]. 东北大学学报(社会科学版)，2021，23(4)：67-75.

[8]宋丽敏，田佳蔚．东北地区人口流动决策的影响因素研究——基于个体特征与经济因素的交互分析[J]. 人口学刊，2021，43(4)：63-73.

[9]林坤，林李月，朱宇，等．中国流动人口落户意愿及其变化——基于高、低技能流动人口的比较研究[J]. 地域研究与开发，2021，40(3)：169-174.

[10]张伟丽，晏晶晶，聂桂博．中国城市人口流动格局演变及影响因素分析[J]. 中国人口科学，2021(2)：76-87.

[11]Lepawsky Josh，Chrystal Phan，Rob Greenwood. Metropolis on the margins：Talent attraction and retention to the St. John's city-region[J]. The Canadian Geographer/Le Géographe Canadien，54. 3 (2010)：324-346.

[12]Christian Reiner，Susanne Meyer，Sascha Sardadvar. Urban attraction policies for international academic talent：Munich and Vienna in Comparison [J]. Cities，2017(61)：27-35.

[13]王宁．地方分层、人才流动与城市人才吸引力——"地理流动与社会流动"理论探究之二[J]. 同济大学学报(社会科学版)，2014，25(6)：47-55，109.

[14]何洁，王灏晨，郑晓瑛．高校科技人才流动意愿现况及相关因素分析[J]. 人口与发展，2014，20(3)：24-32，42.

[15]张炜，景维民，王玉婧．什么决定了一线城市对人才的吸引力？——基于随机森林法对影响要素的检验分析[J]. 科技管理研究，2017，37(22)：99-108.

[16]张抗私，周晓蒙．大学毕业生就业的省际流动特征及其影响因素[J]. 人口与经济，2018(1)：69-78.

[17]杨雪，樊洺均．新生代高学历流动人口的流向选择及影响机制[J]．人口学刊，2019，41(6)：64-77.

[18]郭利辉．武汉高新技术企业人才吸引力评价指标体系的构建研究[J]．海峡科技与产业，2020(10)：85-88.

[19]原新，刘旭阳，赵玮．青年流动人才城市选择的影响因素——基于不同规模城市的比较研究[J]．人口学刊，2021，43(2)：48-60.

[20]黄园淅．人才评价指标的国际比较[J]．全球科技经济瞭望，2017，31(12)：25-29.

[21]王辉耀，西南财经大学发展研究院，全球化智库(CCG)．中国区域国际人才竞争力报告(2017)[M]．北京：社会科学文献出版社，2017.

[22]赵紫燕，于飞．中国区域人才竞争力研究报告(2017)[J]．国家治理，2017(22)：23.

[23]叶晓倩，陈伟．我国城市对科技创新人才的综合吸引力研究——基于舒适物理论的评价指标体系构建与实证[J]．科学学研究，2019，37(8)：10.

[24]全球科技创新中心指数研究 2020 课题组，GIHI Research Group. 全球科技创新中心指数 2020[DB/OL]．[2024-05-30].

[25]孙博，刘善仕，彭璧玉，等．中国城市人才吸引力评价指标体系研究——以 35 个主要城市为例[J]．管理现代化，2022，42(1)：129-135.

[26]王福世．人才开发环境与国家创新产出：来自 GTCI 数据的实证检验[J]．创新科技，2023，23(10)：76-90.

[27]任泽平．中国城市人才吸引力排名：2023[R]．2023.

[28]周文霞．全球城市人才黏性指数报告 2023[R/OL]．[2024-05-30].

案例篇

系统、客观、量化地评估海南各市县人才吸引力的水平状况及优劣势对于构建一幅反映海南自贸港人才吸引力地域差异与优势互补的地图，充分发挥各市县人才工作特色亮点，打造全省人才工作雁阵格局具有重要意义。案例篇以海南前九强市县为样本，反映了海南自贸港在市县级层面人才工作实践的前沿动态。这些市县凭借自身独特的区位优势、产业布局以及政策引导，已形成了各具特色且富有成效的人才吸引模式，其实践经验对于海南自贸港和国内其他地区都有较高的推广价值。

本部分逐一分析海南前九强市县的基本状况、战略规划与产业发展对人才吸引的重要作用，针对各市县人才吸引力的各项具体指标进行了详细的评析，并分享了他们在人才引进、培养及使用方面的实践经验与创新之举，体现了海南自贸港在人才战略实施上的阶段性成就。通过对这些典型区域的深入剖析，我们可以清晰地勾勒出海南自贸港如何依托制度创新、优化资源配置、营造优良环境等举措，逐步将其打造成国内外人才竞相涌入的热点地区。同时，借助对这些市县的成功案例研究，可以精准定位当前自贸港在人才发展路径上的亮点与挑战，从而为后续改进和完善相关政策提供有力依据。

一、海口市人才吸引力分析

（一）基本情况

海口市地处海南岛北部，陆地面积 2296.82 平方千米，海域面积 791 平方千米，辖秀英、龙华、琼山、美兰 4 个区（县级）；下设 21 个街道、22 个镇、208 个社区、248 个行政村、3 个农垦居[①]。2022 年末，全市地区生产总值 2134.77 亿元，同比增长 1.3%[②]。海口市为海南省省会城市，别称“椰城”，是国家“一带一路”倡议支点城市、北部湾城市群中心城市。

海口市东邻文昌市，南接定安县，西连澄迈县，北临琼州海峡与广东省隔海相望；属热带季风海洋性气候，气候温暖宜人，长夏无冬；地形略呈长心形，地势平缓，海南岛最长的河流——南渡江从中部穿过；西北部和东南部较高，中部南渡江沿岸低平，北部多为沿海小平原。海口管辖海域内有海岛 13 个，自西向东分布着诸多天然港湾，如金沙湾、新海港、秀英港、海口湾、东海岸、东寨港等。其中，海口港为海南交通枢纽和客货集散中心，是我国大陆沿海港口到东南亚各地通航贸易船舶的必经之港，素有“琼州门户”之称。港口岸线资源丰富，从西到东可分为马村岸段、盈滨—天尾岸段、海口湾岸段等多个岸段。境内自然资源丰富，海口处在橡胶、胡椒等热带经济作物产区，拥有林地 9.58 万公顷，约占土地面积的 42%[③]。

---

① 海口市人民政府——海口概览，http：//www.haikou.gov.cn/sq/hkgk/。

② 2022 年海口市经济运行情况，http：//www.haikou.gov.cn/xxgk/szfbjxxgk/tjxx/tjgb/202302/t1224134.shtml。

③ 同①。

（二）战略定位与产业发展

“十四五”时期，海口市将锚定“打造海南自由贸易港核心区，加快建设现代化国际化城市”的发展定位，切实提升海口城市发展能级。[①] 在产业发展方面，海口市积极融入国内大循环，抢抓国家扩大内需战略机遇，依托我国大市场优势，增强消费对经济发展的基础性作用，大力发展旅游业、现代服务业和高新技术产业，优化升级经济体系，提高经济质量效益和产业核心竞争力。

具体而言，一是建设服务双循环的国际旅游消费中心城市。推动旅游业转型升级，加快构建以观光旅游为基础、休闲度假为重点、文体旅游和健康旅游为特色的旅游产业体系，推进旅游业高质量发展。

二是打造现代服务业集聚区。瞄准国际先进水平，促进服务业和服务消费优化升级，重点发展货物与服务贸易、现代物流、现代金融、现代居民生活服务、科学研究和技术服务、现代商务服务、现代教育和医疗健康服务、软件和信息技术服务、现代文旅服务以及水利、环境和公共设施管理等领域，形成以服务型经济为主的产业结构。

三是创新发展金融业。丰富完善多功能自由贸易账户体系，构建海口金融对外开放基础平台。大力发展离岸金融，服务跨境贸易和投资自由化便利化，打造自贸港离岸金融中心。

四是做大做强高新技术产业。坚持“项目进园区、园区说了算”，完善江东新区、综保区、高新区、复兴城产业园等重点园区基础设施、公共服务设施、公共技术服务平台等配套建设，健全园区综合考核评价和激励机制[②]。

为了更好地集聚人才与企业，促进经济发展，海口布局多个产业园区平台，如海口江东新区、海口国家高新技术产业开发区（含观澜湖旅游园区）、海口综合保税区、海口复兴城互联网信息产业园、海南未来产业园、海口高新区云龙节能环保产业基地、海口市琼山区国家现代农业产业园、海口市琼山区省级现代农业高质量发展产业园等产业园区。

---

① 迎接海南省第八次党代会系列新闻发布会，https：//www. hainan. gov. cn/hainan/hkzc/list_sljrdscjzfbh. shtml？ddtab=true。

② 海口市人民政府——全文！海口“十四五”规划和2035年远景目标建议来了，http：//www. haikou. gov. cn/zfdt/hkyw/202101/t331574. shtml。

（三）海口市人才吸引力指标评述

海口市人才吸引力综合指数得分为86.29，在全省18个市县中处于第一位（见表3-1）。作为省会城市，海口主动作为，推出多项人才相关举措。从各项指标来看，海口人才规模指数、人才投入指数、经济环境指数与生活环境指数4项指标排名靠前，政策环境指数排名较后，仍存在较大改进空间。

表3-1　海口市人才吸引力指数

市县	人才规模指数排名	人才投入指数排名	政策环境指数排名	经济环境指数排名	生活环境指数排名	综合指数	
						分数	排名
海口市	1	2	13	1	2	86.29	1

1. 人才规模指数

人才规模指数得分10.38，排名全省第一，同时二级指标人才总量指数、就业人数指数均排名第一（见表3-2）。

表3-2　海口市人才规模指数

一级指标	指数排名	二级指标	指数排名
人才规模	1	就业人数	1
		人才总量	1

在促进就业和引进人才方面，海口市多措并举打造人才集聚高地，是实施“椰城优才计划”，健全完善人才招引、培育、激励、服务等方面制度措施，打造特色人才工作品牌。二是创新引进人才编制管理，拓宽机关事业单位引才渠道。出台《海口市“椰城优才”专项编制使用管理办法》，用于引进高学历专业化公务员和自贸港建设急需紧缺人才。三是拓宽招才引智渠道，探索建立“12345+人才服务”机制，在海口12345微信公众号上开设“海口招聘”专栏，为企业和人才提供免费对接平台，引导企业通过海南自贸港招聘网发布岗位信息，协调市委宣传部通过《海口发布》定期推动，不断扩大宣传面。共发动全市各类企事业单位发布岗位2万余个、占全省36.6%，700多家招聘单位已签约近1万人、占全省48.1%，岗位发布数与签约数均列全省第一。

2. 人才投入指数

人才投入指数得分 26.57，排名全省第二，同时二级指标人均财政科学技术支出排名第三，人均财政教育支出排名第一，人均财政卫生健康支出排名第二，人均财政文旅支出排名第一（见表 3-3）。

表 3-3　海口市人才投入指数

一级指标	指数排名	二级指标	指数排名
人才投入	2	人均财政科学技术支出	3
		人均财政教育支出	1
		人均财政卫生健康支出	2
		人均财政文旅支出	1

在人才投入方面，海口市的创新动能不断提升。一是在科技投入方面，国家技术转移海南中心落地海口挂牌运营，海口市入选国家知识产权强市建设试点城市、国家区块链创新应用综合性试点城市。新增国家级专精特新“小巨人”企业 2 家，高新技术企业数量增长 25%、达到 900 多家。认定省高新技术领军企业 3 家、瞪羚企业 12 家，分别占全省的 100%和 55%。新增全国重点实验室 1 家、省级科技创新平台 9 家。全社会研究与试验发展（R&D）经费投入增长 38.9%，技术合同成交额增长 32.7%[①]。

二是在人才服务及平台载体建设方面，持续推动中国（海口）留学人员创业园、中国海南人力资源服务产业园海口分园区建设，初步形成海南人力资源服务创新基地，成为全省人力资源服务产业最集中的地区。

3. 政策环境指数

政策环境指数得分 7.72，排名全省第十三，同时二级指标人才对政策吸引力满意度排名第九，人才对现有政策落实服务满意度排名第九（见表 3-4）。

① 2023 年海口市政府工作报告，http：//www.haikou.gov.cn/xxgk/szfbjxxgk/jhzj/zfgzbg/202302/t1226898.shtml。

表 3-4 海口市政策环境指数

一级指标	指数排名	二级指标	指数排名
政策环境	13	人才对政策吸引力满意度	9
		人才对现有政策落实服务满意度	9

海口市为了提高人才对政策吸引力满意度和人才对现有政策落实服务满意度，采取了多种举措，比如出台“椰城优才计划”，其中 35 条措施落地。同时海口市成为全省首个人才服务免费代办试点，为 100 多家单位代办 5000 余件业务事项，为高层次人才及其亲属提供就医绿色通道和 VIP 诊室服务、人才子女入学、转学等服务，得到广大人才一致好评。

虽然海口市采取了很多举措来改善政策环境，但总体来看，人才对海口市的政策环境评价低于全省平均水平，这表明政策环境仍有待优化和改善。后续政府应建立监督和评估机制，对政策落实情况进行实时跟踪和反馈，及时发现和解决存在的问题。同时，定期对政策效果进行评估，以便及时调整和完善政策。

4. 经济环境指数

经济环境指数得分 17.27，排名全省第一，同时二级指标人均 GDP 排名第四，人均居民可支配收入排名第一，城镇人口比重排名第一（见表 3-5）。

表 3-5 海口市经济环境指数

一级指标	指数排名	二级指标	指数排名
经济环境	1	人均 GDP	4
		人均居民可支配收入	1
		城镇人口比重	1

海口市稳增长提质效，经济运行稳健向好，2022 年地区生产总值 2134.77 亿元、增长 1.3%①。在经济环境方面，全面实施市级领导挂包项目责任制，推动 100 余个省市重点项目完成投资。除此之外，还强化项目谋划和产业招商，成立工作专班，组建驻外招商分局，着力引进一批先进制造业、现代服务业产业项目，累计签约实质合同项目 100 多个。签约落

① 2022 年海口市国民经济和社会发展统计公报，http：//tjj.haikou.gov.cn/hkstjj/ndgb/202303/857f193b8326471fb67314157d51ecff.shtml。

地率、项目开工率、投资完成率均为全省第一①。

5. 生活环境指数

生活环境指数得分 24.35，排名全省第二，同时二级指标中等职业教育师生比排名第二，普通中小学师生比排名第三，社会保险参保人员比率排名第五，人均社区服务机构数量排名第十七，空气质量综合指数排名第十六（见表 3-6）。

表 3-6 海口市生活环境指数

一级指标	指数排名	二级指标	指数排名
生活环境	2	中等职业教育师生比	2
		普通中小学师生比	3
		社会保险参保人员比率	5
		人均社区服务机构数量	17
		空气质量综合指数	16

海口市在提升生活环境方面采取了许多举措，比如在教育方面组建 10 个教育集团，推进 30 所学校优质资源共享；引进优秀校长、教师 1000 余名，实施 12 所新建和改扩建中小学校项目，增加学位 8000 余个。推动民办义务教育学位占比从 15.4%降至 3.6%。实现中小学校课后服务、乡镇中心小学午休设施全覆盖②。政府通过组建教育集团、新建和扩建学校等举措丰富教育资源，为人才提供良好的发展机会和平台，提高人才素质，促进人才全面发展。但总体来看，海口市的生活环境中部分二级指标排名仍较为靠后，例如在空气质量综合指数方面，可以通过环境监测和信息公开、生态补偿机制，不断完善环保法律体系等进一步改进。

（四）海口市人才工作的进展和经验

1. 推动人才制度集成创新，打造海口特色人才工作品牌

一是推动实施“椰城优才计划”。海口市委主要领导亲自推动，制定印发《中共海口市委、海口市人民政府关于实施“椰城优才计划”的意

① 2023 年海口市政府工作报告，http：//www.haikou.gov.cn/xxgk/szfbjxxgk/jhzj/zfgzbg/202302/t1226898.shtml。

② 同上。

见》，在人才招引、培育、激励、服务等方面提出 35 条制度措施，推动人才工作制度集成创新，打造海口特色人才工作品牌，得到《人民日报》《海南日报》等多家中央级、省级、市级媒体集中宣传报道。

二是深入推进基层教育卫生人才激励机制改革。组织开展基层教育卫生专业技术人才激励机制改革工作调研，找准找实基层教育卫生人才工作中的短板和弱项，提出改进措施。推动市卫健委制定《海口市基层医疗卫生机构激励机制改革实施方案》，改革完善基层医疗卫生机构收入分配机制和激励机制，引导卫生专业技术人才向基层流动，积极推动城乡教育卫生事业协调发展。

三是创新引进人才编制管理。推动市委编办制定出台《海口市“椰城优才”专项编制使用管理办法》，创新安排专项周转编制，专门用于引进高学历专业化公务员和自贸港建设急需紧缺人才，满编、超编单位进人难的问题有效解决。

四是健全市属国有企业公开招聘人员管理制度。落实市委人才工作领导小组会议要求，会同市国资委起草《市属国有企业公开招聘人员管理暂行办法》，坚持公开、平等、竞争、择优原则，严格规范市属国有企业员工招录工作，市属国有企业人力资源管理工作水平持续提升。

2. 持续开展招才引智，促进更多人才集聚海口

一是持续实施“百万人才进海南”行动计划。截至 2023 年底办理引进人才落户 6 万余人，认定各类高层次人才 3600 余人。强化以项目谋划和产业招商带动人才招引，组建 4 个驻外招商分局，着力引进一批以先进制造业、现代服务业为主的产业项目，推动引进中铁物总、中免运营总部、京东、物产中大等大型企业，以产业项目引进带动一大批人才集聚海口。

二是拓宽招才引智渠道。探索建立“12345+人才服务”机制，在海口 12345 微信公众号上开设“海口招聘”专栏，为企业和人才提供免费对接平台。引导企业通过海南自贸港招聘网发布岗位信息，协调市委宣传部通过《海口发布》定期推送，不断扩大宣传面。举办琼籍应届毕业生新春座谈会，在全省率先吹响抢招人才冲锋号，新华网、人民网等多家媒体集中报道。组织参与“百场万岗”系列招聘活动，多渠道发动 500 余家用人单位参加活动，发布岗位近 4 万个，占全省 68.47%，岗位质量和数量均为

全省第一。

三是加大重点园区招才力度。结合园区优势产业指导高新区、江东新区、综保区分别举办专场招聘会。海口江东新区落地中石油、中能建等重点企业近40家，举办"'职'在江东，共赴未来"专场招聘会，线上接收简历2万余份、现场接收简历近800份。海口国家高新区加快培育海口"新药谷"国家级生物医药产业集群，引进20余家知名医药企业，举办"潮起海之南，筑梦新药谷"生物医药产业集群重点项目签约专场活动，征集发布1500多个生物医药岗位需求。海口综合保税区吸引路威酩轩、泰佩思琦等知名企业落地，复兴城产业园集成电路产业吸引20多家知名芯片设计企业进驻，为人才提供更多就业岗位和发展空间。

四是积极促进高校毕业生留琼就业创业。积极拓展高校毕业生就业渠道，开展"公共就业服务进校园"专项行动，累计500余家企业参与，提供岗位上万个。

3. 强化专才培养，本土人才基础更加夯实

一是加强党政人才专业素养提升。深入实施"能力提升建设年"活动，创新实战化大培训模式，举办各类培训3000余场次，实现全市3万余名党员干部学习培训全覆盖。突出战训结合开展专业化大练兵，举办业务比拼"小擂台"3000余场次，选派7000余名干部到自贸港建设重点工作专班、基层单位历练，干部实战能力得到有效提升。

二是重点加强教文卫骨干队伍培养。指导市教育局依托海口市教师研训云平台，组织全市2万余名教师参加师德师风全员网络培训，上线特级教师大讲堂，组织130个市级骨干教师学科工作坊开展送教活动400余次，培养教师2000多名。推动市卫健委选派80余名医疗骨干人才赴北京等地进修学习，指导市人民医院与中南大学等单位合作。

三是强化企业经营管理人才培养。指导市国资委举办国资大讲堂系列培训活动，培训国企干部500余人次；面向国资系统领导干部、后备干部、财务会计人员等各类经营管理人才举办相应特色能力提升培训班次，培训国企领导干部100余名、后备干部60余名、财会人员200余名。

四是加大乡村振兴实用人才培养力度。实施"万名农村实用人才培育计划"，培训农业干部职工、基层农村干部、新型职业农民和创新创业人才1万余人次。举办农村电商培训10余场次，组织在外务工人员和大中专

毕业生参加返乡创业培训650余人次。

五是开展重点领域、重点产业人才培训。举办人才专题培训班10余期，依托重点项目大力培育本土人才，推荐2名优秀人才入选第20批“西部之光”访问学者计划；推进第三批南海育才项目和“南海新星”入选工作，分别入选南海育才项目30余人、“南海新星”180余人。

4. 加强人才平台载体建设，人才创新创业活力进一步激发

一是持续推动人才站点建设。天海社区“候鸟”人才工作站年度考核被评为省级“优秀”等次，法立信“候鸟”人才工作站入选省级工作站。除此之外，还打造非遗“东山草编”人才工作站，加强非遗人才阵地建设。与南开大学共建中国式现代化乡村工作站，促进高校科技成果在海口就地转化。成立星火人才青年志愿者服务团，把人才政策融入青年人才群体。

二是推动成立专家联合会。召开海口市专家联合会会员大会，按程序选出负责人、理事会成员和监事会成员，充分发挥党委联系服务专家的桥梁纽带作用，努力把专家联合会打造成专家之家、人才之家，为专家会员生活提供便利服务。

三是推动中国海口留学人员创业园投入实质性运营。印发《中国（海口）留学人员创业园建设工作方案》，组建以分管市领导为组长的领导小组，统筹协调、指导、推动留创园建设，指导园区常态化开展推介活动，推动130家留创企业入驻园区，吸纳留学回国人员160余人。推动复兴城产业园在留创园宣传展示区发布租金减免、资金投资、创业担保贷款等留创园信息。

四是积极推进中国海南人力资源服务产业园海口分园区建设。支持出台《海南（海口）自由贸易港先进制造产业园（粤琼合作）发展的若干措施》，推动位于复兴城产业园一期的先导区建设一站式公共服务区等“六大功能区”，汇聚国投人力、薪宝科技、趣活科技等90余家人力资源服务机构，初步形成海南人力资源服务创新基地，形成全省人力资源服务产业最集中的地区，进一步加强区域人才培育引进，推进产业链、人才链深度融合。自开园以来，园区陆续开展高层次人才沙龙、外籍人才座谈、人才政策解读、税收知识分享会等各类人才活动20余场，到场参加人才近1000人次。

五是编制《海口经济圈加快打造高水平吸引集聚人才平台工作实施方案》，加快打造与海南自由贸易港核心引领区建设相适应的高水平吸引集聚人才平台。

5. 扎实做好人才服务保障，人才友好型环境建设取得新成效

一是优化人才服务队伍。结合“能力提升建设年”要求，举办人才工作者培训班和高层次人才服务联络员专题培训暨技能比武大赛，推动全市人才工作队伍能力提升。

二是健全完善人才服务“单一窗口”。制定《海口市人才服务“单一窗口”工作人员管理办法》《海口市人才服务“单一窗口”办事服务指南》，优化人才住房补贴、专业技术资格认定和流动人员确认事项办事流程。印发《关于推进人才服务事项统一进驻人才服务“单一窗口”的通知》，推动人才服务事项统一进驻人才服务“单一窗口”。推动海口市成为全省首个人才服务免费代办试点城市，为康芝药业等近 160 家单位代办 5000 余件人才业务事项，在全省政务服务工作电视电话会议上受到表扬。

三是统筹做好高层次人才认定。编制《海南自由贸易港高层次人才办事指南》《海南自由贸易港高层次人才政策文件选编》《高层次人才认定报送备案常见问题处理手册》，举办高层次人才认定业务培训会，统筹指导全市相关单位开展高层次认定，截至 2023 年 12 月 28 日，共认定高层次人才 3600 余人。

四是积极做好人才生活服务保障。推动市卫健委、市教育局等单位为高层次人才及其亲属提供就医绿色通道和 VIP 诊室服务、办理高层次人才子女入学申请、转学申请等。

五是开展不合理的人才法规、规章和政策清理。会同市司法局制定实施不合理的人才管理法规、规章和行政规范性文件清理工作方案，全面清理不合理的人才管理法规、规章和行政规范性文件，进一步优化完善海口市人才管理政策体系。

六是积极宣传人才工作成效，积极营造人才发展良好氛围。利用地标建筑等宣传载体开展特色人才宣传，拍摄 2 部海口招才引智宣传片开展线上宣传。在国家级和省级媒体刊发多篇宣传稿件，为人才工作发声。

二、三亚市人才吸引力分析

（一）基本情况

三亚又称“鹿城”，位于海南岛南端，陆地总面积1921.40平方公里，海域面积3226平方公里，海岸线长度264.42公里，市辖海棠、吉阳、天涯、崖州4个行政区，有19个港湾、10个主要岛屿、11条独流入海的河流。城区建成区面积53.67平方公里。共有居委会57个、村委会92个、自然村491个①。2022年全市地区生产总值847.11亿元，占全省地区生产总值的比重为12.4%②。三亚是我国唯一地处北纬18°的热带滨海旅游度假城市，依山傍海，拥有得天独厚的自然和旅游资源，被称为“热带天堂”，也素有“东方夏威夷”之称③。

三亚地理环境极为独特，是我国唯一可以同时领略热带雨林和海洋风光的城市。三亚三面环山，形成怀抱之势，山、海、河三种美景自然融合，众多山头也提供了眺望大海、河湾和城市景观的制高点；属于热带海洋性季风气候，海水清澈、能见度高，水温适中，全年适合游泳；三亚市区有三亚东、西两条河流穿过，两岸自然生长的红树林绿影婆娑，四季常青，生机盎然，是著名的白鹭栖息之地；美丽的自然风光，优良的生态环境，造就了三亚人居、旅游、度假的美丽天堂。三亚非物质文化遗产资源丰富且分布广泛。《黎族打柴舞》和《崖州民歌》于2006年入选国家级非物质文化遗产保护项目名录，黎族原始制陶等7个项目先后于2007年和2009年入选省级非物质文化遗产保护项目名录，钻木取火等11项入选市级非物质文化遗产保护项目名录。2022年全年空气质量达标（AQI≤100）365天，达标率100%。1927—1937年土地革命战争时期，仲田岭作为崖县第一个革命根据地，为建立红色革命武装队伍，加强苏维埃政权建设奠定了坚实的基础。抗日战争时期，在极其残酷的斗争环境下，根据琼崖特委的指示，中共崖县县委迁到梅山，建立起抗日游击

① 三亚市人民政府——三亚概览，http：//www.sanya.gov.cn/sanyasite/sygl/ttcontent.shtml。

② 2022年三亚市国民经济和社会发展统计公报，https：//tjj.sanya.gov.cn/tjjsite/tjgb/202302/a9cb6a42c2184af8a4bd0217c57b0bca.shtml。

③ 三亚：北纬18度“东方夏威夷”稻花香，http：//www.sanya.gov.cn//sanyasite/syyw/201708/3f21a5c5447642e99b68da9d090fc116.shtml。

根据地，发动组织人民群众与敌人进行殊死搏斗，筑起一座众志成城的坚强抗日堡垒。仲田岭革命烈士纪念碑、梅山革命史馆等都是三亚宝贵的精神财富①。

（二）产业发展与战略定位

“十四五”时期，三亚市提出以“加快建设现代化热带滨海城市，奋力打造海南自由贸易港建设新标杆”为城市新定位②。在产业发展方面，三亚市把握海南自由贸易港建设的重大机遇，发挥在产业准入、税制安排、人员进出境等方面的政策优势，加速科技、资金、人才等全球高端要素集聚与国家重大战略资源导入，实现旅游业跨越式升级，突破高新技术产业战略性布局，推进现代服务全球化开拓，推动热带特色农业高效化转型，逐步实现产业基础高级化和产业链现代化，主动融入以国内大循环为主体、国内国际双循环相互促进的新发展格局。推动产业融合发展，培育全季节旅游产品和消费服务吸引力，培育先进制造业、现代服务业等经济发展新动能，打破长期以来产业发展的季节性依赖，突破经济“冬暖夏凉”瓶颈，打造海南经济高质量发展的第二极。

具体而言，一是打造千亿主导产业——旅游业。发挥三亚本地优势，释放海南自由贸易港人员、资金等要素安全有序流动潜能，促进旅游与文化体育、健康医疗等深度融合，积极培育旅游新业态、新模式，逐步构建面向全球的旅游消费吸引力，打造国际旅游消费中心核心区。二是突破前沿战略产业——高新技术。以崖州湾科技城、互联网信息产业园等为依托，承载国家重大战略落位，推动以种业科技、海洋科技、数字科技、生物科技四大方向为核心的高新技术产业实现突破发展，拓展先进制造业布局，打造海南自由贸易港前沿科技创新旗帜。三是培育壮大现代服务业——金融服务、国际会展、健康产业、教育产业、国际设计、现代物流、生态环保。把握海南自由贸易港建设下现代服务业全球化开拓发展机遇，破除产业发展壁垒，释放产业创新发展潜能，依托中央商务区、三亚

① 三亚市人民政府——三亚概览，http：//www. sanya. gov. cn/sanyasite/sygl/ttcontent. shtml。

② 三亚加快建设现代化热带滨海城市，奋力打造海南自由贸易港建设新标杆，https：//www. hainan. gov. cn/hainan/zymygxwzxd/202112/083114e588244888a2966cb0feacc9bd. shtml。

海棠湾国家海岸休闲园区等，推动金融服务、国际会展、健康产业、教育产业、国际设计、现代物流、生态环保等现代服务业集聚发展，强化经济持续增长动能，打造海南自由贸易港现代服务业集聚区。四是做强特色基础产业——热带特色高效农业。聚焦生态循环农业、热带科技农业、都市观光农业等方向，推动热带特色农业生态化、高效化、景观化发展，加强农业领域国际开放合作，打造海南农业现代化转型标杆与全国农业高效发展示范①。

三亚市不仅出台政策吸引人才，还积极谋划打造各类产业平台，为优秀人才提供创业干事的舞台，如三亚崖州湾科技城、三亚中央商务区、三亚海棠湾国家海岸休闲园、三亚互联网信息产业园、三亚数字经济产业园、三亚梅村产业园、三亚中科遥感信息产业园、三亚市崖州区国家现代农业产业园、三亚市天涯区省级现代农业高质量发展产业园、三亚渔港经济区、三亚市南繁科学技术研究院等。

（三）三亚市人才吸引力指标评述

三亚市人才吸引力综合指数得分为85.27，在全省18个市县中处于第二名。在人才方面，三亚市积极推出多项人才相关举措。从各项指标来看，三亚市人才规模、人才投入、经济环境三项指标均名列前茅，政策环境和生活环境指数排名虽处于全省前列，但仍有进一步提升空间（见表3-7）。

表3-7　三亚市人才吸引力指数

市县	人才规模指数排名	人才投入指数排名	政策环境指数排名	经济环境指数排名	生活环境指数排名	综合指数	
						分数	排名
三亚市	2	1	4	2	4	85.27	2

1. 人才规模指数

三亚市人才规模指数得分为6.90，排名全省第二，同时二级指标就业人数排名第二，人才总量排名第二（见表3-8）。

① 三亚市国民经济和社会发展第十四个五年规划和二〇三五年远景目标纲要，http://fg.sanya.gov.cn/fgwsite/jhghxx/202106/c5e7d7dc019d4f7b8efb421faf475f8b.shtml? eqid=d9c2487f000004520000000066479640d#_Toc66883887。

表 3-8　三亚市人才规模指数

一级指标	指数排名	二级指标	指数排名
人才规模	2	就业人数	2
		人才总量	2

为了扩大人才规模，三亚市采取了许多举措。一是积极参与海南省“百场万岗”招才引智活动，市领导带队赴上海、成都、南京等地参与现场招聘活动。同时还组织举办华人华侨投资暨创新创业洽谈会“招才引智”推介会、“招才引智”上海高校站招聘会、“海外赤子为国服务报国行”等活动吸引人才。二是制定出台《三亚市柔性人才“汇智工程”实施办法》，提出 7 条柔性引才聚才路径，此经验做法在《中国组织人事报》《海南要情》等媒体刊发。三是持续推进教育、医疗领域“银发精英”返聘计划，目前已吸引集聚省外优秀退休教师、医生 90 余人。

2. 人才投入指数

人才投入指数得分为 27. 83，排名全省第一，同时二级指标人均财政科学技术支出指数排名第二，人均财政教育支出指数排名第三，人均财政卫生健康支出指数排名第一，人均财政文旅支出指数排名第二（见表 3-9）。

表 3-9　三亚市人才投入指数

一级指标	指数排名	二级指标	指数排名
人才投入	1	人均财政科学技术支出	2
		人均财政教育支出	3
		人均财政卫生健康支出	1
		人均财政文旅支出	2

在人才投入方面，三亚市采取了一系列措施。一是支持高端人才平台建设，院士工作站、院士团队创新中心增至 26 家。创新动能持续迸发，全市研发投入强度提升至 2. 3%①。

二是依托国家级人力资源服务产业园设立三亚外籍人才之家及国际人才众创空间。

① 2023 年三亚市政府工作报告，https：//www. hainan. gov. cn/hainan/2023sxzfgzbg/202302/ce229343f0c04366a696e23fb685b976. shtml。

三是推动产学研用深度融合，种业企业与崖州湾实验室联合实施“揭榜挂帅”项目，种业专业研发外包服务公共平台启动建设，国际种业科创中心、深海化合物资源中心已吸引一批高科技企业进驻[1]。

3. 政策环境指数

政策环境指数得分为 9.81，排名全省第四，同时二级指标人才对政策吸引力满意度指数排名第一，人才对现有政策落实服务满意度排名第十二（见表 3-10）。

表 3-10　三亚市政策环境指数

一级指标	指数排名	二级指标	指数排名
政策环境	4	人才对政策吸引力满意度	1
		人才对现有政策落实服务满意度	12

在打造政策环境上，三亚市实施了许多举措。一是出台人才服务十条措施，统筹推动人才服务标准化、便捷化、专业化、国际化“四化”建设。二是三亚市在全省率先落实 C 类及以上人才公寓保障待遇，发放人才公寓过渡补贴，20 余名符合条件的人才入住人才公寓。三是开展外籍人才服务保障体制机制专题调研，与外籍人才面对面交流，形成《关于进一步提升外籍人才服务水平的若干建议》。

虽然三亚市在打造良好的政策环境方面采取了许多举措，但是总体来看三亚市的政策环境还有进一步优化的空间。建议可以积极引导各职能部门结合实际情况进行政策创新和实践，不断探索适应新形势、新需求的政策模式和方法，建立监督和评估机制，对政策落实情况进行实时跟踪和反馈，及时发现和解决存在的问题，不断优化政务服务、营造公平竞争的市场和人才发展环境。

4. 经济环境指数

经济环境指数得分为 17.16，排名全省第二，同时二级指标人均 GDP 指数排名第三，人均居民可支配收入指数排名第二，城镇人口比重指数排名第二（见表 3-11）。

---

① 2023 年三亚市政府工作报告，https：//www.hainan.gov.cn/hainan/2023sxzfgzbg/202302/ce229343f0c04366a696e23fb685b976.shtml。

表 3-11 三亚市经济环境指数

一级指标	指数排名	二级指标	指数排名
经济环境	2	人均 GDP	3
		人均居民可支配收入	2
		城镇人口比重	2

三亚市着力扩大内需、优化结构、提振信心、防范化解风险，经济持续恢复、总体回升向好，产业转型取得新进展、新成效，创新能力持续提升。比如举办三亚安心游、首届电器消费节、大三亚国际车展等一系列促消费活动，聚焦离岛免税、酒店景区、汽车家电等重点领域，发放政府消费券，直接带动消费 23.4 亿元。同时千方百计扩大投资，积极开展各类招商活动，在全省率先成立 RCEP（三亚）企业服务中心，全年招商引进并完成注册的企业 2800 多家，同比增长 43%，其中新增世界 500 强企业 30 多家、总部企业 10 家，引入了一批中外头部企业、领军企业。除此之外，强化项目督导，力促“饱和式”施工，分 6 批共 150 余个项目实现集中开工，推动 20 余个省重点项目超额完成年度投资计划。建立亿元以上项目策划动态储备库，在库项目总投资超过 3600 亿元①。

5. 生活环境指数

生活环境指数得分为 23.57，排名全省第四，同时二级指标中等职业教育师生比指数排名第十一，普通中小学师生比指数排名第八，社会保险参保人员比率指数排名第一，人均社区服务机构数量指数排名第十四，空气质量综合指数排名第一（见表 3-12）。

表 3-12 三亚市生活环境指数

一级指标	指数排名	二级指标	指数排名
生活环境	4	中等职业教育师生比	11
		普通中小学师生比	8
		社会保险参保人员比率	1
		人均社区服务机构数量	14
		空气质量综合指数	1

① 2023 年三亚市政府工作报告，https：//www.hainan.gov.cn/hainan/2023sxzfgzbg/202302/ce229343f0c04366a696e23fb685b976.shtml。

三亚市为了打造良好的生活环境采取了许多举措，一是加强秸秆垃圾禁烧、裸土图斑整治、移动源污染管控等工作，全年环境空气质量优良率100%①。二是积极推进基层教育卫生专业技术人才激励机制改革工作，实施三亚市中小学（幼儿园）“雁领天涯”名师提升工程，出台《三亚市基层医疗卫生专业技术人才激励机制实施方案》，促进教育、医疗人才队伍的整体提升。这些措施在改善空气质量和推动教育发展方面具有重大意义，对于提升生活环境起到了至关重要的作用。

虽然在生态和基础教育方面，三亚市采取了许多举措，但总体来看，三亚市的中等职业教育、人均社区服务机构等指标还是低于全省平均水平，仍需改善。政府应科学规划城市布局，提供便利的公共服务设施，同时加强中等职业教育的发展，推动培养更多的职业技能人才。

（四）三亚市人才工作的进展和经验

1. 坚持党管人才，健全工作机制，形成人才工作的强大合力

一是强化党管人才工作机制。三亚充分发挥党委总揽全局、协调各方的领导核心作用，坚持把人才“第一资源”作为“一把手”工程来抓，成立市委人才工作领导小组，将30余家单位纳入成员单位，制定小组工作规则、办公室工作细则，优化成员单位职责。组建市委人才发展局，设立高层次人才服务中心和市人才政务服务“单一窗口”，不断完善人才工作体制机制。组织召开市委人才工作会议、市委人才工作领导小组会议、专题会议，定期听取人才工作情况汇报，研究部署全市人才工作重点任务，提出要以更高站位、更宽视野、更大力度谋划和推进新时代人才强市战略，努力在日趋激烈的“人才争夺战”中走出一条特色化、差异化的发展道路。加大人才开发专项资金投入，修订《三亚市人才开发专项资金管理办法》，进一步明确资金使用范围，建立四级管理机制。

二是创新人才政策机制。坚持顶层设计，出台《三亚市落实“百万人才进海南行动计划”实施方案（2018—2025年）》《三亚市人才发展“十四五”规划》两大纲领性文件，推动实施柔性人才“汇智工程”、乡村人才“振兴工程”、科技创新人才“陆海空工程”、城市治理人才“百千工

① 2023年三亚市政府工作报告，https：//www. hainan. gov. cn/hainan/2023sxzfgzbg/202302/ce229343f0c04366a696e23fb685b976. shtml。

程”、旅游产业人才“引育工程”等重大人才工程。围绕人才发展体制机制改革，先后出台专项事业编制使用管理办法、市委联系服务重点专家工作实施细则、人才服务若干措施、国家级项目人选配套资助办法以及住房保障、人才就医、子女教育、配偶就业等方面一系列政策措施，人才政策体系持续完善。在省内率先探索人才工作站工作模式，出台管理办法，在重点园区、科研机构、医院、高校等人才聚集单位设立 20 余个人才工作站，构建人才工作网络，打通人才服务“最后一公里”。指导重点园区制定引进人才奖励办法、分类标准等一系列人才政策，构建市、园区联动的良好效应。

三是建立人才工作考核机制。实行人才工作目标化管理、项目化推进，探索建立“科学决策+督查考核”的人才工作推进机制。从 2019 年开始，每年对市委人才工作领导小组成员单位、各区、重点园区进行人才工作目标责任制考核，考核结果作为评价人才工作实绩的重要依据，纳入单位年度考核、绩效考核的重要内容，充分发挥考核“指挥棒”的导向作用。《三亚市人才发展“十四五”规划》印发实施以来，建立落实情况季报制度，明确各单位责任人，建立微信工作群，定期更新工作台账，督促相关单位有序推进工作任务。每年年初制定印发年度全市人才工作要点和责任分工方案，列出全年重点人才工作任务、责任单位和完成时间节点，坚持日常督导与年度考核相结合，并强化考核结果的运用，有力促进人才政策和工作措施落地见效。

2. 坚持“双轮”驱动，聚焦发展需求，加快集聚各类优秀人才

一是各类招才引智活动蓬勃开展。积极参与海南省“百场万岗”系列招才引智活动，累计组织三亚市 3500 余家用人单位提供教育、医疗、科技、旅游等领域 1 万余个岗位需求，接收简历 4 万余份，意向签约人数近 3000 人。利用三亚市“人才招聘夜市”特色引才品牌，依托中国海南人力资源服务产业园三亚分园和中国三亚旅游人才市场，在崖州湾科技城、海南热带海洋学院等地，面向离校未就业高校毕业生开展 130 余场专项招聘活动，免费提供创业孵化服务，发放创业小额担保贷款近 100 万元。制定《海南专项研究生留琼就业“百日冲刺”行动方案》《领导干部包点院校促进海南专项研究生留琼就业方案》等一系列政策，举办海南专项研究生招聘专场以及各类对接会、座谈会等相关活动 20 余场次。2023 届三亚市毕业生 1500 余人，留琼就业近 1400 人，留琼率达到 91. 43%。

二是培养壮大各类人才队伍。强化本土人才的主体地位，把本土人才的培养和使用摆在重要位置，探索制定实施覆盖各年龄段、多领域的培育支持政策举措。《三亚市人才发展“十四五”规划》提出实施12项重大人才工程，现已启动5项，针对乡村振兴、科技创新、城市治理、旅游产业等领域人才队伍建设发展提出具体举措。重点围绕教育、医疗等民生领域，制定出台《三亚市名医名师名校长工作室管理办法》，通过长期稳定支持，激发教育、医疗领域学术带头人充分发挥“传帮带”作用。积极推进基层教育卫生专业技术人才激励机制改革工作，实施三亚市中小学（幼儿园）“雁领天涯”名师提升工程，出台《三亚市基层医疗卫生专业技术人才激励机制实施方案》，促进教育、医疗人才队伍的整体提升。以“鹿城汇智”计划为统领，制定出台青年人才、企业经营管理人才、教育人才等人才项目文件，统筹推进各类人才队伍建设。创新实施了“珠崖毓才院”人才培育项目，提供综合学习平台，累计开设课程90余期，培训对象总计近4000人次。

三是深入挖掘使用“候鸟”人才。成功举办世界顶尖科学家三亚论坛、中国科研院所领导者跨界创新论坛等活动，集聚国内外顶尖科学家、两院院士的智慧和力量，为三亚发展提供顶级智力支持。三亚市院士联合会自2019年成立以来已吸纳200名院士入会，协助推进院士科研项目转化10项，成立三亚生态文明和绿色发展研究院，院士工作站、团队创新中心增至26家，举办56期“院士大讲堂”。制定出台《三亚市柔性人才“汇智工程”实施办法》，提出7条柔性引才聚才路径，4类激励保障机制，5条服务支持措施，获批省级“候鸟”人才工作站6家，柔性引进使用人才的经验做法在《中国组织人事报》《海南要情》等媒体刊发。持续推进教育、医疗领域“银发精英”返聘计划，吸引集聚省外优秀退休教师、医生50余人。

四是加快推进国际人才管理体制改革。在完善人才住房方面，出台《三亚市国际人才过渡公寓管理办法（试行）》和配套实施细则，面向国际人才提供短租期、低租金的过渡公寓。在国际人才就业创业方面，第一，建立国际人才职称评审绿色通道，明确在三亚市就业的港澳台专业技术人员及持有外国人来华工作许可的外籍专业技术人才可申报初级、中级职称；第二，实现外国人来华工作许可和居留许可信息共享和联审联检，执行“容缺承诺+失信惩戒”制度。在人才平台建设方面，印发《三亚市国际人才创新创业示范区建设方案》等配套政策文件，同时推荐崖州湾科技城申报省部共建留学人员创业园，打造一流的留学人员创新创业载体，进一步吸引国际人才、集聚创新资源。在国际人才服务方面印发实施《三亚市关于加强国际人才引进和服务保障工作的若干措施》及分工方案，为加强国际人才服务保障落实，第一，开展外籍人才服务保障体制机制专题调研，与外籍人才面对面交流，形成《关于进一步提升外籍人才服务水平的若干建议》；第二，在市政务服务中心设立“外国人服务专区”，为国际人才提供咨询、引导、帮办等“一站式”服务；第三，依托国家级人力资源服务产业园，在崖州湾科技城设立国际人才工作站和港澳台侨服务工作站，通过共建共享公共信息服务平台，为外资企业及海外人才提供政策咨询、生活事务咨询、创业孵化服务。

3. 强化服务保障，优化提升水平，营造人才干事创业的良好环境

一是强化人才政治引领。制定出台市委联系服务重点专家工作实施细则和工作方案，在全市范围内遴选 120 余名重点专家，逐步推进党委联系服务重点专家工作制度化、常态化。在全市开展“弘扬爱国奋斗精神、建功立业新时代”活动，组织举办三亚院士新春座谈会、人才代表座谈会等，常态化开展走访慰问和国情研修活动，强化人才政治引领和政治吸纳。通过中央级、省级媒体平台、市级“两微一端一网”广泛宣传人才工作，拍摄制作三亚人才工作宣传片，上线“三亚人才”微信公众号，编印《海南自贸港人才政策汇编》等宣传手册，不断营造识才爱才敬才用才的良好氛围。

二是打造“党建+人才”工作品牌。在丰兴隆党群主题公园建设市人才之家、市“候鸟”人才服务中心，设置“海聚厅”“创业荟”等六大人才服务功能区，实现党建引领以及人才工作学习、交流休闲、个性化服务的“1+3”功能，已吸引逾 2 万人前来参观和开展活动，人才主题沙龙等活动反响热烈，逐步成为三亚开展人才宣传和举办活动的新亮点。

三是优化提升人才服务保障。注重抓好人才服务工作，在省内率先设立高层次人才服务中心，探索打造面向国内外人才、线上线下融合、跨部门协同、覆盖全流程的人才政务服务“单一窗口”保障体系，已进驻 110 多个部门 80 余项人才政务服务事项，实现高频事项“一窗受理”“一门服

务”，并提供英语、俄语、韩语等 3 个语种服务。组建高层次人才服务联盟，提供“吃、住、行、游、购、娱、医、学、养”全方位专属福利，已提供各类优惠服务上万人次，发放贷款近 700 万元，刺激直接消费 200 多万元。建立健全高层次人才服务联络员制度，印发管理办法，组建一支 130 余人的联络员队伍，实行专人对接、精准服务，每年开展培训活动。出台人才服务十条措施，统筹推动人才服务标准化、便捷化、专业化、国际化“四化”建设。在省内率先制定 E 类人才享受商业健康团体保险相关政策，已累计为全职 E 类高层次人才投保近万人次，支付保费 900 余万元，赔付金额 200 余万元。

四是打造人才发展平台。围绕南繁、深海产业，集聚国家级科技创新平台 3 家，省部级科技创新平台 10 家，汇聚高校分支机构 13 所、科研院所 19 家、院士团队 39 个。联合浙江大学、对外经贸大学等知名高校，在三亚中央商务区设立金融人才实习基地，扩容三亚金融人才储备蓄水池。首批创建了 26 个名医名师名校长工作室，按照每个工作室 30 万元或 50 万元的标准，每年度拨付 1100 余万元的经费保障。出台了《三亚市专业技术人员继续教育基地建设与管理办法》，已遴选海南大学南繁研究院等 9 家单位作为首批挂牌单位。

三、儋州市人才吸引力分析

（一）基本情况

儋州市（含洋浦经济开发区）地处海南岛西北部，毗邻北部湾。陆地面积 3406 平方公里，约占全省 1/10；海岸线 300 公里，约占全省 1/6，是海南省陆地面积最大、海岸线最长的市县。下辖 3 个办事处、16 个镇、319 个村（居）委会[①]，2022 年全市 GDP 值达 878. 91 亿元，比上年增长 0. 1%[②]。洋浦港位于海上丝绸之路和西部陆海新通道的重要战略交汇点，洋浦经济开发区获评首批国家级绿色园区、石化产业外贸转型升级基地、

① 儋州市人民政府——基本概况，https：//www. danzhou. gov. cn/danzhou/zjdz/202403/t20240313_3617228. html。

② 2022 年儋州市国民经济和社会发展统计公报，https：//www. danzhou. gov. cn/danzhou/sj/tjgb/202305/t20230504_3409454. html？ eqid＝901e90140010708000000003649073a4。

港口型国家物流枢纽承载城市、国际枢纽海港。2017年以来，儋州市荣获“国家卫生城市”“国家园林城市”称号，蝉联三届“全国双拥模范城”称号，入选全国创文提名城市和全国农村第一、二、三产业融合发展先导区创建名单。

儋州市自然条件优越，深水近岸、避风少淤，已建成码头泊位47个。开通航线38条，其中外贸18条、内贸20条，今年将开通美西航线、欧洲航线，实现五洲通达。2020年、2021年集装箱吞吐量增速在全国百万箱量级以上海港中排名第一。优美的自然环境和浓厚的人文氛围，形成了“山、海、江、河、湖、泉”等旅游资源。自然景观有火山海岸、新英湾、蓝洋温泉、石花溶洞、白鹭天堂、松涛天湖等；历史景点有东坡书院、儋州古城、百年橡胶园、千年古盐田、歃血为盟纪念基地、渡海先锋营登陆点、伏波将军庙等；度假胜地有海花岛、热带植物园、莲花山文化风景区、莲花寺等。儋州是海南文风始兴之地，拥有海南最早的州学，伏波将军、冼夫人等诸多历史名人都在这里留下了深刻的文化印记，特别是中国宋代大文豪苏东坡曾居儋3年，开海南文明之先河。儋州素有“诗乡歌海”之称，荣获“全国诗词之乡”“中国楹联之乡”“中国民间文化艺术之乡”和“中国书法之乡”等称号。儋州调声列入第一批国家级非物质文化遗产名录。

（二）产业发展与战略定位

“十四五”时期，儋州明确战略定位，即海南自由贸易港政策压力测试区、西部陆海新通道国际航运枢纽、临港经济引领区、海南自由贸易港区域中心城市[①]。在产业发展方面，儋州市围绕全省产业布局，以“补短板、强优势、显特色”为基本思路，强化产业资源要素吸引和配置能力，不断增强产业集聚功能。打造旅游业、现代服务业、高新技术产业、热带高效农业四大主导产业，推进“儋州—洋浦—临高—昌江—东方”临港产业带建设。

具体而言，一是建设海南国际旅游消费新高地。以海花岛旅游产业园为引爆点，打造“西部旅游黄金圈”，推动旅游国际化、品质化，将儋州

---

① 儋州市国土空间总体规划（2020—2035），https：//www. danzhou. gov. cn/danzhou/zfxxgkzl/bm/gtj/gkml/202210/P020221028713375973672. pdf。

打造为“业态丰富、品牌集聚、环境舒适、特色鲜明”的海南国际旅游消费新高地，使其成为海南国际旅游消费增长极，实现旅游业增加值突破百亿元。二是加快发展现代服务业。坚持对标国际一流水平，持续优化现代服务业产业空间布局。推动生产性服务业向专业化、高端化发展，推动生活型服务业向品质化、多样化升级，推进服务业数字化、标准化、品牌化建设。三是大力推进高新技术产业发展。将自由贸易港税收政策优势转化为高新技术产业发展优势。坚持“项目进园区，园区说了算”。改革产业园区体制机制，加强与洋浦产业的联动。强化园区基础设施、公共服务、技术平台等规划建设，构建高新技术产业集聚发展载体。四是做优做强热带特色高效农业。深化农业供给侧结构性改革，完善农业支持保护制度，实施农业发展提升工程，推动农业规模化、产业化、品牌化。补齐农业基础设施和装备短板，健全完善农业全产业链标准体系。重点发展畜牧业和海洋渔业，力争畜牧业达到50亿级、海洋渔业突破100亿级①。

为了聚集人才，儋州市打造了诸多良好的发展平台。如洋浦经济开发区、儋州海花岛旅游产业园、儋州工业园、洋浦石油化工新材料基地、洋浦高附加值医药原辅料生产研发基地、洋浦国际健康食品港、儋州综合物流园、儋州市国家现代农业产业园等。

（三）儋州市人才吸引力指标评述

儋州市人才吸引力综合指数得分为75.62，在全省18个市县中处于第三名。从各项指标来看，儋州市人才投入、政策环境和经济环境排名靠前，人才规模和生活环境还需进一步提升和优化（见表3-13）。

表3-13　儋州市人才吸引力指数

市县	人才规模指数排名	人才投入指数排名	政策环境指数排名	经济环境指数排名	生活环境指数排名	综合指数	
						分数	排名
儋州市	5	4	3	4	5	75.62	3

1. 人才规模指数

在人才规模方面，儋州市的指数得分为6.10，排名全省第五。同时二

① 儋州市国民经济和社会发展第十四个五年规划纲要，http：//plan.hainan.gov.cn/sfgw/ssiwgh/202110/3af83436cc0548d5a52c0976e9b32067/files/d94abe1303c04a9f936423b02591da99.docx。

级指标就业人数排名第三，人才总量排名第十（见表3-14）。

表3-14　儋州市人才规模指数

一级指标	指数排名	二级指标	指数排名
人才规模	5	就业人数	3
		人才总量	10

儋州市大力吸引集聚人才，广泛开展各类线上线下活动，加大自贸港招才引智活动宣传力度。一是借助儋州人才、儋州就业公众号等新媒体，加大宣传和动员市企业参加高校毕业生专场线上招聘会，累计3000多人达成就业意向。二是组织洋浦等多家大型企业赴海南大学参加“百日冲刺”系列活动“理工类人才”专场招聘会，拿出多个就业岗位参会揽才。三是组织开展系列校园招才引智活动，在海招网专区发布50余家单位近300个岗位，招聘900余人。四是自主举办各类线下线上招聘会。通过以上举措来招才引智，扩充儋州市的人才规模。

2. 人才投入指数

在人才投入方面，儋州市的指数得分为20.13，在全省排名第四。同时二级指标人均财政科学技术支出排名第四，人均财政教育支出排名第二，人均财政卫生健康支出排名第三，人均财政文旅支出排名第四（见表3-15）。

表3-15　儋州市人才投入指数

一级指标	指数排名	二级指标	指数排名
人才投入	4	人均财政科学技术支出	4
		人均财政教育支出	2
		人均财政卫生健康支出	3
		人均财政文旅支出	4

在人才投入方面，儋州市采取了许多举措。一是出台《2022—2025年中长期青年发展工作实施方案》，召开青年科技英才创新计划项目初评会，举办第六届创业大赛，鼓励支持青年人才创新创业。二是积极为科技创新人才发展提供支持，新增30余家企业通过高新技术企业认定，培育并通过认定近20家“专精特新”企业。同时石化新材料院士工作站推出多项课

题研究成果，与中国热带农业科学院签订科技成果转化助力乡村振兴合作协议，海南热带植物园获评国家科技示范园[①]。

虽然儋州市在人才投入方面做了许多举措，但整体来看，儋州市的人才投入与各市县相比，还存在可以提升的空间。政府应为科技创新提供更多的资金投入和技术支持，建立一系列科技创新支撑平台等，提高科研人员待遇，设立人才专项奖励和补贴，吸引更多国内外高层次科研人才。

3. 政策环境指数

儋州市政策环境指数得分为 10.52，排名全省第三。同时二级指标人才对政策吸引力满意度排名第四，人才对现有政策落实服务满意度排名第三（见表 3-16）。

表 3-16 儋州市政策环境指数

一级指标	指数排名	二级指标	指数排名
政策环境	3	人才对政策吸引力满意度	4
		人才对现有政策落实服务满意度	3

在政策环境方面，一是研究制定基层教育卫生专业技术人才激励机制改革“1+2”方案，积极推动《若干措施》落地见效。二是印发《关于实施“东坡育才计划”的若干措施（试行）》和《加强儋州洋浦高层次人才待遇保障实施细则（试行）》，研究制定东坡英才、东坡人才奖评选，人才安家、子女学费补贴等十二个实施细则，从而更好地引进人才、留住人才、用好人才、激励人才，增强人才的归属感、使命感和工作动力。三是制定《企业自主认定急需紧缺人才实施细则（试行）》，建立“儋州洋浦重点用人企业”名单库，将急需紧缺人才认定权限下放给重点用人企业，推动企业自主评价人才，激励人才在儋州洋浦创新创业。四是开展上门服务活动，深入用人单位开展政策宣讲、人才服务事项办理 20 余次；开展儋州市引进人才住房补贴资金核查工作，确保引进的人才住房补贴规范、准确、安全发放。

---

① 儋州市 2023 年政府工作报告，https：//www. danzhou. gov. cn/danzhou/xxgk/szf/bg/202301/t20230121_3350448. html。

4. 经济环境指数

儋州市经济环境指数得分为 15.36，排名全省第四。同时二级指标人均 GDP 排名第一，人均居民可支配收入排名第七，城镇人口比重排名第八（见表 3-17）。

表 3-17 儋州市经济环境指数

一级指标	指数排名	二级指标	指数排名
经济环境	4	人均 GDP	1
		人均居民可支配收入	7
		城镇人口比重	8

儋州市经济运行稳中有进。深入落实省委、省政府和省直六部门出台的“1+7”政策体系，加快现代化产业布局，推动战略性新兴产业集群发展。同时招商引资成果丰硕。随同海南省政府代表团赴中国香港、德国招商，在绿色新材料制造、境外高校独立办学等领域达成合作。举办 2022 年中国工业碳达峰论坛、名企儋洋行、大宗商品贸易产业云峰会等规模以上会议会展活动 40 余场；举办石化新材料、私募基金等线上线下招商推介会。在营商环境方面，在全省率先成立营商环境建设局，加挂行政审批局。将省政府赋予洋浦的省级管理权限拓展到儋州全域，目前已落地近 50 项，实现“能放全放”。深化“一枚印章管审批”，划转 935 项审批事项，数量居全省第一。选取 36 个行业、66 项审批业务开展集成服务改革试点。在全省率先实行投资项目“四评合一”，审批时间由原来的 181 个工作日压缩至 31 个工作日，市域水电气联动报装 2 个工作日内完成，有效吸引投资，促进创新创业①。

5. 生活环境指数

儋州市生活环境指数得分为 23.51，排名全省第五。同时二级指标中等职业教育师生比排名第八，普通中小学师生比排名第五，社会保险参保人员比率排名第七，人均社区服务机构数量排名第十六，空气质量综合指数排名第五（见表 3-18）。

① 儋州市 2023 年政府工作报告，https://www.danzhou.gov.cn/danzhou/xxgk/szf/bg/202301/t20230121_3350448.html。

表 3-18　儋州市生活环境指数

一级指标	指数排名	二级指标	指数排名
生活环境	5	中等职业教育师生比	8
		普通中小学师生比	5
		社会保险参保人员比率	7
		人均社区服务机构数量	16
		空气质量综合指数	5

在改善生活环境方面，儋州市与德国比勒费尔德应用科技大学签订合作办学协议，引进巴蜀中学等优质教育资源，上海师大附属儋州实验学校建成招生，洋浦初级中学开工建设，新增中小学学位 3500 余个。民生保障更加有力，2023 年民生支出 120.3 亿元，占地方一般公共预算支出的 73.1%。公共事业成效明显，"儋马"入选"2023 中国体育旅游精品项目"，平安儋州持续巩固，实现全省打击涉网黑恶犯罪"零的突破"；信访工作考核全省第三①。

虽然儋州市在教育方面采取了许多举措来改善生活环境，但是儋州市的生活环境还存在较大的改进空间。改善生活环境需要政府、社区、社会组织、企业等多方面的共同参与和努力，如推动社区服务机构数量的增长等，为居民提供更加优质、高效的服务。

（四）儋州市人才工作的进展和经验

1. 深入推进人才发展体制机制改革

一是大力推动基层教育卫生激励机制改革，激发基层人才发展活力。充分发挥组织部门牵头抓总作用，成立专项工作领导小组，出台《儋州市关于深化基层教育卫生专业技术人才激励机制改革的实施意见》，并指导教育、卫健部门出台配套实施细则，形成"1+2+N"改革政策体系。实行项目化实施、清单化落实、图表化推进、专班化运作，采取"月跟踪、季汇报"方式，对改革任务逐一分解和研判分析、挂图作战，先后召开领导小组及办公室会议 8 次，把各行业主管部门力量调动起来，及时指导解决

① 一图读懂 2024 年儋州市政府工作报告，https：//www.hainan.gov.cn/hainan/c100690/202401/969ffc4ee7f1479f903e7418b5e46048.shtml。

疑点痛点问题，成功扭转工作落后被动局面，进入全省先进行列。改革以来，采用招聘政府雇员的灵活引才方式引进基层教育领域急需紧缺学科教师，实现基层教育机构招聘政府雇员“首单”突破。加大“候鸟”人才借智力度，促成“候鸟”人才成功落脚兰洋镇卫生院、白马井中学，实现基层教育卫生领域引进“候鸟”人才“从无到有”的突破。

二是优化政府雇员管理机制，扩大党政人才蓄水池。着眼海南自贸港建设和儋州洋浦一体化发展，紧抓政府雇员队伍建设和管理机制创新优化。印发《关于进一步加强政府雇员管理激励担当作为的通知》，针对性提出“树立实干担当导向”“抓实政策宣传引导”等8个方面激励措施，2023年以来择优晋升政府雇员14人，有效激发政府雇员干事创业热情。召开全市政府雇员座谈会，市委主要领导与政府雇员代表面对面交流，倾听雇员意见建议，激励雇员投身儋洋经济圈建设。举办2023年第三期“组工业务大讲堂”暨政府雇员政策专题培训，进一步加深政府雇员政策认识，增强政策认同感。形成儋州洋浦政府雇员制度“实践案例”，上海自贸区临港新片区等多地赴儋调研学习，取得了良好反响。

2. 加快引进集聚各类高层次人才

一是招才引智，与招商引资同频共振。瞄准新能源、健康食品、石化新材料等产业对人才的需求，抓好“双招双引”，加强与省外人才工作站、招商部门、地方商会等招商平台的联系，持续开展“百场万岗”系列校招活动，先后赴北京、上海等地参会揽才，提供事业编制、国企、民企等2000余个高质量岗位，吸引优秀青年学子以及部分大型上市公司等企业参会。2023年以来，累计接收简历16000余份，意向签约2500余人，其中引进全日制硕士研究生50余人，意向投资企业20家，实现招才引智与招商引资相向而行、同频共振。组织参与省委、省政府举办的首届中国（海南）人才交流大会，发动近40家用人单位提供1000余个优质岗位参会揽才，与武汉大学等5所高校签订《大学生就业见习战略合作协议》，活动反响强烈，被《海南日报》等省级媒体刊载。在儋州洋浦举办“招工留才”主题招聘会近40场，吸纳就业8100余人。

二是集贤纳士，与社会发展同向发力。围绕基层教育医疗急需紧缺专业学科人才需求，在本地开展留才招聘，赴北京、上海等地开展揽才活动，打好“走出去”抢人才和“家门口”留人才组合拳，吸引优秀青年学子投身儋州洋浦基层教育卫生事业。改革以来，先后开展教育卫生招聘10场，招录基层教师260余名、基层卫生机构人才50余名，第一次运用政府雇员的灵活用人方式补上基层教育机构的急需紧缺人才短板。成立市第一中学等13个教育集团，教育集团具有用人自主权限，常态化开展中高考备考经验交流等系列活动，实现集团内优质教育资源共享。引导城乡人才有序流动，实施职称评审“凡晋必下”，推动人才“上挂下派”常态化长效化，让城乡人才“动”起来，推动教育均衡发展和城乡一体化发展。

三是聚智借力，与高质量发展同题共答。对标世界一流的自由贸易港建设，加大柔性引智力度，建立境外人才沟通合作桥梁，探索打造境外“人才飞地”。举办“新加坡专家儋洋行”活动，邀请新加坡自贸港领域资深专家来儋授课交流，初步建立起境外高水平人才合作桥梁。在雅星镇挂牌乡村振兴人才工作站（人才驿站），成立“贾思勰·新农人儋州市热带高效农业服务协会”，柔性引进30余名山东寿光专家到雅星镇建设600亩标准化大棚蔬菜种植示范基地，发挥山东寿光市蔬菜全产业链优势，嫁接“寿光模式”，助推儋州市“菜篮子”高质量发展。研究出台《儋州市“候鸟”人才工作提档增效十项措施》，提出“基层一线行”“银辉耀儋洋”等10项行动计划，挖掘联系各领域“候鸟”人才。举办“银发余晖　海南绽放”2023年海南省“候鸟”人才供需对接交流活动，发动多家单位提供岗位，实现“候鸟”人才与用人单位人岗匹配、双向奔赴。依托“滨海新区”候鸟人才工作站等，持续开展“组织找党员、党员找组织”活动，为200名“候鸟”党员找到“新家”。常态化开展“银龄科普”、特约调解、义诊服务、书画进校园等活动，为乡村振兴、基层治理、社会服务等领域助力赋能。

3. 加大人才培养支持力度

深入实施“东坡育才计划”，完善人才梯次培养链条。“东坡领航项目”实行顶尖人才“一事一议”，对符合儋州洋浦重大发展战略、解决关键“卡脖子”技术、具有重大带动作用的顶尖人才及团队，实行“特事特办、一事一议”，量身定制上不封顶的特殊政策；培育各领域优秀骨干人才，2023年已评选50名“东坡英才”，给予每人每年1万~3万元的培养经费，连续支持3年。“东坡强基项目”，2023年已评选名医工作室带头人、名师工作室带头人、高级工程师工作室带头人、技师工作室带头人、乡村名匠工作室带头人等15家东坡名家工作室，每家给予经费支持10万元。建立“儋州洋浦重点用人企业”名单库，认定重点用人企业80余家，将急需紧缺人才认定权限下放给重点用人企业，对重点用人企业引进的急需紧缺人才，给予一次性安家补贴，推动企业自主评价人才，向用人主体真授权、授到位，并引导其接得住、用得好。

4. 营造一流人才服务环境

全市各级党委（党组）分层分类确定联系服务专家对象，在政治上充分信任、思想上主动引导、工作上创造条件、生活上关心照顾。一是通过举办2023年全市专家人才春节慰问座谈会、“儋州立业　宝岛生根”庆祝建党102周年主题党日暨市情考察活动和2023年全市专家人才国情研修班等活动，弘扬人才爱国奋斗精神，切实增强人才的认同感和向心力。二是开展“院士进校园授课”活动，激励广大学子和各领域人才传承和弘扬老一辈科技工作者追求真理、崇尚创新、实事求是的科学精神。三是开展“儋洋大讲堂　科普进机关”活动，引导机关干部将科技成果运用到实际工作中。市委通过开展诸多活动，营造尊重劳动、尊重知识、尊重人才、尊重创造的良好氛围，引导广大人才坚定不移听党话、跟党走。

四、澄迈县人才吸引力分析

（一）基本情况

澄迈县是世界长寿之乡、世界富硒福地、中国绿色名县，位于海南岛的西北部。毗邻省会海口市，与雷州半岛隔海相望，因古县治老城有“澄江”“迈岭”，故取山水名之首定县名为“澄迈”。全县陆地面积2072.97平方公里，海域面积470.53平方公里，辖11个镇和金安筹备组、196个村（居）委会，海岸线长114.33公里（含内湾线）①。截至2022年末，澄迈县常住人口50.45万人②。截至2022年末，GDP达到444.64亿元，同比增长2.1%。澄迈县位于环北部湾城市群，是海口经济圈的重要

① 澄迈县人民政府——澄迈概况，http：//chengmai.hainan.gov.cn/chengmai/cmgk/202305/62028185207a4d19a5722ec3f3f1d796.shtml。

② 2022年澄迈县国民经济和社会发展统计公报，http：//chengmai.hainan.gov.cn/chengmai/tjgb/202305/9b82eb3afcce420083f4a82d3d0b46e0.shtml？ddtab=true。

组成部分。

澄迈县属热带季风气候，日照充足，雨量充沛。土壤富含硒元素，是海南及全国富硒土壤分布集中、面积较大的市县之一。矿产资源丰富，经探明的石油储量约1.9亿吨。路网密集便利，环岛高速、中线高速、绕城高速、粤海铁路、西环高铁、文临公路和海榆中、西干线等多条高速公路和铁路运线均穿越境内；建成九大码头，年吞吐能力约1200万吨，马村港区是全国25个中心枢纽港之一——海口港的核心港区，设有国家一类对外开放口岸马村口岸，是重要航运枢纽；距海口美兰国际机场仅42公里，基本形成陆海空立体式交通网络。澄迈是琼崖革命老根据地，有着悠久的光荣革命传统，现有解放海南战役决战胜利纪念园，马白山将军纪念园，玉包港登陆作战纪念碑，风门岭革命烈士纪念碑，冯平、符节革命烈士纪念园，王文儒烈士纪念碑等6处省级爱国主义教育基地，是澄迈宝贵的精神财富。澄迈县是国内首个被联合国专业机构认证的“世界长寿之乡”，近年来先后获得中国美丽乡村建设示范县、国家卫生县城、全国生态文明先进县等90多项国家级以上殊荣①。

（二）产业发展与战略定位

“十四五”时期，澄迈将以“两县两区”的发展定位，努力实现高质量发展和海南自由贸易港建设生动范例。结合澄迈实际，推动以数字经济促进产业转型，打造数字创新生态引领区；以区域协同加快联动发展，打造港产城融合发展先行区；以新业态新模式引导消费升级，打造农旅融合消费样板县；以绿色低碳循环加快转型发展，打造生态文明建设示范县。在产业发展方面，澄迈县立足“港、城、网”优势，以数字科技、现代服务、智能制造、农旅融合等产业集群为重点，通过建强产业链、优化供应链、提升价值链、拓展生态链，塑造在“双循环”中的竞争新优势。

具体而言，一是做优做强数字产业。充分发挥澄迈数字经济产业优势与国家级科技企业孵化器、国家数字服务出口基地、海南自贸港区块链试验区等“金字招牌”效应，打造海南自贸港生态软件园为数字经济发展核心载体。二是不断培育壮大现代服务业。加快发展现代物流业，重点推动

① 澄迈县人民政府——澄迈概况，http://chengmai.hainan.gov.cn/chengmai/cmgk/202305/62028185207a4d19a5722ec3f3f1d796.shtml。

跨境电商、冷链物流、大宗商品交易等平台建设，建设大型国际中转型冷库。三是打造农旅融合型精品旅游业。突出长寿之乡、富硒福地、绿色名县的资源优势和健康养生、生态环保、历史古迹、佛教传承等地域文化特色，推进农业与旅游业深度融合发展，实施差异化旅游发展战略。四是转型发展智能化、高附加值制造业。探索发展深海深空机器人、海洋工程进口替代、陆海空一体化信息网络等领域的先进设备制造和软件系统研发，为全省“深海”“深空”产业布局提供技术支撑①。

为了吸引和集聚人才与企业，澄迈县精心打造了一系列适合人才干事创业的平台。不仅提供了良好的硬件设施，更为人才提供了广阔的发展空间和机会。如老城科技新城、澄迈油气服务保障基地、欣龙控股（集团）股份有限公司技术中心、海南中航特玻材料有限公司技术中心等。

（三）澄迈县人才吸引力指标评述

澄迈的人才吸引力综合指数得分为75.35，在全省18个市县中处于第四名。从各项指标来看，澄迈人才投入、人才规模、经济环境等三项指标排名靠前，生活环境、政策环境排名较靠后，仍需进一步优化（见表3-19）。

表3-19 澄迈县人才吸引力指数

市县	人才规模指数排名	人才投入指数排名	政策环境指数排名	经济环境指数排名	生活环境指数排名	综合指数	
						分数	排名
澄迈县	3	3	10	3	8	75.35	4

1. 人才规模指数

人才规模指数得分为6.22，排名全省第三，同时二级指标就业人数指数排名第四、人才总量指数排名第四（见表3-20）。

表3-20 澄迈县人才规模指数

一级指标	指数排名	二级指标	指数排名
人才规模	3	就业人数	4
		人才总量	4

① 澄迈县国民经济和社会发展第十四个五年规划和二〇三五年远景目标纲要，http：//chengmai.hainan.gov.cn/cmgtzyj/ghjh/202102/7bc670fc6d524f23ad798f79a1ab3047.shtml。

在扩大人才规模方面，澄迈县采取了许多举措。一是聚焦重点产业精准引才。开展“聚四方之才·共建自贸港”海南自由贸易港招才引智活动，聚焦热带特色高效农业、互联网产业、医疗健康产业等十二大重点产业，发布500多个岗位招聘3000余人。二是依托国家农村订单免费培养定向医学生平台引进医学生，同时自主开展定向医学生招录培养工作，2022年招录了10余名免费培养定向医学生。三是制订《2022年澄迈县卫健委公开招聘下属单位工作人员方案》，有效地解决了基层医疗卫生机构人才短缺问题。

2. 人才投入指数

人才投入指数得分为21.79，排名全省第三，同时二级指标人均财政科学技术支出排名第一，人均财政教育支出排名第四，人均财政卫生健康支出排名第五，人均财政文旅支出排名第九（见表3-21）。

表3-21　澄迈县人才投入指数

一级指标	指数排名	二级指标	指数排名
人才投入	3	人均财政科学技术支出	1
		人均财政教育支出	4
		人均财政卫生健康支出	5
		人均财政文旅支出	9

澄迈县在提高人才投入方面采取了许多举措，一是在科学技术支出方面，澄边县实施高新技术企业倍增工程，发放高企认定、研发经费增量奖励资金，高新技术企业总数达130余家，排名全省第三[①]。

二是在平台载体方面，澄迈县搭建人才集聚平台，聚焦园区产业精准引才，先后吸引腾讯、百度、华为、字节跳动等13000余家企业入驻园区，促进人才集聚与产业培育联动发展，形成1.5万人规模的人才队伍。《关于支持海南生态软件园深化数字经济产业培育实现高质量发展若干财政措施》等促进园区高质量发展文件相继出台。园区营收突破2300亿元、税收超过150亿元，在全省13个重点园区中分别位列第三和第二，两个园区

① 2023年澄迈县政府工作报告，https：//www. hainan. gov. cn/hainan/2023sxzfgzbg/202303/75ecedc6d6844e5487d6e1e8e64df245. shtml。

贡献了全县67.8%的固投[①]。澄迈正从省级创新型县向国家级创新型县阔步迈进，科技创新能级不断向前跃升。

3. 政策环境指数

政策环境指数得分为8.80，排名全省第十，同时二级指标人才对政策吸引力满意度排名第十，人才对现有政策落实服务满意度排名第十（见表3-22）。

表3-22 澄迈县政策环境指数

一级指标	指数排名	二级指标	指数排名
政策环境	10	人才对政策吸引力满意度	10
		人才对现有政策落实服务满意度	10

澄迈县在促进政策落实和提高人才对政策的满意度方面采取了许多举措，一是出台《海南生态软件园聚人气工作措施》，聚焦需求完善服务保障、用心解决人才住房需求等五大方面，形成具体措施22条。二是落实好人才服务保障工作，进一步规范海南自由贸易港人才服务“单一窗口”（澄迈）的管理运行，优化人才服务流程，变串联审批为并联审批，为人才提供更加高效便捷的服务。

虽然澄迈县出台了很多政策措施为人才打造良好的政策环境，但是从整体来看，澄迈县的政策环境相较而言处于中下水平。建议进一步优化政策执行流程，简化办理手续，提供一站式、便捷高效的政务服务。加强人才工作者和窗口单位人员的服务意识与业务能力培训，提升服务态度和专业水平。强化对政策执行情况的检查与评估，确保政策真正落地生根，发挥实效，防止出现“中梗阻”现象。针对不同层次、不同类型的人才提供定制化的服务方案，以满足他们的个性化需求，确保政策能够落实到位，提高人才对政策的满意度。

4. 经济环境指数

经济环境指数得分为15.68，排名全省第三，同时二级指标人均GDP排名第二，人均居民可支配收入排名第四，城镇人口比重排名第四

① 2023年澄迈县政府工作报告，https://www.hainan.gov.cn/hainan/2023sxzfgzbg/202303/75ecedc6d6844e5487d6e1e8e64df245.shtml。

（见表 3-23）。

表 3-23　澄迈县经济环境指数

一级指标	指数排名	二级指标	指数排名
经济环境	3	人均 GDP	2
		人均居民可支配收入	4
		城镇人口比重	4

在优化经济环境方面，澄迈县采取了许多举措，如出台“稳经济大盘 14 条”等政策措施，开展稳经济大盘行动，经济止跌企稳并逆势上扬，各项主要经济指标增速均高于全省平均水平。2022 年全县实现地区生产总值 444.64 亿元，同比增长 2.1%，总量位居海南全省县域经济体第一①。在数字方面，依托海南生态软件园，聚焦“一区三业”，推动数字经济进入细分赛道，加快发展信创适配硬件制造、电子信息制造，支持游戏出海、数字医疗、平台经济等产业健康发展。

在油服方面，依托澄迈油服基地，聚焦油服 4 大核心业务板块，推动油服产业驶入“快车道”，加快推进中海油澄迈油气勘探生产服务基地、莱佛士（二期）等标杆性项目建设。

在物流方面，依托金马物流园，聚焦供应链体系，推动现代物流融入南向通道，配合做好新海陆岛物流园区建设，发挥京东、淡马锡丰树、普洛斯等头部企业的带动作用，打造全省物流经济带重要支点。

在农业方面，依托“6+2”品牌农业优势，聚焦标准化、品牌化、科技化、体系化，推动热带特色高效农业量质齐升，知名农产品规模和产值保持“双增长”，加速桥头地瓜、无籽蜜柚、山茶油等特色农产品育种育苗。

在制造方面，依托老城经济开发区，聚焦产业链锻造，推动制造业提质升级，谋划布局再制造产业，发展高附加值加工、低碳制造业、保税维修等。

在港口方面，依托马村港区，聚焦临港经济，推动马村港三期项目加快提速，全力推进滚装危险品泊位、危险化学品仓储、华能电厂二期业主

① 2023 年澄迈县政府工作报告，https：//www.hainan.gov.cn/hainan/2023sxzfgzbg/202303/75ecedc6d6844e5487d6e1e8e64df245.shtml。

码头建设，积极推动马村港集疏运通道项目建设，提升港口服务保障和疏散能力[①]。

5. 生活环境指数

生活环境指数得分为22.86，在全省排第八名，同时二级指标中等职业教育师生比排名第九，普通中小学师生比排名第十一，社会保险参保人员比率排名第三，人均社区服务机构数量排名第十三，空气质量综合指数排名第十五（见表3-24）。

表3-24 澄迈县生活环境指数

一级指标	指数排名	二级指标	指数排名
生活环境	8	中等职业教育师生比	9
		普通中小学师生比	11
		社会保险参保人员比率	3
		人均社区服务机构数量	13
		空气质量综合指数	15

澄迈县在提升生活环境方面采取了许多举措，一是“双减”政策深化落实，压减学科校外培训机构33家，占比达89.2%。实施同步专递课堂平台项目，城乡教育一体化突破地域限制[②]。

二是成立康乐美社区教育学校和椰岛社区教育学校，共聘用40余名“候鸟”人才兼职担任培训教师，开展各项社区文化教育活动，加强社区人才教育建设，通过活动联谊大力挖掘“候鸟”人才，打开“以才引才”的新局面。

从单项指标来看，普通中小学师生比以及空气质量综合指数排名靠后，在普通中小学生师生比方面，政府应加大对教育的投入，为学校提供更多的教学资源和发展机会；同时还应加强对学校的管理和监督，确保合理控制学校的教学质量和师生比。在空气质量综合指数方面，要建立空气质量预警机制，加大对大气污染防治工作的监督和督查力度，增强公众的

① 2022年澄迈县GDP位居海南全省县域经济体第一，https：//www.cinn.cn/p/264857.html。

② 2023年澄迈县政府工作报告，https：//www.hainan.gov.cn/hainan/2023sxzfgzbg/202303/75ecedc6d6844e5487d6e1e8e64df245.shtml。

环保意识和参与度。

（四）澄迈县人才工作的进展和经验

1. 夯实人才工作基础，推动工作高效落实

一是完善人才工作体制机制。有效整合各部门资源，形成齐抓共管的工作合力，调整县委人才工作领导小组组成人员和成员单位，出台《中共澄迈县委人才工作领导小组工作规则》《领导小组办公室工作细则》《领导小组成员单位主要职责》等制度文件，进一步规范人才工作领导小组日常运行机制，全年组织各相关部门围绕人才引进、培养培育、评价激励、住房保障等事项召开会议 40 余次。出台《澄迈县“十四五”人才发展规划》，通过打造高素质人才队伍、完善体制机制、搭建平台载体等，明确了未来澄迈人才工作发展的主要目标及努力方向，为加快现代化幸福美丽澄迈建设提供人才政策支撑。

二是开展人才工作大调研。为全面了解并掌握全县人才队伍建设现状及人才需求情况，通过开展交流座谈、发放调查问卷等方式开展全县人才工作大调研。调研组先后组织 30 余家县直单位和企事业单位的相关负责同志，召开涉及政法、医疗、教育、农业等领域人才座谈会，累计发放相关调查问卷 70 余份，经过系统梳理、讨论分析形成调研报告，为澄迈做好人才工作提供思路。

三是强化人才工作者队伍建设。组建专兼职人才工作者队伍，通过业务培训、每日一练、技能实训、模拟演练等方式不断提升业务水平和解决实际问题的能力。

四是深化人才发展体制机制改革。出台《澄迈县关于推进深化基层教育卫生专业技术人才激励机制改革的若干措施》，修订《澄迈县急需紧缺人才认定办法》，更新《澄迈县 2023 年急需紧缺人才目录》，出台《澄迈县人才开发专项资金管理办法》，为人才发展提供更加有力的保障。

2. 供需两端精准发力，全面释放人才效能

一是聚焦重点产业精准引才。深入开展“聚四方之才·共建自贸港”海南自由贸易港招才引智活动，充分运用“海南自贸港招聘网”线上招聘平台和持续开展“公益招聘天天有”线下招聘活动，聚焦热带特色高效农业、互联网产业、医疗健康产业等十二大重点产业，发布 500 余个岗位，

招聘3000余人，活动累计接收简历近2万份，签约3000余人，“聚四方之才·共建自贸港”招才引智活动品牌影响力逐步显现。先后带领20多家企事业单位前往省内外开展校招活动，岗位涵盖教育、医疗、科研、城市建设等多个领域。

二是加大医疗、教育领域引才力度。结合医疗卫生机构人才队伍现状，引进高级专业卫生技术人员、“好医生”和定向医学生，同时招录10余名免费培养定向医学生，公开选聘中小学和幼儿园教师60余人、临聘教师300余人。

三是扭转“候鸟”人才社会价值发挥不足局面。促进供需双向对接，向4家单位成功推荐“候鸟”人才上岗10余人次。

3. 加强平台载体建设，打造人才引力磁场

一是出台《海南生态软件园聚人气工作措施》。围绕时任省委书记调研澄迈时提出的“四个转变”要求，深化园区体制机制改革，围绕措施落实相继出台5个配套实施方案，提出22条聚人气措施，提高人才服务保障，2023年累计发放园区人才住房提额补助金额330余万元，为园区招才引智提供有力的政策支持。

二是加大特色聚才平台打造力度。成立澄迈县专家联合会，聚集科技、医疗、农业、教育等领域50余名专家人才；持续推进10个“候鸟”人才工作站建设，成立康乐美社区教育学校和椰岛社区教育学校，建成全省唯一的清华大学学生社会实践基地“乡村振兴工作站——澄迈站”，组织清华大学乡村振兴工作队澄迈支队二批次20余人在澄迈县开展社会实践活动，指导实践队初步形成《沉香、咖啡产业对比研究》《澄迈县秸秆禁烧和综合利用现状分析及建议》等调研实践成果，围绕推动改善人居环境、优化乡村振兴工作模式等方面提出了宝贵建议。

三是做强返乡入乡大学生和农村党员创业品牌。组织开展澄迈县第八期扶持返乡入乡大学生自主创业暨第四期扶持农村党员自主创业评选活动，积极推动返乡大学生和农村党员创新创业；利用澄迈县青年创业协会等团属组织资源优势，开展联系服务创业青年活动，引导和带动各创业群体立足本地生态条件和产业基础，积极参与海南省“科技创新　攀登计划”、“海南青年五四奖章”评选、“澄迈县创业大赛”等有关项目赛事。

四是突出企业在承载科创人才中心的主体地位。正业中农高科股份有

限公司入选首批省级专家服务基地；中电（海南）联合创新研究院成功获批设立博士后创新实践基地；积至（海南）信息技术有限公司入选海南省院士工作站（当前已完成公示）；澄迈罗非鱼科技小院、和牛科技小院入选省级科技小院；海南生态软件园与海南大学以人机物智谷平台为载体开展深入合作，共同打造“产学研用一体化平台”；海南微城演艺有限公司与海南师范大学和海南大学音乐与舞蹈学院分别签订了战略合作协议，微城剧场成为两校的挂牌教学实践基地。

4. 优化人才服务保障，营造尊才爱才良好环境氛围

一是做好人才关心关爱工作。县领导在春节、教师节等重大节假日开展走访慰问活动，慰问澄迈县各类优秀人才代表；发放偏远地区学校教师生活补助 830 万元，充分体现党和政府对人才的尊重与关怀。

二是落实好人才服务保障工作。进一步规范海南自由贸易港人才服务“单一窗口”（澄迈）的管理运行，优化人才服务流程，全年共受理各类人才业务办件 5300 余件，制订《澄迈县 2023 年高层次人才服务“面对面”活动方案》，并按计划持续性开展走访“南海系列”人才、人才服务“面对面”等活动，促进校企合作等一系列高层次人才“面对面”活动 40 余次。建立海南自由贸易港人才服务“单一窗口”（澄迈），积极回访、解决人才服务各类问题 4500 余件次；对认定的高层次人才进行及时监管，建立澄迈县 2023 年高层次人才注销名单；做好高层次人才住房补贴发放等服务保障工作，通过热情高效的服务，获得了来自办事人才的高度赞扬。截至 2023 年 12 月 28 日，澄迈县共计完成专业技术资格认定 77 人，资格评审 215 人、资格确认 24 人。

三是加大优秀人才事迹宣传力度。深入挖掘报道各类优秀人才在教育、医疗、经营管理、行业带动等领域的“好故事”，通过开设“澄心澄意为人才”视频号、返乡入乡创业大学生典型宣传、地标建筑等各类载体自主开展特色人才工作宣传，有力营造识才爱才敬才用才的良好舆论导向。

四是做好人才尊重和服务工作。评选澄迈县 2023 年人才突出贡献奖 17 人，发放奖励金 50 余万元；带领 9 名专家开展重点专家休假疗养活动；常态化落实走访企业及走访人才制度，累计走访企业 300 余家、回访人才 2300 余人，打通人才服务“最后一公里”。

五是推进人才服务信息化、数字化建设。开发建设“海南生态软件园招才引智公共服务平台”，实现重点园区数字化人才管理和服务。

五、东方市人才吸引力分析

（一）基本情况

东方市地处海南省西南部，陆地面积 2252 平方公里，海域面积 1833 平方公里，海岸线长 116 公里，辖 10 个乡镇、195 个村（居）委会①。2022 年，全市地区生产总值 231.34 亿元，比上年增长 0.5%②。东方位于中国—东盟自由贸易区地理中心、海上丝绸之路的重要节点和环北部湾城市群内，是北部湾城市群重要节点城市，是面向东盟国家、南太平洋、印度洋的西南门户港口城市。

东方市地理位置优越，自然条件得天独厚。属热带季风海洋性气候，日照充足，气候干爽，年平均气温 25℃。地势东高西低，由东南向西北倾斜，东部为热带雨林，中部为丘陵和台地，西部为海南最大的感恩平原，海岸线长 116 公里，有八港七湾。天然良港八所港位于境内，海南环岛铁路、粤海铁路海南西环线以及环岛高速公路、环岛旅游公路穿境而过。境内资源丰富，有酸豆、青梅、沉香、花梨等珍奇林木数百种，素有“世界花梨看中国，中国花梨在海南，海南花梨数东方”之美誉，2011 年被授予国家珍贵树种培育示范市（花梨之乡）。境内有大田坡鹿（国家Ⅰ级保护动物）、天安猕猴等珍稀动物。黄金、磷、锌、水晶、石英砂、花岗岩、天然气等存储丰富③。

（二）战略定位与产业发展

“十四五”时期，东方锚定“123456”发展战略，高质量推动城市建设，“123456”战略分别为：“1”即打造西部陆海新通道的重要节点；“2”即打造港产城融合发展的自由贸易港先行区、国家农业绿色发展先行

① 东方市人民政府——东方概况，http://dongfang.hainan.gov.cn/dfly/zjdf/dfgk/201812/t20181215_1555461.html。

② 2022 年东方市国民经济和社会发展统计公报，http://dongfang.hainan.gov.cn/xxgkzl/stjj/xxgkml/202311/t20231123_3533700.html。

③ 同①。

区；“3”即建设自由贸易港的东方机场、八所港、临港产业园等“三大重点任务”；“4”即发展旅游业、现代服务业、高新技术产业和热带特色高效农业四大主导产业；“5”即打造西南部区域经济、交通物流、文化教育、医疗健康和旅游消费“五大中心”；“6”即全面建设富裕、品质、美丽、文明、幸福、清廉“六个新东方”①。在产业发展方面，东方市抓住国家扩大内需战略机遇，深化供给侧结构性改革，调整优化传统产业，坚持创新驱动发展，大力发展特色旅游业和数字经济，积极推动生产性服务业向专业化和价值链高端延伸，高质量发展海洋经济，推动经济体系优化升级，提高经济质量效益和核心竞争力。

具体而言，一是加快发展特色旅游。创建特色旅游景区，持续推进全域旅游向纵深发展。开发特色旅游产品，统筹衔接生态旅游开发与生态资源保护，加强夜色游、自驾游、研学游、康养游、乡村游等产品打造，形成一批特色项目。二是提升现代服务业发展水平。大力发展物流产业，积极发展高等教育、加快发展金融业，鼓励发展论坛与会展经济。三是繁荣发展文化产业，积极发展新型文化企业，培育文化产业新业态。大力发展体育产业，推动国家级海南国际电竞资产登记中心、体育旅游区块链创新产业中心及文化体育产业基地建设发展。四是培育壮大高新技术产业。大力发展绿色精细化工产业，依托临港产业优势，利用国内外两种资源、两个市场，发展以功能高分子材料为主导的油气化工产业。加快培育新兴技术产业，利用金月湾科创园加快发展数字化、生物技术、高端装备、新能源汽车、绿色环保等产业。五是大力发展海洋经济。推动海洋渔业高质量可持续发展，积极壮大海洋新兴产业。加快发展游艇和海洋装备制造业。六是推动经济数字化和智慧城市建设。大力培育新兴数字产业，积极发展“互联网+”业态，加快建设“智慧东方”②。

为提升东方市的整体竞争能力，东方市为人才提供施展才华的平台。如建立东方临港产业园、东方南繁制种产业园、东方市省级现代农业高质量发展产业园、东方—昌江渔港经济区等。

---

① 东方结合发展实际，实施“123456”发展战略，http：//dongfang. hainan. gov. cn/ztzl/lszt/lslbrw/zhlwgz/202205/t20220526_3201396. html。

② 东方市国民经济和社会发展第十四个五年规划和二〇三五年远景目标纲要，http：//dongfang. hainan. gov. cn/xxgkzl/fgw/xxgkml/202110/t20211027_3081547. html。

（三）东方市人才吸引力指标评述

东方的人才吸引力综合指数得分为69.81，在全省18个市县中处于第五名（见表3-25）。从各项指标来看，东方市政策环境、生活环境排名靠前，人才规模、人才投入和经济环境排名较靠后，还需进一步优化。

表3-25 东方市人才吸引力指数

市县	人才规模指数排名	人才投入指数排名	政策环境指数排名	经济环境指数排名	生活环境指数排名	综合指数	
						分数	排名
东方市	9	8	1	8	6	69.81	5

1. 人才规模指数

东方人才规模指数得分为5.77，排名全省第九。同时二级指标就业人数指数排名第十，人才总量指数排名第八（见表3-26）。

表3-26 东方市人才规模指数

一级指标	指数排名	二级指标	指数排名
人才规模	9	就业人数	10
		人才总量	8

在打造人才队伍方面，东方市采取了许多举措。一是编制发布《东方市第二批海南自由贸易港建设急需紧缺人才需求岗位目录》，精准引进一批支撑科技创新和产业升级的优质人才。二是积极参与海南“百场万岗·四城同办”2023年校招活动，组成招聘小分队，携东方各行业领域用人单位的优质岗位分赴上海、长沙、武汉、成都、南京等地，采取带企进校、带编进校等方式，紧紧抓住引才交流良机，主动走出去推介招引人才。

虽然东方市在扩大人才队伍规模方面采取了许多举措，但从整体来看，东方市的人才规模在全省的排名处于中位水平，对比其他指标排名而言仍有较大进步空间，其优越的政策环境和生活环境有利于吸引更多优秀人才，建议东方市积极落实人才规划顶层设计，制定出台更具竞争力和吸引力的人才政策，包括提供优惠的薪酬待遇、住房补贴、子女教育等，推出针对特定行业或领域紧缺人才的定向引才计划。同时，积极加入跨区域的人才联盟，引进更多智力和人力服务机构，拓宽人才引进和输出渠道。

2. 人才投入指数

人才投入指数得分为 16.86，排名全省第八，同时二级指标人均财政科学技术支出排名第九，人均财政教育支出排名第八，人均财政卫生健康支出排名第九，人均财政文旅支出排名第五（见表 3-27）。

表 3-27 东方市人才投入指数

一级指标	指数排名	二级指标	指数排名
人才投入	8	人均财政科学技术支出	9
		人均财政教育支出	8
		人均财政卫生健康支出	9
		人均财政文旅支出	5

东方市在加大人才投入方面采取了许多举措。一是园区工业类项目引进在全省首次增加科技指标要求，高新技术产业不断壮大，科技型中小企业达 20 余家，高新技术企业、“瞪羚”企业、种子企业达 10 余家①。

二是出台《东方市支持招商引资和重点产业发展暂行办法》，创建优客梦工场创新企业服务基地，提供开放创新工位 100 多个。

三是出台《东方市高层次专业人才工作室建设资助经费使用管理办法》，拨付款项用于工作室建设，激励各工作室领衔人充分发挥示范引领和带动培养作用。

但其二级指标人均财政科学技术支出在全省排名中位，该指标是提升一个地区科技创新能力和长远发展实力的重要路径之一，建议相关主管部门优化财政支出结构，增加对科技领域的预算投入，确保科技支出在财政总支出中的比重逐年稳步增长。同时适当调整财政科技经费分配方式，精准投向关键领域和重点产业，如基础研究、前沿技术研究以及战略性新兴产业技术研发等。通过提高人均财政科学技术支出水平，有效地提升科技成果转化效率，促进经济转型升级和社会持续进步。

3. 政策环境指数

政策环境指数得分为 11.00，排名全省第一，同时二级指标人才对政

① 2023 年东方市政府工作报告，https：//www.hainan.gov.cn/hainan/2023sxzfgzbg/202302/0f4f56a687aa43b1a362d5742df17362.shtml。

策吸引力满意度排名第二，人才对现有政策落实服务满意度排名第二（见表 3-28）。

表 3-28　东方市政策环境指数

一级指标	指数排名	二级指标	指数排名
政策环境	1	人才对政策吸引力满意度	2
		人才对现有政策落实服务满意度	2

为了改善政策环境，东方市采取了许多举措，一是推进人才发展体制机制改革，先后出台《东方市高层次专业人才工作室建设资助经费使用管理办法》《东方市"服务企业专家行"活动实施方案》《东方市第二批海南自由贸易港建设急需紧缺人才需求岗位目录》等，分层分类优化完善人才培育激励、服务等政策体系建设。二是建立人才引进后续跟踪服务机制，开展"回访"活动，向引进人才送政策、送服务、送关爱，征求招才引智意见建议，切实解决人才服务诉求，认真落实人才住房保障政策，人才对东方的政策环境评价整体较高，在全省名列前茅。

4. 经济环境指数

经济环境指数得分为 12.72，排名全省第八，同时二级指标人均 GDP 排名第十一，人均居民可支配收入排名第九，城镇人口比重排名第七（见表 3-29）。

表 3-29　东方市经济环境指数

一级指标	指数排名	二级指标	指数排名
经济环境	8	人均 GDP	11
		人均居民可支配收入	9
		城镇人口比重	7

在经济环境方面，东方市开展经济恢复提振百日大行动，出台了"超稳行动 25 条"，全年集中开工竣工项目 38 个，总投资突破 400 亿元。多项经济指标较早实现触底回升，较好完成经济恢复提振目标①。但总体来看，东方市的经济环境暂未超过全省平均水平（12.78），还有待提升。政府可

① 2023 年东方市政府工作报告，https：//www.hainan.gov.cn/hainan/2023sxzfgzbg/202302/0f4f56a687aa43b1a362d5742df17362.shtml。

以实施有利于经济增长的政策和措施，如减税、优惠政策等，促进企业发展和就业增加，加大对中小企业的扶持力度，鼓励创新创业，为经济增长注入新的活力。

5. 生活环境指数

生活环境指数得分为 23.46，排名全省第六，同时二级指标中等职业教育师生比排名第一，普通中小学师生比排名第六，社会保险参保人员比率排名第十七，人均社区服务机构数量排名第七，空气质量综合指数排名第十七（见表 3-30）。

表 3-30　东方市生活环境指数

一级指标	指数排名	二级指标	指数排名
生活环境	6	中等职业教育师生比	1
		普通中小学师生比	6
		社会保险参保人员比率	17
		人均社区服务机构数量	7
		空气质量综合指数	17

在生活环境方面，东方市基本公共服务不断完善，成功创建 2 所省级规范化学校，在全省率先开办专门学校，新增学前教育和义务教育阶段学位 3500 余个。教育教学质量稳步提升，中考成绩进入全省第二梯队①。

但是整体来看，仍有排名较靠后的指标，如社会保险参保人员比率以及空气质量综合指数。建议政府对各种空气污染源加强分类管理，限制高污染、高排放行业的扩张，鼓励企业进行技术升级和环保改造，减少污染物的排放，提高空气质量，改善人才居住的生活环境。

（四）东方市人才工作的进展和经验

1. 坚持党管人才，强化政治引领“聚合力”

一是持续增强工作合力。高标准配备市委人才工作领导小组，由市委主要领导担任组长，市委副书记、市长、市政府常务副市长、组织部长、

① 2023 年东方市政府工作报告，https：//www.hainan.gov.cn/hainan/2023sxzfgzbg/202302/0f4f56a687aa43b1a362d5742df17362.shtml。

副市长担任副组长，28 个成员单位组成。市委人才发展局、各行业主管部门和各乡镇人才工作站密切配合，上下贯通、左右联动、运转高效的工作网络更加完善。

二是持续压实工作责任。召开市委人才工作领导小组会议，修订《中共东方市委人才工作领导小组工作规则》《中共东方市委人才工作领导小组办公室工作细则》，制定市委人才工作领导小组办公室主任专题会议制度、东方市重点人才工作推进机制，不断健全工作责任体系。

三是持续健全人才体制机制。立足东方“123456”发展战略，编制《东方市人才发展规划（2022—2026 年）》，统筹谋划未来 5 年打造东方人才发展“2345”生态圈，推进人才建设与产业协同发展。推进基层教育卫生专业技术人才激励机制改革，制定“1+2”实施方案，坚持提高“硬待遇”，做好“软保障”，全面提升市内基层卫生教育整体质量和水平。出台《东方市支持招商引资和重点产业发展暂行办法》，创建东方市优客梦工场创新企业服务基地。

2. 突出产才融合，打造招才引才“强磁场”

一是坚持需求导向精准引才。聚焦重点产业发展，出台《关于加强东方临港产业园人才队伍建设的措施》，建立人才工作领导体制，健全议事决策、分工协作和督促落实机制，搭建适合园区发展的高层次人才培育载体，畅通更加便捷的人才服务通道，引进培育重点产业、关键岗位紧缺的高端人才，以人才资源集聚提升园区核心竞争力。出台《东方市人才发展规划（2022—2026 年）》，发布东方市第一批、第二批急需紧缺人才岗位，精准引进一批支撑科技创新和产业升级的“高精尖缺”人才。

二是挖掘比较优势靶向聚才。依托上海市东方医院和西南大学基础教育集团优质资源，制定医疗教育领域人才引进计划，柔性引进一批医疗学科带头人、学科骨干专业人才，提升学科建设能力和医疗教育领域水平。研究起草医疗健康集团人才引进、考核或公开招聘医疗卫生专业技术人才等实施方案，计划招聘中高层次人才、稀缺岗位人才、定向委培人才和管理人才 270 余人。通过公开招聘、特岗招聘、接收省市级定向公费师范生、劳务派遣等多种形式招录 200 余人，配齐配足紧缺学科教师。

三是打造丰富载体高效揽才。组织企业到高校、广场等地举办“聚四方之才　共建自贸港”专场招聘及岗位推介活动 10 余场，累计签约 1000

余人。积极参与海南“百场万岗·四城同办”2023年校招活动，组成5个招聘小分队，携东方各行业领域用人单位100多个优质岗位分赴上海、长沙、武汉、成都、南京等地，采取带企进校、带编进校等方式，紧紧抓住引才交流良机，主动走出去推介招引人才，达成意向30余人。自主开展招才引智活动24场，提供岗位2000余个，招聘人数近9000人，岗位涉及医疗、教育、农业、旅游、工业等多个领域，包括水产养殖、技术检测、高分子材料研究、医学影像、金融科技、农业技术等学科和专业。通过招聘活动达成意向4500余人，正式签约1000余人。深化“市校合作”机制，省内高等院校定期选派专业人才、优秀毕业生到东方挂职、实习。与海南大学进行人才供需对接洽谈，商请海南大学、中国热科院选派专业人才到东方“点对点”进行技术指导。

3. 实施“三融计划”，深耕育才用才“肥沃土”

一是实施专业人才融入自贸港计划。根据《东方市高层次专业人才工作室建设管理办法（试行）》，落实“以才育才、师带徒、传帮带”的专业人才培养机制。组织开展“匠心铸造　品质东方”临港工匠评选活动，评选东方“临港工匠”10名、“临港工匠团队”8个，激发人才队伍整体活力与创造力，努力培养一支与东方临港产业园产业发展相适应的科技人才队伍。举办以“创新创效谋发展，青春建功自贸港”为主题的创新创效论坛，展示园区青年人才的创新创效项目、交流心得，同时推动园区企业在创新创效上相互学习、共同发展，促进临港产业园区高质量发展。2023年，园区人才获国家级奖项10余人、省级奖项100余人，高技能人才队伍建设成效彰显。打造本土劳务品牌“东方工匠”，通过强化各类技能培训，逐渐形成初级、中级和高级建工技能型人才梯队。建立“东方工匠”人才库，已入库1200余人，为相关从业人员、建筑企业、市民群众等提供搜索、了解工匠个人信息的渠道，方便就业对接，该品牌目前已带动500余人实现就业。

二是实施本土人才融入乡村振兴计划。深入开展“双学历”“双轮训”工程，依托海南广播电视大学、海南职业技术学院和市职业技术学校等院校提升本土人才学历水平。在乐妹村建立东方市—海南大学乡村振兴人才培养基地，创办乡村振兴大讲堂，在三家鳄珍鳄鱼企业建立电商直播人才培养基地，增强乡镇自我培育人才的能力。推进乡村振兴“六带”人才培育工程，开展“十佳青创　百优青企”“树立乡风文明模范”“十佳农用技能人才”等评选活动，目前已培养具有一定代表性和影响力“六带”作用的本土人才60名。举办2023年海南自贸港创业大赛（东方赛区）暨东方市第五届创业大赛，促进创业带动就业，助力乡村振兴。组织开展黎锦工艺技术职称评审试点工作，探索建立健全特色产业专业人才评价制度，完善专业技术人才职称评价体系。目前，已有4名“东方织娘”顺利通过黎锦工艺专业技术职称认定。

三是实施“候鸟”人才融入社会治理计划。成立15家“新东方人”人才联络站，发布《海南省东方市“新东方人”人才征集令》，在全市范围内摸底“新东方人”人才数量。举办“候鸟”人才供需对接会，搭建“候鸟”人才与用人单位供需对接平台，积极引导1100余名“候鸟”人才在教育培训、专家门诊、顾问指导、科技帮扶、文艺演出、志愿服务等方面充分发挥作用。组织开展“‘新东方人’筑巢计划”、乡村振兴“五下乡”、候鸟供需对接会、“三创”志愿服务等活动，引导各领域“新东方人”人才主动参与，发挥余热。自2023年11月启动“‘新东方人’筑巢计划”以来，共开展各类活动54次，参与人数超过1250人。注重发挥“新东方人”党支部在小区治理中的核心作用，组织小区的“新东方人”党员和人才参与小区治理，让“新东方人”实现自我管理、自我服务、自我监督。

4. 用情拴心留人，厚植爱才留才“梧桐树”

一是人才服务更“接地气”。到园区重点企业开展人才工作调研，举办“政企面对面、服务心贴心”人才服务系列活动，深入了解企业用工需求、企业人才队伍建设和人才政策落实情况，及时回应企业诉求。到基层一线开展本土人才引领乡村振兴调研，实地走访深扎农村的专业人才、致富能人、手工艺人等，深入了解本土人才发展环境和需求。加强“候鸟”人才服务站建设，成立“新东方人”科技、书画等人才联络站，进一步织密人才服务网络。成立海南就业驿站万达站、大田站、感城站、板桥站，搭建灵活就业人员和企业之间的桥梁，成立东河镇南浪村、西方村等村级人才服务驿站，打通服务人才“最后一公里”。

二是人才服务更“有底气”。建立人才工作者“每周一学”学习机制，切实提高专业理论知识和业务水平。创新培训模式，利用音视频会议软件开展线上集中学习，运用学习强国、海南干部在线学习等线上资源平台丰富自学内容，较好地满足了不同层次、不同岗位人才工作者的个性化学习需求。组织开展东方市2023年人才工作者学习贯彻习近平新时代中国特色社会主义思想和党的二十大精神暨能力提升培训班，来自市委人才工作领导小组成员单位、各乡镇及华侨经济区的人才工作者参加学习，推动东方市人才工作者提升业务能力、锤炼服务技能。

三是人才服务更“冒热气”。建立人才引进后续跟踪服务机制，开展“回访”活动，向引进人才送政策、送服务、送关爱，征求招才引智意见建议，切实解决人才服务诉求。市委人才工作领导小组成员单位联合推出人才政策线上解读系列课程“人才政策微课堂”，打破传统政策宣讲面对面的空间束缚，扩大全市用人单位和各类人才对政策的知晓度。创建2家青年（人才）驿站，为外地来东方求职应聘的高校毕业生、高端人才提供一站式免费短期住宿、人才和就业创业政策咨询等服务，打造青年人才之家。以“东方后浪计划”为抓手，为返乡大学生量身打造“东方畅游行”“城市推介行”“社会观察行”“技能观摩行”“工业产业行”“基层实践行”“青春返乡行”等假期实践活动。自活动启动以来，全市开展各类“东方后浪计划”活动52次，参与活动的返乡大学生超过1600人次，在返乡大学生中引起强烈反响，为鼓励和引导返乡大学生关注家乡、回报家乡、服务社会起到积极促进作用。设立“人才落户”专窗，简化审批环节，实现人才落户“一站式”办结，通过人才服务“一事一议”机制解决引进人才配偶就业、落户问题。

六、陵水黎族自治县人才吸引力分析

（一）基本情况

陵水黎族自治县（以下简称陵水县）位于海南岛东南部，地处北纬18°22′~18°47′、东经109°45′~110°8′。东北与万宁市交界，西南与三亚市毗邻，西至西北与保亭黎族苗族自治县和琼中黎族苗族自治县接壤，东南濒临南海。海南东环铁路、东线高速公路和海榆东线横穿县境。全县东西宽，南北长，海岸线长118.57公里。全县陆地面积1128平方公里。境内有大小河流

127 条，水资源、海洋资源、土地资源十分丰富，素有“鱼米之乡”之誉[①]。2022 年末，全县常住人口 37.75 万人，GDP 达 231.73 亿元，同比下降 0.6%[②]。

（二）产业发展与战略定位

“十四五”时期，陵水县的战略定位为高质量热带海滨公园城市、专业化旅游消费创新城市、海南自贸港科教中心城市[③]。在产业发展方面，“十四五”及未来时期，陵水县依托园区产业平台载体，力争打造海洋产业、数字信息产业、健康养生产业、热带高效农业和现代旅游服务业五个百十亿级产业集群。

具体而言，一是突出陵水海洋属性，聚力发展蓝色海洋产业。以国家海洋经济示范区为引领，加快引入海洋旅游服务、海洋公共服务和现代海洋渔牧领域的产业资源，聚焦应用领域拓展建设一批海洋产业试点示范项目，积极拓展以泛南海为核心的全球市场，构建具有较强国际竞争力的现代海洋优势产业集群。二是挖掘市场消费需求，积极培育健康养生产业。以南平健康养生产业园为平台载体，以国际创新人才培养为核心要素，积极培育发展大健康养生产业。三是释放陵水平台潜力，大力发展高效农业与国际教育产业。发展高效农业，发展国际教育。充分把握海南建设自贸港政策先行先试和教育政策不断放宽机遇，结合本地产业基础和特色环境，通过产业主体落位、产业跨界融合、产业生态打造海南产业教育核心区、全国体验教育目的地。四是挖掘陵水山海资源，做优高品质旅游服务业。打造特色旅游消费核心产品，开发“山海互动、蓝绿相融”的户外运动产品。培育壮大文体赛事旅游，全力发展具有世界看点、国际水准、陵水特色的羽毛球、足球、自由搏击、水上 F1 公开赛、国际象棋、桥牌、海钓等国际时尚赛事活动。促进旅游服务业规模化发展，以清水湾国际游艇小镇为起点，丰富游艇产业配套，完善游艇旅游产业生态，形成面向南沙、西

---

① 陵水黎族自治县人民政府——陵水概览，http：//lingshui. hainan. gov. cn/mlls_57671/lsgl/zrzy/202207/t20220729_3238845. html。

② 陵水黎族自治县 2022 年国民经济和社会发展统计公报，http：//lingshui. hainan. gov. cn/xxgkzl/tongjiju/xxxgkml/202305/t20230518_3418755. html。

③ 陵水县空间发展战略规划（2022—2035），http：//lingshui. hainan. gov. cn/xxgk_57512/0400/202309/P020230928362828397509. pdf。

沙的旅游聚集地。五是发挥陵水产教优势，全力做大数字信息产业。以清水湾国际信息产业园与陵水互联网创业产业园为基础，黎安国际教育创新试验区提供人才培育支撑，中电科为企业龙头，打造高新技术产业集群①。

为了吸引会聚人才，陵水县设立陵水渔港经济区、陵水安马洋南繁基地、陵水清水湾信息产业园、陵水海风小镇、陵水文罗加工物流产业园，以及海南陵水黎安国际教育创新试验区陵水清水湾信息产业园等，为人才打造干事创业的平台。

（三）陵水人才吸引力指标评述

陵水的人才吸引力综合指数得分为69，在全省18个市县中位于第六名（见表3-31）。在各项指标中，陵水的人才投入、政策环境和生活环境排名较靠前，人才规模和经济环境排名较靠后，还存在很大的改进空间。

表3-31　陵水县人才吸引力指数

市县	人才规模指数排名	人才投入指数排名	政策环境指数排名	经济环境指数排名	生活环境指数排名	综合指数	
						分数	排名
陵水县	11	5	6	10	3	69	6

1. 人才规模指数

人才规模指数得分为5.55，在18个市县中排名第十一，二级指标就业人数指数排名第十一，人才总量指数排名第十二（见表3-32）。

表3-32　陵水县人才规模指数

一级指标	指数排名	二级指标	指数排名
人才规模	11	就业人数	11
		人才总量	12

在扩充人才规模方面，陵水县通过“线上+线下”等形式，通过公众号、网站等渠道宣介海南自贸港人才优惠政策，持续动态征集、发布招聘岗位，形成声势浩大、氛围热烈的引才声势，进一步用好用活招才引智微信群，畅通人才招聘新渠道，吸引更多人才来试验区创业就业。

① 陵水黎族自治县国民经济和社会发展第十四个五年规划和二〇三五年远景目标纲要，http：//lingshui. hainan. gov. cn/xxgkzl/zfb/xxxgkml/202108/P020230428628306098635. doc。

虽然陵水县在招才引智方面做了许多工作，但是整体来看，陵水县的人才规模与同类市县相比还有很大的提升空间。陵水县可以通过设立具有吸引力的人才引进计划、打造创新平台和孵化器、支持创业团队及初创企业发展、加强区域间的人才交流合作、实现资源共享和互补等多种方式吸引更多人才前往陵水。

2. 人才投入指数

人才投入指数得分为 17.31，排名全省第五，二级指标人均财政科学技术支出排名第十五，人均财政教育支出排名第五，人均财政卫生健康支出排名第四，人均财政文旅支出排名第七（见表 3-33）。

表 3-33 陵水县人才投入指数

一级指标	指数排名	二级指标	指数排名
人才投入	5	人均财政科学技术支出	15
		人均财政教育支出	5
		人均财政卫生健康支出	4
		人均财政文旅支出	7

在加大人才投入方面，陵水县印发实施科技创新三年行动方案、支持高新技术企业发展若干措施，整合盘活清水湾片区的土地和物业等要素资源，加大数据产业、海洋科技产业等高新技术产业项目招引力度，高质量建设清水湾科技园。省级“专精特新”中小企业增至 4 家。

在卫生领域，推动基层教育卫生人才激励机制改革，统筹带动基层医疗卫生机构发展，充分借助青岛大学附属医院等医疗机构技术优势，开展学科建设及远程诊疗服务，实现“日常不出村、小病不出县、大病远程治”。在教育领域，持续推动教育重点改革十二条措施落地见效，着力落实“两个只增不减”，全年投入教育经费 14 亿元，同比增长 4.8%，打通了特殊教育学校义务教育阶段向“两端延伸”的特殊教育链条①。

3. 政策环境指数

政策环境指数得分为 9.49，排名全省第六，同时二级指标人才对政策吸引

① 2023 年陵水黎族自治县政府工作报告，https：//www.hainan.gov.cn/hainan/2023sxzfgzbg/202302/5064941d68c44d24bf41c16667e4664b.shtml。

力满意度排名第五，人才对现有政策落实服务满意度排名第六（见表3-34）。

表3-34 陵水县政策环境指数

一级指标	指数排名	二级指标	指数排名
政策环境	6	人才对政策吸引力满意度	5
		人才对现有政策落实服务满意度	6

陵水为了保持良好的政策环境，采取了许多举措。一是深入调研各行业人才创新创业情况，结合实际出台《陵水黎族自治县人才发展资金管理办法（试行）》，资金将用于人才创新创业、人才队伍建设、产业发展等方面，充分发挥“第一桶金”作用，助推陵水各项产业高质量发展。二是通过人才线上服务平台，实行网上“不见面审批”办结，同时线下组建“陵水人才流动审批小分队”上门为企业、人才办理各项服务事项，得到企业、人才的一致好评。三是出台多项人才政策，制定《陵水黎族自治县深化基层教育卫生专业技术人才激励机制改革二十条措施》《陵水黎族自治县高层次金融人才计划实施细则（试行）》《陵水黎族自治县优秀运动员教练员奖励实施暂行办法》等制度及措施，从制度上保障和激发人才创新创业活力。

4. 经济环境指数

经济环境指数得分为12.37，排名全省第十，同时二级指标人均GDP排名第七，人均居民可支配收入排名第十二，城镇人口比重排名第十三（见表3-35）。

表3-35 陵水县经济环境指数

一级指标	指数排名	二级指标	指数排名
经济环境	10	人均GDP	7
		人均居民可支配收入	12
		城镇人口比重	13

在改善经济环境方面，陵水采取了许多举措。一是全力引导企业扩大有效投资，制定固定资产投资项目任务目标奖励措施，给予超额完成投资任务的企业奖励资金。二是成立陵水国际投资促进局，组建专业化招商队伍。聚焦产业发展精准招商取得实效，全年招商签约产业项目10余个，协

议投资额 40 多亿元[①]。

在经济环境方面，陵水县扩大投资并且制定奖励措施，带动了陵水县的经济发展。但整体来看，陵水县的经济环境与全省的其他市县相比仍需加强。特别是提高城镇人口比重方面，建议积极促进产业结构优化调整，大力发展第二、第三产业，尤其是服务业和制造业，创造更多的非农就业岗位，吸引农村劳动力进城务工并转化为城镇居民。同时鼓励城乡互动，通过特色小镇、新型城镇化示范区建设，引导乡村人口有序向小城镇集聚，同时改善农村基础设施和公共服务，缩小城乡差距。

5. 生活环境指数

生活环境指数得分为 24.28，排名全省第三，同时二级指标中等职业教育师生比排名第六，普通中小学师生比排名第一，社会保险参保人员比率排名第十二，人均社区服务机构数量排名第十五，空气质量综合指数排名第四（见表 3-36）。

表 3-36 陵水县生活环境指数

一级指标	指数排名	二级指标	指数排名
生活环境	3	中等职业教育师生比	6
		普通中小学师生比	1
		社会保险参保人员比率	12
		人均社区服务机构数量	15
		空气质量综合指数	4

陵水县的生活环境指标在全省排名靠前。陵水坚持办好人民满意的教育，着力落实“两个只增不减”，2022 年投入教育经费 14 亿元，同比增长 4.8%。陵水中学高中部、黎安国际教育创新试验区九年一贯制学校、县业余体校等教育重点项目顺利开建。在全省率先打通了特殊教育学校义务教育阶段向“两端延伸”的特殊教育链条，正式开启从学前教育到职业教育的十五年一贯制办学模式，在校学生人数位居全省第二[②]。为人才在陵水安居乐业提供良好的生活环境保障。

① 2023 年陵水黎族自治县政府工作报告，https：//www.hainan.gov.cn/hainan/2023sxzfgzbg/202302/5064941d68c44d24bf41c16667e4664b.shtml。

② 同上。

（四）陵水县人才工作的进展和经验

1. 压实责任，深化党管人才工作格局

贯彻落实中央及省委、省政府相关部署要求，完善人才工作宏观指导、科学决策、统筹协调、督促落实机制，强化思想引领、发挥组织优势，召开人才工作专题会议，常态化开展实地调研、督查、指导人才工作，开展各类人才走访慰问活动，县委、县政府领导于春节前夕走访慰问县域各类人才代表，为其送上节日的祝福和新春的问候。

2. 招才引智，提升引进人才集聚效能

一是建立常态化人才招聘机制。积极参加“聚四方之才　共建自贸港”系列活动、中国（海南）人才交流大会等省级招聘活动，常态化自主开展“线上+线下”县级专题招聘活动，于2023年积极举办“春风行动招聘会”“人力资源市场招聘会”等县级招聘活动33场，其中农民工就业帮扶专场招聘活动15场，为企业和人才搭建起良好的引才平台，邀请50余家企业参与提供就业岗位2000余个，并以现场就业指导的服务模式，引进专业性强、发展潜力足的各类人才。二是开展教育、医疗专项招聘活动。组织各类企事业单位踊跃报名，赴海口、上海、武汉、成都等15座城市参加8场省级招聘会，赴海南大学、山东中医药大学、湖南第一师范学院等5所院校开展专场招聘，共引进教育卫生人才620余名，全面充实教育、医疗专业技术人才队伍。三是发挥高质量平台的引才辐射作用。充分发挥2家外籍院士工作站的引领带动作用，进一步提高陵水良好科研环境的知名度和影响力。

3. 统筹协调，做好各类人才培育工作

一是打造“乡荟陵河”本土人才培养工程。陵水通过制定农业、旅游、科技等7个领域的细化实施方案，完成首批乡村人才的培养，取得了良好成效。计划2022—2024年分阶段、分层次培养出700名本土人才，2023年培养339人，2022年以来已培养2批次584人。培养的本土人才中，3名人才入选第三批“南海育才”项目，1名人才入选海南省优秀农村实用人才行列。

二是推进青年人才培养项目。出台《陵水黎族自治县“乡荟陵河”人才（培养）项目工程青年创业人才实施方案》《陵水黎族自治县关于鼓励和支持人才创新创业实施方案》，举办2023年陵水青年创新创业特训营暨“青马工程”农村培训班，开展3期“青春夜话”系列青年人才交流主题沙龙、2023年创新创业大赛等活动，激发青年人才、返乡创业者等各类人才创新创业活力和创造力，促进创业带动就业，为海南自贸港高质量发展蓄势赋能。

三是探索“产才融合”培养模式。培养董儒林、雷孔佃等人利用自身合作社优势，积极开展技术下乡和技术指导培训工作，把先进杧果种植经验带给当地杧果种植户，并积极与三亚、文昌、乐东等市县杧果种植户交流学习，2023年陵水县带动专家下乡技术指导30余次，积极推动全县杧果全产业链建设，为热带水果杧果产业链培育先进技术人才。

4. 盘活资源，发挥专业人才优势

一是推动成立陵水南繁基地“候鸟”人才工作站。以安马洋南繁科研育种基地为依托，在陵水南繁科技产业园成立陵水南繁基地“候鸟”人才工作站，加快陵水县南繁种植实用技术培训，已在新村镇、光坡镇等地集中授课，开展“南香黑糯”系列香稻品种的推广种植。

二是成立陵水县专家联合会。首批会员会集了医疗、教育、科技、农业等领域20余名专家人才共谋发展，积极参与陵水县科技、教育、卫生、经济等领域建设。

三是开展专家人才进校园活动。依托9家“候鸟”人才工作站（3家省级工作站），联系服务“候鸟”人才1000余人，常态化组织“候鸟”人才开展名家讲座、专家进校园、助农帮扶等志愿服务活动49场，可以与专家人才近距离接触、面对面交流，感受名家名师的人文素养和学者风范。

四是发挥“候鸟”人才引领作用。为更好地发挥“候鸟”人才效能，陵水县已为教育、医疗等领域输送专业型“候鸟”人才10余名，石淑华、吴山、梁孝文等“候鸟”专家在陵水县创设新科室、医学工作室，填补了诊疗科室空白，培养了一批本土医疗卫生人才，让老百姓“在家门口看病”成为第一选择。“候鸟”工作站的专家人才，助力陵水县教育事业，常态化开展免费课后服务。

五是开展人才下乡服务活动。结合“三农”工作，发挥“三区”人才下乡项目作用，依托人社部专家服务基层对口帮扶等合作机制，有计划有组织地引导各领域人才到基层一线开展科技推广、技术指导、人才培训等20余场次活动，共培训1000余人次，助力乡村振兴工作。

六是推进高端人才基地建设。推荐海南陵水广陵南繁科研育种专家服务基地成功获批国家级专家服务基地，中国科学院声学研究所南海研究站成功获批博士后创新实践基地，汇聚了一支300多人的南繁科研育种团队与一支60余人的海洋声学研究团队，形成专家集聚效应。

5. 多措并举，激活人才干事创业活力

一是做好基层教育卫生专业技术人才激励机制改革工作。构建“1+2+N”改革政策体系，制定出台《陵水黎族自治县深化基层教育卫生专业技术人才激励机制改革二十条措施》等4个文件，创新性提出并实施“四个一”专项行动计划，开展公开竞聘将4名优秀基层教师调入心仪优质学校；选取2个基层学校校长岗位、2个基层卫生院副院长职位，面向全县在编在岗教师、医务人员开展公开竞聘上岗；联合猎头公司、第三方引才机构公开招聘2名农村骨干校长、3名农村骨干教师、1名基层卫生院院长；计划定向招聘40名教师、医务编外人员入编。截至目前，已为400余名基层教育卫生专业技术人才发放乡镇补贴，共计1100余万元，进一步扩大了人才吸引力与影响力。

二是加强人才发展资金管理。深入调研各行业人才创新创业情况，结合实际出台《陵水黎族自治县人才发展资金管理办法（试行）》，资金将用于人才创新创业、人才队伍建设、产业发展等方面，充分发挥“第一桶金”作用，助推陵水各项产业高质量发展。全面统计人才住房补贴、人才培训等方面经费使用名录，2023年共计支出人才经费3100余万元。

6. 创新方式，用心用情服务人才

一是坚持推行“线上+线下”双渠道服务模式。通过人才线上服务平台，实行网上“不见面审批”办结。线下举办“人才月话”沙龙、开展“人才政策宣讲”“人才服务面对面”以及流动审批小分队“主动带政策送上门”等各类服务活动，共计119场，得到人才的一致好评。

二是深化“海南天涯英才卡”和“陵水人才梧桐树卡”的双卡融合服务。结合陵水人才服务政策、服务范围，打造陵水人才梧桐树卡，不断完善和扩充人才服务事项。出台《陵水人才梧桐树卡星级服务点管理办法》等制度文件，对现有的服务网点进行考核定级授牌。动态更新海南天涯英才卡和陵水人才梧桐树卡服务指南，目前已为“双卡”持卡人提供100多个优惠服务点，形成“吃、住、行、游、购、娱”全覆盖的服务人才新局面。

三是高层次人才服务“面对面”活动。陵水县联合黎安国际教育试验区管理局共同开展高层次人才服务“面对面”活动，邀请国内外优秀教师人才开展座谈；主动联系未来领导力学校，与外籍教师进行座谈了解等，了解人才需求，帮助人才解决疑难杂症，打造舒适的“软环境”。

四是强化国际人才保障。联合欧美同学会，打造“归国留学人员创新创业聚集地”数字创意海归小镇，出台《支持数字创意海归小镇建设优惠政策》，通过给予企业境外投资税收减免、生产经营用房补贴、留学归国人员优惠待遇等政策，建设高水平对外开放门户枢纽；设立县人民医院青岛大学附属医院海南分院国际门诊，进一步完善外籍人才医疗保障体系。

7. 提质增效，营造尊才爱才氛围

一是印发实施《陵水黎族自治县人才工作宣传方案》。各乡镇、成员单位配套制定细化宣传方案。在县政府网开设专栏宣传人才工作，制作“珍珠海岸扬帆起，美丽陵水聚英才”主题小视频 2 个，利用地标建筑宣传人才引进工作，借助微信平台、抖音等新媒体及时宣传优秀人才代表、交流推广工作经验成果，截至目前，已发布 260 余篇人才工作宣传稿件。

二是扩大人才工作宣传半径。通过在县城中心户外广告栏、各单位 LED 屏幕和全县酒店、景区、高铁站等公共场所滚动轮播中央和省人才政策、语录和口号，对优秀人才、“候鸟”人才事迹和大型招聘会等进行宣传，进一步提升人才政策和人才工作知晓度。

七、文昌市人才吸引力分析

（一）基本情况

文昌市位于海南省东北部，东、南、北三面临海，陆地总面积 2459.98 平方千米，海域面积 5245 平方千米，海岸线 303.4 千米，辖有

17个镇、229个村委会、2个农场、2918个自然村、3955个村民小组①。2022年文昌市实现地区生产总值343.99亿元，同比增长3.9%②。

文昌文化底蕴深厚，是海南闽南文化发源地，有“一里三进士”的说法。文昌旅游资源丰富，有包括深水良港木兰港在内的40个沿海天然大小湾，海域范围内有大小岛屿43个；有被称为“琼东第一峰”的铜鼓岭，有幽邃迷人的石头公园，有蓬莱仙境般的七洲列岛，有被称为“海上森林公园”的八门湾百里红树林，有日流量为3000立方米的“高硅高锶”型“官新”温泉，有600多年历史的孔庙，有近300年保持完整的“中国历史文化名村”会文十八行村，有举世闻名的宋氏祖居，有建于民国时期的铺前骑楼老街，文昌还是我国最大的开放式低纬度滨海航天发射场所在地。文昌气候宜人、生态环境优美，常年平均气温23.9℃，终年无霜，四季常绿。文昌盛产美食，有珍奇海鲜、美食佳肴，“文昌鸡”位列海南四大名菜之首，“文昌椰子”获原农业部农产品地理标志认证，素有“海南椰子半文昌”的美誉。文昌区位优势明显，距省会海口市60公里，距美兰机场仅40公里；方便快捷的东环铁路途经文昌，随着海文大桥建成通车，文昌与海口市将实现同城一体化发展③。

（二）产业发展与战略定位

文昌市紧扣新发展理念，着眼于构建新发展格局，找准文昌在海南自由贸易港建设中的定位，打造“一城三地”，推动文昌经济社会高质量发展。一城指国际航天城，三地指海南自由贸易港开放创新高地、琼北旅游目的地、国家南海服务战略保障基地。

产业方面，一是坚持创新驱动，全力推进文昌国际航天城建设。坚持创新驱动发展，强化科技战略支撑，高质量、高标准建设文昌国际航天城，重点打造航天领域重大科技创新产业基地、空间科技创新战略产业基地、融合创新示范产业基地、航天国际合作产业基地，将文昌国际航天城

① 文昌市人民政府——文昌市简介，http://wenchang.hainan.gov.cn/wenchang/wcsjj/202312/a45794747bfe4bee96ade6ad0f27d095.shtml?ddtab=true。

② 2022年文昌市经济运行情况，http://wenchang.hainan.gov.cn/wenchang/dcfx/202302/32185971b71f4dc18295a844ce23935a.shtml。

③ 同①。

打造成高质量发展的重点园区、融合发展的重要载体、国际交流合作的重要平台、制度创新的重要试验田以及产业化、智能化、国际化、生态化的重要样板和文昌发展的核心引擎。二是建设国际旅游消费中心示范区，打造琼北旅游目的地。发挥航天、侨乡、椰乡等优势，加快建设旅游公路和旅游驿站，将航天航空、休闲度假、文化体验、乡村游览等作为旅游发展的重点领域，构建“航天+旅游”模式，形成“处处有旅游、行行搞旅游”的“大旅游”格局，打造国际旅游消费中心示范区、全域旅游示范市。三是发展壮大现代服务业，构建现代服务业体系。围绕康养医疗、文化体育、教育培训、金融服务等重点领域，聚焦现代服务业高质量发展，聚力发展生活性服务业，培育发展生产性服务业，提振文昌现代服务业创新发展能力，深化供给侧结构性改革，对标国际最高程度开放水平，构建文昌现代服务业体系①。

为加强文昌市的基础建设以及集聚人才，文昌建设了多个人才平台，例如文昌国际航天城、约亭产业园、文昌冯家湾现代化渔业产业园、文昌市国家现代农业产业园等产业园区。

（三）文昌市人才吸引力指标评述

文昌市人才吸引力综合指数得分为68.25，在全省18个市县中处于第七名（见表3-37）。从各项指标来看，文昌市人才规模较好，人才投入、政策环境、经济环境、生活环境略显不足。

表3-37　文昌市人才吸引力指数

市县	人才规模指数排名	人才投入指数排名	政策环境指数排名	经济环境指数排名	生活环境指数排名	综合指数	
						分数	排名
文昌市	4	9	9	6	9	68.25	7

1. 人才规模指数

人才规模指数得分为6.15，排名全省第四，同时二级指标就业人数指数排名第五，人才总量指标排名第三（见表3-38）。

---

① 文昌市国民经济和社会发展第十四个五年规划和二〇三五年远景目标纲要，http://wenchang.hainan.gov.cn/wenchang/ghxx1/202110/890a553aa9fc4ef9bee1b4f23de988d9.shtml?ddtab=true。

表 3-38 文昌市人才规模指数

一级指标	指数排名	二级指标	指数排名
人才规模	4	就业人数	5
		人才总量	3

在扩大人才规模方面，文昌市突出重点，积极做出许多举措来扩大人才规模。一是抓好人才招聘。引导全市各用人单位积极响应招才引智活动，累计举办线下招聘会 20 余场、线上招聘会 20 余场，共有 1000 多家企业参与，提供岗位总计 2.3 万个，帮助企业和人才实现精准对接。二是立足需求，加强柔性引才。通过技术教学、手术指导、短期坐诊等形式，柔性引进一批高层次卫生技术人才，3 家市直医院全年柔性引进高层次卫生技术人才 10 余名。

2. 人才投入指数

人才投入指数得分为 16.72，排名全省第九，同时二级指标人均财政科学技术支出排名第五，人均财政教育支出排名第六，人均财政卫生健康支出排名第八，人均财政文旅支出排名第十（见表 3-39）。

表 3-39 文昌市人才投入指数

一级指标	指数排名	二级指标	指数排名
人才投入	9	人均财政科学技术支出	5
		人均财政教育支出	6
		人均财政卫生健康支出	8
		人均财政文旅支出	10

在加大人才投入方面，文昌市实施创新驱动，强化科技创新，重点领域亮点突出。与国家航天局、中国科学院空天院、西北工业大学、中国水产科学研究院等科研院所联合挂牌成立 4 个新型研发机构并实质性运行，创建省级事业单位海南省航天技术创新中心。高新技术企业达 29 家，增长 81.25%，技术合同成交额 2056.7 万元，增长 245.66%，R&D 投入 1.92 亿元，同比增长 47.36%，超额完成省下达任务①。

① 2023 年文昌市政府工作报告，http：//wenchang.hainan.gov.cn/wenchang/1600/202302/bf40abb6548c4d1a8f694f926ef0814e.shtml。

虽然在科技投入上，文昌市在全省拥有不错的排名，但是从卫生健康及文旅支出来看，人才投入仍有提升的空间。建议扩大基本公共卫生服务项目的覆盖范围和内容，完善多层次医疗保障体系，扩大医保基金规模，提高医保报销比例和支付限额，减轻群众医疗负担。同时通过政策引导和财政支持，吸引社会资本投入卫生健康和文旅产业，推动这些产业的发展，更好吸引人才。

3. 政策环境指数

政策环境指数得分为 8.88，排名全省第九，同时二级指标人才对政策吸引力满意度排名第十三，人才对现有政策落实服务满意度排名第十三（见表 3-40）。

表 3-40　文昌市政策环境指数

一级指标	指数排名	二级指标	指数排名
政策环境	9	人才对政策吸引力满意度	13
		人才对现有政策落实服务满意度	13

在改善政策环境上，文昌市采取许多举措。一是制定印发《文昌市柔性使用人才实施办法》等制度措施，同步对 2008 年以来引进高层次人才和加快人才引进培养等政策进行梳理整合，进一步完善政策体系，以制度的刚性保障人才资源开发。二是结合文昌市实际情况，发布《文昌市 2022 年人才工作要点》，围绕人才工作水平、搭建引育平台、人才队伍建设、人才工作保障、人才工作氛围五大部分 34 项内容，进一步细化分解工作目标任务，明确了各部门人才工作思路和具体要求，加强对相关部门人才工作落实情况的督查和考核，不断提高人才工作科学化水平。

尽管文昌市在改善政策环境方面做了许多工作，但相较二类市县来说排名靠后。建议进一步提高政策的透明度，及时发布相关政策文件、解读和说明，利用官方网站、社交媒体等多种渠道公开政策信息，避免信息不对称导致的误解和不满。同时建立健全政策执行效果评估体系，定期开展第三方评估，设立便捷有效的反馈渠道，收集社会公众对政策的意见建议，根据反馈结果适时调整和完善政策。

4. 经济环境指数

经济环境指数得分为 13.81，排名全省第六。同时二级指标人均 GDP

排名第八，人均居民可支配收入排名第五，城镇人口比重排名第三（见表 3-41）。

表 3-41　文昌市经济环境指数

一级指标	指数排名	二级指标	指数排名
经济环境	6	人均 GDP	8
		人均居民可支配收入	5
		城镇人口比重	3

在改善经济环境方面，文昌市坚持“项目为王、招商为重、落地为大”，成立文昌市重大项目领导小组，建立“四个一、两个限”工作机制，统筹推进项目投资工作。招商引资成果显著，累计完成招商引资签约项目 60 余个，签约项目涉及数字经济、冷链物流、新能源利用、食品加工、旅游开发等领域。市委、市政府主要领导率队赴东南亚国家、粤港澳大湾区等地开展招商考察活动共 50 余次；组织推介活动共 30 余场，举办 2023 年第九届海南文昌南洋文化节圆桌论坛等活动共 8 次。同时落实“消费提振年”相关政策，聚焦汽车、家电、家居、餐饮“四大金刚”重点消费，开展暑期夜市促消费等系列活动。派员常驻市政务服务中心国际投资“单一窗口”，外资吸引力不断增强①。

虽然文昌市在改善经济环境方面采取了一些举措，但整体来看，文昌市的经济环境与全省其他各市县相比还略有不足。建议制定更具文昌特色和吸引力的招商政策，吸引国内外资本来文昌投资兴业。同时利用“航天发射”的金字招牌，丰富航天主题旅游产品和体验内容，办好文昌航天嘉年华等航天文旅活动吸引国内外游客，打造特色产业提振经济。

5. 生活环境指数

生活环境指数得分为 22.69，排名全省第九，同时二级指标中等职业教育师生比排名第七，普通中小学师生比排名第九，社会保险参保人员比率排名第十五，人均社区服务机构数量排名第四，空气质量综合指数排名第十二（见表 3-42）。

---

① 2023 年文昌市政府工作报告，http：//wenchang. hainan. gov. cn/wenchang/1600/202302/bf40abb6548c4d1a8f694f926ef0814e. shtml。

表 3-42　文昌市生活环境指数

一级指标	指数排名	二级指标	指数排名
生活环境	9	中等职业教育师生比	7
		普通中小学师生比	9
		社会保险参保人员比率	15
		人均社区服务机构数量	4
		空气质量综合指数	12

在改善生活环境方面，文昌市加大教育人才引进力度，从全国选聘文昌中学校长。新增优质义务教育学位 1000 余个，临聘教师待遇提高[①]。引入先进教学理念，在全市中小学、教培中心组建 5 家名师工作室，开展沪琼教学交流、省市联合教学研究、校内课堂诊断、教师对口帮扶等工作，充分发挥了名师示范引领和辐射带动作用，最大限度地拓宽教师发展渠道，为促进文昌教育发展提供强力措施保障。

虽然在教育方面，文昌市采取了许多举措，为教育发展提供了强有力的支撑，但整体来看，文昌市的生活环境还有待改善，文昌市应采取相应措施，让人才安心地留下来，例如，加强社区基础设施建设，提高社会人员参保比例等，为市民创造更加美好的生活环境。

（四）文昌市人才工作的进展和经验

文昌始终坚持党管人才原则，为树立全市人才工作“一盘棋”的意识，抓好全市人才工作统筹，制定出台更加积极有效的人才政策，推动各项人才工作走深走实。

1. 高度重视，统筹规划，全面加强人才工作

一是加强组织领导。召开市委人才工作领导小组工作例会，传达学习习近平总书记在中央人才工作会议重要讲话精神和省委人才工作会议精神，认真研究文昌市人才工作的重点、难点问题。针对柔性引才、全年工作要点、全市人才数据统计、人才引进和培养等内容进行专题研究。

二是完善人才工作运行机制。制定印发《文昌市柔性使用人才实施办

① 2023 年文昌市政府工作报告，http：//wenchang. hainan. gov. cn/wenchang/1600/202302/bf40abb6548c4d1a8f694f926ef0814e. shtml。

法》等制度措施，同步对2008年以来引进高层次人才和加快人才引进培养等政策进行梳理整合，进一步完善政策体系，以制度的刚性保障人才资源开发。

三是抓好人才工作统筹规划。结合文昌市经济社会发展实际，对全年人才工作进行系统周密部署，围绕人才工作水平、搭建引育平台、人才队伍建设、人才工作保障、人才工作氛围五大部分，进一步细化分解工作目标任务，明确了各部门人才工作思路和具体要求，加强对相关部门人才工作落实情况的督查和考核，不断提高人才工作科学化水平。

2. 加强引进，优化培养，发展壮大人才队伍

一是突出重点，抓好人才招聘。举办“聚四方之才　共建全域航天城”高校毕业生专场招聘会，动员文昌国际航天城管理局等53家用人单位赴北京、重庆等高校举办“百场万岗”等招才引智活动，为推动各行业高质量发展注入源头活水，帮助企业和人才实现精准对接。

二是立足需求，加强柔性引才。通过技术教学、手术指导、短期坐诊等形式，柔性引进一批高层次卫生技术人才，3家市直医院全年柔性引进高层次卫生技术人才10余名。通过“候鸟人才义务教育服务项目”三年实施规划等项目，柔性引进高层次人才主持名师工作室，带动帮扶各乡镇小学教师，持续发挥柔性引才作用，为全市教育医疗系统提供人才智力支持。形成“候鸟人才+党建帮扶”可复制、可推广模式，“候鸟”人才服务发展成效明显，2023年柔性引进高层次人才13名。

三是多种形式做好人才培养。开展万名技能人才培养工程，确保职业技能培训不断档，根据文昌本地经济发展特点，举办特色培训班70余个，如开展致富带头人、电商直播技能培训、乡村教师教育教学能力提升培训等人才专题培训班。落实线下职业培训6000余人次，教育医疗行业累计开展培训40余期，累计参训2万余人次。

四是中医人才能力建设。以能力提升建设年为契机，将“中医人才队伍发展项目攻关”列入揭榜挂帅第一批榜单项目。通过不断加强中医人才队伍建设，发挥文昌市中医院龙头作用，每年定期培养超100名中医药人才，进一步强化中医药适宜技术在基层的推广普及和规范应用，不断满足群众对中医药医疗保健服务需求。

五是组团服务促进基层教育卫生发展。围绕中心工作加大人才培训力

度，制定出台《文昌市深化基层教育卫生专业技术人才激励机制改革实施办法》等“1+2+N”政策文件，为基层专业技术人才引育留用奠定基础。借助市专家联合会和市博士服务工作站资源，通过医疗博士组团的方式向基层输送人才资源，将优质人才资源转化为基层卫生事业发展的“新动能”，持续夯实基层卫生人才队伍，同时以博士专家带团的形式，带动基层专业技术队伍能力极大提升；“候鸟”名师黄宗胤以工作室成员为班底，带领市一小、文城中心小学等多所小学教师以组团的形式开展送教下乡活动，深入研究在课堂中如何落实新课标等重要内容，发挥名师工作室团队示范引领作用，促进教育均衡发展，实现教育资源共享，完成教育经验帮扶，让各级教师共同成长。

3. 围绕重点，搭建平台，全力营造干事创业氛围

一是成立文昌市专家联合会。联合会成立首批吸纳60余名专家会员，涵盖教育、医疗、农业、建筑工程、电力电信等多个领域，努力打造成科技协同创新平台、成果转化对接平台，走访传味文昌鸡、福耀玻璃、市农技中心等10余家企事业单位，共收集部门项目需求、专家服务领域信息10余条。

二是成立渔业创新研究中心。充分发挥中国水产科学研究院的科研技术和人才优势，依托文昌市冯家湾现代化渔业产业园的资源禀赋和优惠政策，助推海南省渔业现代化，加快南繁水产种业发展，促进科技成果在海南省的转化推广。

三是组建高层次人才工作室。引入先进教学理念，在全市中小学、教培中心组建名师工作室，开展沪琼教学交流、省市联合教学研究、校内课堂诊断、教师对口帮扶等工作，充分发挥了名师示范引领和辐射带动作用，最大限度地拓宽教师发展渠道，为促进文昌教育发展提供强力措施保障。

四是巩固省级示范站点。充分发挥清澜、龙楼两个“候鸟”人才工作站的载体作用，下沉社区基层，实现“候鸟”人才入库960余人，积极引导“候鸟”人才工作站创建创业孵化基地，着力将“候鸟”人才工作站打造成人才服务综合体。开展“候鸟”人才进校园支教活动，发挥“候鸟”人才余热，助力文昌教育事业发展。清澜“候鸟”人才工作站和龙楼“候鸟”人才工作站都被评为省级“候鸟”人才工作站示范站点，其中清澜

“候鸟”人才工作站连续两年被评为优秀示范站。

五是海南省航天科技创新中心成立。航天科创中心以推动航天领域关键共性技术研发为核心，通过产学研协同促进科技成果转化和产业发展，充分发挥专家委员会在技术和人才等方面的优势，全面推进航天火箭技术生态链、卫星技术链和数据应用链的构建。

4. 完善措施，强化服务，营造人才发展环境

一是提升人才服务保障水平。在全省建立镇级高层次人才服务联络员队伍，设立人才服务窗口，发展乡村人才服务，加强乡村人才服务保障，把人才服务触角延伸到基层一线。强化人才服务“单一窗口”和“12345”政府服务热线等载体建设，认真落实人才工作企业首席服务专员制度，提供标准化、专业化、便捷化的人才服务。

二是加大支持政策落实力度。印发《文昌市急需紧缺人才认定管理办法》，不断推动产业链与人才链融合发展。开展 7 次人才政策进园区、高层次人才服务“面对面”活动，深入企业送政策、送关怀、送服务，帮助企业和人才解决急难愁盼问题。积极回访、解决人才服务各类问题，做好高层次人才的监管与服务保障，不断提升服务水平和人才满意度。

三是扩大人才工作宣传范围。借助文昌人才公众号，定期发布人才工作相关新闻，推出《聚四方之才　共建自贸港》专题报道，通过不同宣传媒介发布优秀人才事迹 10 余篇。充分运用自媒体、移动平台形成宣传合力，在新华网、人民网等国家级、省级媒体刊发工作信息宣传稿 30 篇。持续开展“最美科技工作者”“有突出贡献的优秀专家”评选工作，借助“西部之光”项目，向全国发达地区输送优质访问学者。在全市引起较好反响，营造激励人才创业干事的良好氛围。

八、琼海市人才吸引力分析

（一）基本情况

琼海市位于海南省东部沿海，陆地面积 1710 平方公里，海域面积 1530.8 平方公里。现辖 12 个镇，5 个居，204 个村（居）委会，一个专属经济区（华侨农场）。旅居世界 28 个国家和地区的华侨华人及港澳台同胞 55 万人，素有“文化之乡”“华侨之乡”“文明之乡”美誉，是充满传奇

色彩的红色娘子军故乡、博鳌亚洲论坛永久会址所在地、著名的中国温泉之乡①。全市常住人口 51.57 万人，2022 年 GDP 达 356.9 亿元，同比增长 0.3%②。琼海是海南东部的交通枢纽和中心城市。这里拥有“一机场一高铁三高速四港口”，可以说是海陆空齐备。

琼海市背山面海，母瑞山余脉自西向东延伸而入，构成了全境地势自西向东倾斜的特点。东南部为平原地带，中部和北部为台地、丘陵地带，西部与西南部多为山区和半山区，分别占总面积的 25%、43%、32%。地势西高东低，台地、平原多，地势平缓，山地少，陡坡地比例小。全市土壤分类为 11 个土类，16 个亚类，45 个土属，105 个土种。主要土类为稻土、砖红壤、潮沙泥土、滨海沙土、赤红壤等。境内河流众多，水资源丰富，水质优良。境内主要水系有 3 条：九曲江、万泉河、新园水。其中万泉河是海南岛第三大河，境内干流长 81.5 千米，集雨面积 1151.21 平方千米，过境集雨面积 2532.01 平方千米。共有海岛及其附属岛屿 44 个，海岛类型为基岩岛与沙泥岛，贯穿于潭门、博鳌、长坡 3 个沿海镇，其中省政府立碑的海岛有 8 个（东屿岛、西边岛、边溪岛、圣公石、白石岛、千舟岛、大乐岛、石鼻岛）。其中东屿岛面积较大、开发利用价值较高，为博鳌亚洲论坛的永久会址所在地③。琼海市北距省会海口市 78 公里，南距三亚市 163 公里，是海南东部的交通枢纽，海榆东线、岛东高速公路和海南东环高速铁路贯穿全境④。

（二）产业发展与战略定位

“十四五”期间，琼海以“三地两区一中心”的发展定位，建设“产业强、城乡美、百姓富、社会和”的海南东部中心城市。“三地两区一中心”即国际医疗健康产业新高地、国际旅游会展目的地、国际公共外交基地、国家乡村振兴战略示范区、国家生态文明战略示范区、国际经济文化

① 琼海市人民政府——琼海概况，https://qionghai.hainan.gov.cn/zjqh/qhgk/202008/t20200812_2832612.html。

② 2022 年琼海市经济运行分析，https://qionghai.hainan.gov.cn/zfxxgkzl/bm/tjj/gkml/202302/t20230228_3368399.html。

③ 琼海市人民政府——自然地理，https://qionghai.hainan.gov.cn/zjqh/zrdl/201810/t20181020_305703.html。

④ 琼海市人民政府——基础设施，https://qionghai.hainan.gov.cn/zjqh/jcss/201810/t20181020_305755.html。

合作交流中心[1]。在产业发展方面，一是做强做优旅游消费产业。坚持以打造全域旅游示范区为目标，推进“点、线、面”相结合，突出红、绿、蓝“三色”文化及侨乡文化旅游资源，重点发展会展旅游、医疗康养旅游、红色旅游、美丽乡村旅游、滨海度假旅游等五大旅游品牌，积极拓展旅游消费业态，打造具有世界影响力的国际旅游消费重要目的地。二是发展壮大现代服务业。以现代物流、现代金融、教育培训、现代批发零售和特色住宿餐饮、家政和养老服务为重点，促进服务业和服务消费优化升级。三是培育发展高新技术产业。坚持科技创新驱动，为相关领域的科学研究和新技术、新工艺、新产品、新服务研究开发提供基础支撑，推动琼海高新技术产业发展，打造创新型城市[2]。

琼海为了给人才创造良好的干事创业环境，打造高质量产业平台，如博鳌乐城国际医疗旅游先行区、博鳌亚洲论坛特别规划区、富海产业园区、大路农产品精深加工片区、5G 试点城市+车联网先导区等产业园区。在产业发展方面，着力推进医疗健康产业、旅游文体产业、会议会展业、热带高效农业和海洋渔业、高新技术产业等特色产业。

（三）琼海市人才吸引力指标评述

琼海市人才吸引力综合指数得分为 66.79，在全省 18 个市县中处于第八名（见表 3-43）。从各项指标来看，琼海市的人才投入、经济环境和生活环境排名相对靠前，人才规模和政策环境排名均靠后。

表 3-43　琼海市人才吸引力指数

市县	人才规模指数排名	人才投入指数排名	政策环境指数排名	经济环境指数排名	生活环境指数排名	综合指数	
						分数	排名
琼海市	10	7	15	7	7	66.79	8

1. 人才规模指数

人才规模指数得分为 5.72，在全省 18 个市县中排名第十，二级指标

① 引领东部区域打造海南经济社会发展“第四极”，https：//www.hainan.gov.cn/hainan/sxian/202101/bb039319867e46d1acfe70be90fe332f.shtml。

② 琼海市国民经济和社会发展第十四个五年规划和二〇三五年远景目标纲要，http：//plan.hainan.gov.cn/sfgw/ssiwgh/202110/2bef44c5d1ab425f9f5cf0d73e3f39d8/files/1a3b910477f04537b4564846b48169c2.docx。

就业人数指数排名第八，人才总量指数排名第十一（见表3-44）。

表3-44 琼海市人才规模指数

一级指标	指数排名	二级指标	指数排名
人才规模	10	就业人数	8
		人才总量	11

在人才规模方面，琼海市加大引才力度，依托教育、医疗、会展、旅游、农业等领域优势资源，组织参加省“百场万岗”2023年校招活动。组织参加2022届公费师范毕业生供需见面会、海南医学院2022高校毕业生留才专场招聘会，举办事业单位公开招聘、“稳就业、保就业、促发展”招才引智网络招聘会等系列线上线下招聘活动共50余场次，新增引进人才6000余人。支持中国（海南）南海博物馆、人民医院、中医院、农业农村局等柔性引进专家人才，解决医疗、农业、文博等领域人才和技术需求难题，累计柔性引进使用“候鸟”人才60余人。

虽然琼海市在招才引智方面做了许多工作，但整体来看，琼海市的人才规模指数较为落后。建议制订针对不同领域和层次的人才引进计划，有目的、有重点地引进急需的高层次人才和紧缺专业人才。

2. 人才投入指数

人才投入指数得分为16.93，在全省排名第七，同时二级指标人均财政科学技术支出排名第十二，人均财政教育支出排名第九，人均财政卫生健康支出排名第六，人均财政文旅支出排名第六（见表3-45）。

表3-45 琼海市人才投入指数

一级指标	指数排名	二级指标	指数排名
人才投入	7	人均财政科学技术支出	12
		人均财政教育支出	9
		人均财政卫生健康支出	6
		人均财政文旅支出	6

近年来，琼海市加大人才投入力度，更加突出规划引领，高标准编制全市产业发展规划，着力搭建富海产业园区、大路农产品加工园区等发展平台，启动博鳌机场临空经济区控规编制，围绕乐城医疗健康、博鳌会议

会展两大主轴心，统筹布局旅游、热带特色高效农业、高新技术、航空服务等产业，产城融合迈向深度发展①。建设琼海市创业孵化基地，以“人才+”模式培育壮大本土人才队伍。

虽然在人才投入方面，琼海市搭建了许多产业平台，为人才提供了硬件支撑。但是整体来看，琼海市的人才投入与全省相比亟待提高。政府可以通过政策引导和财政支持，引导社会资本加大对人才培养和引进的投入，形成政府、企业和社会共同参与的人才投入机制。

3. 政策环境指数

政策环境指数得分为7.20，在全省排名第十五，同时二级指标人才对政策吸引力满意度排名第十五，人才对现有政策落实服务满意度排名第十五（见表3-46）。

表3-46　琼海市政策环境指数

一级指标	指数排名	二级指标	指数排名
政策环境	15	人才对政策吸引力满意度	15
		人才对现有政策落实服务满意度	15

琼海为进一步加强对人才政策落实的服务力度，出台《琼海市2022年人才工作要点》《琼海市贯彻落实〈关于推进海南自由贸易港乡村人才振兴的十条措施〉的任务清单》，实行“月跟踪、季汇报、年考核”工作推进机制，推动人才工作各项任务高效落实。精心提供全方位人才服务，联合行业部门和用人单位建立“事前、事中、事后”全流程服务机制，构建拴心留才优质环境。

虽然琼海市在改善政策环境方面采取了许多举措，但整体来看，琼海市的政策环境还是处于落后地位，应积极推动政策落实、加强政策宣传和培训、制定有效的考核机制，建立有效的激励机制，提升琼海在政策环境方面的吸引力。

4. 经济环境指数

经济环境指数得分为13.79，在全省排名第七，同时二级指标人均

① 2023年琼海市政府工作报告，https：//qionghai.hainan.gov.cn/xxgk/zfgzbg/szfgzbg/202303/t20230330_3389893.html。

GDP 排名第五，人均居民可支配收入排名第六，城镇人口比重排名第九（见表 3-47）。

表 3-47 琼海市经济环境指数

一级指标	指数排名	二级指标	指数排名
经济环境	7	人均 GDP	5
		人均居民可支配收入	6
		城镇人口比重	9

琼海市在改善经济环境方面，一是推出经济恢复提振 32 条等超常规举措，全市地区生产总值实现正增长，多项指标虽短暂触底但较快回升。二是大力抢抓项目投资。成立重点项目前期谋划专班，加快构建项目从生成到落地的全过程政策体系，储备政府投资项目近 300 个，计划总投资 491.3 亿元，较专班成立前增长 220.3%。三是精准发力招商引资。出台“1+6”系列招商政策，成立帮办代办专项组优化招商服务，成立产业招商中心和国企平台招商运营公司，与亚论会务公司等联合招商，引进 500 万元以上项目 73 个，总投资 118.2 亿元①。

5. 生活环境指数

生活环境指数得分为 23.15，在全省排第七，同时二级指标中等职业教育师生比排名第五，普通中小学师生比排名第十，社会保险参保人员比率排名第十三，人均社区服务机构数量排名第十一，空气质量综合指数排名第十（见表 3-48）。

表 3-48 琼海市生活环境指数

一级指标	指数排名	二级指标	指数排名
生活环境	7	中等职业教育师生比	5
		普通中小学师生比	10
		社会保险参保人员比率	13
		人均社区服务机构数量	11
		空气质量综合指数	10

① 2023 年琼海市政府工作报告，https：//qionghai.hainan.gov.cn/xxgk/zfgzbg/szfgzbg/202303/t20230330_3389893.html。

在改善生活环境方面，琼海市采取了许多举措，如推行“学区+人才”模式，破解城乡人才资源配置不均衡难题。率先在全省推行学区制管理改革，以“1+X”模式组建中小学学区8个，通过创新“一托三+N”授课模式，解决农村学校教师缺编、结构不合理、整体素质偏低的问题，实现优质教育资源全覆盖。

虽然琼海市在改善中小学教育方面采取了许多举措，但是整体来看，琼海市的生活环境与全省其他市县相比有待进一步加强。政府可以出台相关优惠政策，如对按时参保的企业或个人给予一定的奖励或税收减免，激励更多人参与社会保险。除此之外，还应加大对社区服务机构的投入力度，提供足够的资金支持，用于基础设施建设、人员培训和活动开展。通过以上措施，改善生活环境和生活质量，促进社区的和谐与稳定，推动社会的持续发展。

（四）琼海市人才工作的进展和经验

1. 加强领导，不断健全工作体制机制

一是完善人才工作领导机制。将市委人才工作委员会更名为市委人才工作领导小组，制定印发《中共琼海市委人才工作领导小组工作规则》等文件，不断提升人才工作规范化、制度化水平。

二是健全人才工作推进机制。召开市委人才工作会议、市委人才工作领导小组会议，出台《琼海市人才工作要点》《琼海市基层教育卫生专业技术人才激励机制改革总体方案》《琼海市贯彻落实〈海南自由贸易港2023年人才引进工作方案〉若干措施任务清单》等综合性文件，实行“月报送、季调度、半年督导、年度考核”工作推进机制，推动人才工作各项任务高效落实。

三是深化人才工作“放管服”改革。承接用好省级下放的中级专业技术资格评定权限，有序组织2023年度高层次人才认定、职称评审和认定工作，认定高层次人才80余名，开展专业技术人员职称认定180人，职称评审通过220余人，流动确认5人。

2. 招才引智，不断聚集优质智力资源

一是依托教育、医疗、会展、旅游、农业等领域优势资源。组织参加首届中国（海南）人才交流大会、“四城同办”校招活动、“回归家乡·

投身自贸港”返乡人才对接会、师生专场招聘会、“好医生”等省级招才引智活动22场次。携200余个事业编制岗位，赴与琼海市人才需求匹配度较高的湖南师范大学、山东中医药大学、湖北医药学院等10余所目标高校开展校园考核招聘。2023年以来，自主举办各类招聘活动70余场，全市引进大专学历以上人才4000人。

二是支持中国（海南）南海博物馆、人民医院、中医院、农业农村局等柔性引进专家人才。解决医疗、农业、文博等领域人才和技术需求难题，2023年以柔性引进、项目合作、退休返聘等多种方式引进使用“候鸟”专家人才20余人。

三是支持中国（海南）南海博物馆“候鸟”人才工作站等三家市级“候鸟”人才工作站申报省级工作站。全市现有“候鸟”人才工作站5个，全年开展文化下乡、科普讲座等公益活动60余场次。

3. 开拓创新，不断扩大人才特色品牌效应

一是依托国家农业对外开放合作试验区政策优势，打造琼海市乡村振兴人才培养基地项目，撬动乡村振兴人才新支点。发挥“平台+人才”特色，依托“世界热带水果之窗”国家级专家服务基地、国家热带植物种质资源库珍稀果树分库等平台优势，建立育才孵化基地，与省内外10余名专家开展服务合作，共同助推产业和技术升级。

二是发挥“行业+人才”特色，扩大新奇特热带水果行业发展成果。支持基地同镇村开展集体经济种植合作项目，通过技术推广应用、经营管理培训等多种方式培养专业化、高素质农业技术和经营管理人才200余人，认定农村实用人才1100余人。

三是发挥“产学研一体化”特色。支持企业主体同上海华大基因、海南大学等科研院校开展项目合作、技术交流，创新“基地+项目+人才”开发模式，聚焦琼海市新奇特热带水果、油茶等优势产业，推荐盛大公司、琼海热带果树专家工作站、科技小院等基地入选国家级、省级基地（项目）。世界热带水果之窗基地取得新型实用专利22项，制定行业标准4项，推动基地专家人才在服务农业增效、农民增收、农村发展进程中发挥重要作用，形成多元化的乡村人才培养体系。

4. 提质赋能，不断提升人才培养质量

一是建强人才培养平台。支持建设颜业岸舞蹈美育名师工作室、张春

礼教授专家工作室、南海工匠动画技能大师工作室等37个人才工作室，建设琼海市创业孵化基地，以“人才+”模式培育壮大本土人才队伍。

二是凝聚专家人才智库。成立琼海市专家联合会，吸纳教育、卫生、农业、信息技术等行业专家60余名，形成推动琼海高质量发展的智慧合力。

三是凸显人才培养成效。聚焦教育、卫生、农业等行业发展需求，以政策理论、岗位实操等方式开展人才培训，累计培训3万余人次，有效提升各领域人才促发展能力。“三深化”“三确保”推动琼海基层教育卫生专业技术人才激励机制改革工作落地见效。推行“各基层医疗卫生机构之间差异化发放补贴”和“基层医疗机构内医务人员差异化发放补贴”制度，通过实行两个差异化，真正实现“多劳多得、优绩优酬”，凸显绩效正向激励作用，确保“留得住”“用得好”，为600余名基层卫生专技人才发放补贴200多万元。

5. 精准施策，不断优化人才服务

一是落实市领导联系服务重点专家制度。走访慰问重点专家26名，精准对接专家诉求，“一对一”解决问题，为高端“候鸟”专家解决购房、异地就医等后顾之忧，帮助解决高层次人才子女入学等问题。

二是精心提供全方位人才服务。联合行业部门和用人单位，建立“事前、事中、事后”全流程服务机制，构建拴心留才优质环境。建立人才服务帮办代办机制，研究出台《琼海市重点企业重点项目帮办代办机制》《琼海市开展“进企业解难题　送政策惠人才”活动工作方案》，与招商、市监等部门建立联动机制，将人才服务前移到企业一线，建立“项目+人才”一体引进、全程跟踪服务机制，累计走访企业67家。2023年为510余人发放引进人才住房补贴近300万元，拨付120余名高校直招专业技术人才和20余名公费师范毕业生安家补助费400多万元。

三是优化人才服务体制机制。优化人才服务“单一窗口”建设，新增认领8个人才服务事项。优化引进人才住房补贴办理流程，初次申请所需材料由11项优化为6项，再次申请简化为只需提交引进人才住房补贴承诺书，承诺办结时限由18个工作日减少到15个工作日。建设专业化人才服务队伍，在13个镇（区）各明确一名人才工作者，全市人才工作队伍扩大至50余人，推行每季度集中学习研讨制度，吃透用好人才服务政策。

九、万宁市人才吸引力分析

（一）基本情况

万宁市位于海南岛东南部沿海，陆地面积1883.5平方公里，海域面积2550.1平方公里，海岸线长109公里。现辖12个镇（含农垦改革后新设立5个居）、1个国有林场、1个华侨旅游经济区，共有207个行政村（社区）[①]。2022年末全市常住人口55.60万人[②]，2022年实现地区生产总值298.74亿元，同比增长2.4%[③]。

万宁有“世界长寿之乡”“中国冲浪胜地”“中国槟榔之乡”“中国书法之乡”“中国武术之乡”等美誉。近年来，万宁通过成功举办中非合作圆桌会议、国际冲浪赛、中华龙舟大赛、环岛自行车赛等一系列重大会议和品牌体育赛事，对外发布“多彩多情、万福万宁”的城市名片，城市美誉度和知名度得到显著提升。万宁地处热带和亚热带的交界处，属热带海洋性季风气候，生态优良，气候宜人，年平均气温24.8℃。109公里的海岸线上有10多个风景秀丽的优质海湾、2个神奇的内海、7个风光旖旎的岛屿和半岛，可发展养殖的海岸带和淡水水面30多万亩，盛产带鱼、马鲛鱼、金枪鱼、鱿鱼等多种优质鱼类。矿产资源主要有钛、锆、独居石、金红石、石英石等，其中钛矿储量占全省70%以上，占全国的一半，矿砂品位高，易采选。热作资源有菠萝、胡椒、槟榔、橡胶、咖啡、可可等。1600多个南药品种中，161个品种被列入全国重点中药资源普查品种，占海南省列入全国重点中药资源普查品种的80%左右，被誉为“南国天然药库”。东山羊、和乐蟹、港北对虾、后安鲻鱼被称为“万宁四珍”，其中东山羊、和乐蟹被列入海南“四大名菜”。此外，还有“海南第一山”东山岭，闻名遐迩的兴隆热带植物园，世界上面积最大的被誉为人类生物活化石的青

① 万宁市人民政府——万宁概况，https：//wanning.hainan.gov.cn/wanning/zjwn/wngk/200910/t20091008_1699612.html。

② 万宁市2022年国民经济和社会发展统计公报，https：//wanning.hainan.gov.cn/wanning/zfxxgk/sgbmgk/tjj/gkml/202308/P020230801652940484778.doc。

③ 万宁市2022年经济运行简况，https：//wanning.hainan.gov.cn/wanning/zfxxgk/sgbmgk/tjj/gkml/202303/t20230321_3383633.html。

皮林[①]。

（二）产业发展与战略定位

“十四五”时期，万宁市持续用好自贸港政策和万宁产业资源禀赋，坚持发展绿色、高效实体产业，创新实施“链长制”，打造热带高效农业、“旅游+”产业、新型工业、海洋经济4个百亿级产业链群，实现一二三产业互补融合发展，支持大健康、商贸物流等现代服务业齐头并进，推进农业供给侧结构性改革，融入以国内大循环为主体、国内国际双循环相互促进的新发展格局。

具体而言，一是做优做强热带高效农业。以调优品种结构、调精品质结构为引领，实施热作、水果、蔬菜、养殖四大特色优势农业提升工程，聚焦种苗和精深加工农业“微笑曲线”两端，构建“种苗繁育—规模化种植—初加工—精深加工—商贸物流”产业链。二是构建热带高效农业产业链。推动种植业养殖业向规模化现代化发展、食品加工业向精细化功能化发展、服务业向农产品商贸农旅融合发展，构建槟榔百亿级种植加工贸易产业链条，构建咖啡、热带水果十亿级三产融合产业链条，占领槟榔、咖啡、诺丽、菠萝、波罗蜜、面包果等细分赛道，培育一批“单项冠军”“小巨人”企业，建设热带农业现代化示范区。三是打造旅游消费新优势。坚持把万宁市作为一个大景区谋划布局建设，提高“吃住行游购娱”要素供给水平，发展“海陆空”体育运动游、“山林海”生态体验游、多样文化体验游、特色免税折扣购物游，保持海南旅游“第三极”优势，年接待旅游过夜人数达到800万人次、旅游总收入达到75亿元，助力形成百亿级“旅游+”产业链群。四是大力发展海洋经济。构建港航服务、冷链仓储、水产交易、水产加工、休闲渔业等港口经济产业，建设万亩级现代化水产养殖基地，发展休闲渔业和海上旅游，积极引导渔民往深海走、往工厂化走、往休闲渔业走，打造海洋经济百亿级产业集群。五是大力发展新型工业。坚持把工业稳增长作为经济发展的重要抓手，力争规上工业总产值突破140亿元大关。加快推进江南电缆、合盛硅业（万宁）研发加工制造中心、万宁智能制造工业互联网产业示范基地等项目建设，力促天使医检汽车、海力装配式建筑等一批重大项目竣工投产。持续抓好海上风电、光伏

---

① 万宁市人民政府——万宁概况，https：//wanning. hainan. gov. cn/wanning/zjwn/wngk/200910/t20091008_1699612. html。

发电等新能源产业，不断壮大低碳制造业体量[①]。

万宁市致力于为人才提供优质的创新创业环境，精心打造了多个产业平台。如万宁兴隆健康旅游产业园区、万宁乌场港冷链物流园、兴隆健康养生小镇、万宁咖啡加工基地、万宁海上风电装备基地、万宁市国家现代农业产业园等。

（三）万宁市人才吸引力指标评述

万宁市人才吸引力综合指数得分为64.90，在全省18个市县中处于第九名（见表3-49）。从各项指标来看，万宁市仅人才规模与经济环境指数排名相对靠前，人才投入、政策环境和生活环境排名较靠后，还存在较大的改进空间。

表3-49　万宁市人才吸引力指数

市县	人才规模指数排名	人才投入指数排名	政策环境指数排名	经济环境指数排名	生活环境指数排名	综合指数	
						分数	排名
万宁市	7	10	11	9	11	64.90	9

1. 人才规模指数

万宁市的人才规模指数得分为5.97，在全省排名第七。同时二级指标就业人数指数排名第六，人才总量指数排名第六（见表3-50）。

表3-50　万宁市人才规模指数

一级指标	指数排名	二级指标	指数排名
人才规模	7	就业人数	6
		人才总量	6

在扩充人才规模方面，万宁市采取了许多举措。一是发挥编制保障作用。出台《万宁市高层次人才和急需紧缺人才周转编制管理和使用办法（试行）》，建立“周转编制专户”，加大急需紧缺人才引进保障力度，2023年以来已保障市人民医院等单位引进人才10余名。

---

① 万宁市国民经济和社会发展第十四个五年规划和二〇三五年远景目标纲要，http：//plan.hainan.gov.cn/sfgw/ssiwgh/202110/dee0ec4c37c04f618a8cc0a3a86cd6b2/files/c49cabea83dc4b0b896ab9ddb4780cf6.docx。

二是坚持走出去“抢”人才。积极参与省级招才引智和对外交流活动7场。组织医疗、教育卫生招才小分队到高校招才共10场，举办各类市级招才引智活动14场。其中，组织用人单位积极参与省委、省政府主办的“百场万岗”校招系列活动，分别奔赴武汉、广州、北京等地抢招人才，共引进100余人；自行组织卫生、教育领域招才团队分别到中国医科大学、东北师范大学等9所高校设点抢招人才，共引进150余人；自行举办系列招才引智活动，共引进600余人。

三是柔性引进医疗领域知名专家，助推万宁市人民医院获得国家临床重点专科建设项目。

2. 人才投入指数

万宁市的人才投入指数得分为16.55，在全省排名第十，同时二级指标人均财政科学技术支出、人均财政教育支出、人均财政卫生健康支出均排名第七，处于全省平均水平，人均财政文旅支出排名第十三，较靠后，有较大的进步空间（见表3-51）。

表3-51　万宁市人才投入指数

一级指标	指数排名	二级指标	指数排名
人才投入	10	人均财政科学技术支出	7
		人均财政教育支出	7
		人均财政卫生健康支出	7
		人均财政文旅支出	13

在人才投入方面，万宁市创新激活发展动能。一是深入开展打赢科技创新翻身仗三年行动，印发《万宁市人民政府办公室关于印发万宁市促进科技创新发展的若干措施（修订版）的通知》，全力推动省级创新型市县创建，加大科技创新奖励扶持，推动12家科研主体申报奖励600万元；加大科技成果转化力度，完成技术合同认定登记33项，交易额超过1135万元；R&D投入1.88亿元，增长33.87%。加快创新市场主体培育，新增高新技术企业6家，累计高新技术企业10家，新增科技型中小企业11家，累计科技型中小企业20家。

二是科研平台建设取得阶段性进展，获批省部级科研平台及创新载体

5家，承担国家级、省部级科研项目39项[①]。

但其二级指标人均财政文旅支出排名在二类市县里处于末位，该指标是市县经济的重要组成部分，应进一步加大对文旅事业的投入力度，充分挖掘和利用自身独特的文旅资源，以提升城市的文化软实力和旅游吸引力。同时，市政府应注重提升公共文化服务和旅游产品的质量与效益，使人民群众能够从中获得更深的满足感和幸福感。各相关部门应加强协作，形成合力，共同推动文旅事业的高质量发展。

3. 政策环境指数

万宁市的政策环境指数得分为8.55，在全省排名第十一。同时二级指标人才对政策吸引力满意度排名第八，人才对现有政策落实服务满意度排名第十一（见表3-52）。

表3-52　万宁市政策环境指数

一级指标	指数排名	二级指标	指数排名
政策环境	11	人才对政策吸引力满意度	8
		人才对现有政策落实服务满意度	11

万宁市在改善政策环境方面，采取了许多举措。一是创新人才工作机制。制定出台“信用+‘候鸟’”人才认定等系列政策文件，有效解决了人才引进工作中存在的材料不齐全等难点堵点问题。

二是推进任务落实。根据省人才工作部署要求，研究制定出台《2023年万宁市人才工作要点》《万宁市2023年人才引进工作方案》《万宁市人才发展规划（2023—2025年）》等文件；用好人才督办落实机制，制定出台《万宁市2023年上半年人才工作目标责任制考核工作的通知》《万宁市2023年人才工作目标责任制考核工作的通知》。制定出台了《万宁市关于深化基层教育卫生专业技术人才激励机制改革工作方案》及教育、卫生领域专项方案，建立改革进展月报制度，坚持每月定期跟踪各责任单位进展情况并梳理汇总，持续推进基层教育卫生人才激励机制改革工作落细落实。

① 2023年万宁市政府工作报告，https：//wanning. hainan. gov. cn/wanning/zfxxgk/sgbmgk/zfb/zfb/202303/t20230308_3373602. html。

但是总体来看，万宁市的政策环境指数与其他二类市县相比排名较靠后，还有较大的进步空间。政策制定者需要深入了解人才的需求和期望，制定出符合人才需求的政策。政策内容应具有针对性、实用性和吸引力，能够满足人才在职业发展、技能提升、福利待遇等方面的需求。政策制定者还应对流程进行优化，减少不必要的环节和手续，提高服务效率和质量。同时，加强政策制定流程的透明度和公开性，让人才能够清晰地了解每一步的流程和要求，增加人才对政策的认同感和满意度，促进人才的全面发展。

4. 经济环境指数

万宁市的经济环境指数得分为 12.40，排名全省第九。同时二级指标人均 GDP 排名第十，人均居民可支配收入排名第八，城镇人口比重排名第十二（见表 3-53）。

表 3-53　万宁市经济环境指数

一级指标	指数排名	二级指标	指数排名
经济环境	9	人均 GDP	10
		人均居民可支配收入	8
		城镇人口比重	12

在改善经济环境方面，万宁市 2023 年固定资产投资增长 7.4%，投资结构优化明显，产业性投资占固定资产投资 31.6%，提高 1.4 个百分点。共签约中电建万宁漂浮式海上风电、万宁智能制造工业互联网产业示范基地等 17 个项目，投资金额 276.24 亿元，项目落地率创历史新高。出台全面加快企业复工复产 14 条措施，“六税两费”减征金额近 3500 万元，帮助企业和个体工商户获得贷款 5.72 亿元，有效助力企业复工达产。开展主题促消费活动，发放政府电子消费券，带动消费超 1.2 亿元①。

虽然在经济环境方面，万宁市采取了许多举措，但总体来看，万宁市的经济环境在二类市县里排名较靠后，尤其是在城镇人口比重方面，可以通过科学的城市规划和管理，提高城市的基础设施建设水平，优化城市环

① 2023 年万宁市政府工作报告，https：//wanning.hainan.gov.cn/wanning/zfxxgk/sgbmgk/zfb/zfb/202303/t20230308_3373602.html。

境，增强城市的吸引力和承载能力。例如，建设更多的住宅、商业和公共服务设施，提高城市的就业机会和生活品质，吸引更多的人口进入城市，此外，还可以加强农村经济的发展和乡村产业的培育，提高农村地区的生活水平和增加就业机会，减少农民向城市的流动压力。例如，发展特色农业、乡村旅游等产业，增加农民的收入来源，提高其生活品质。促进城乡一体化发展，缩小城乡差距，提高城镇的吸引力和承载能力，增加城镇人口比重。

5. 生活环境指数

万宁市的生活环境指数得分为 21.43，排名全省第十一。同时二级指标中等职业教育师生比排名第十二，普通中小学师生比排名第二，社会保险参保人员比率排名第十一，人均社区服务机构数量排名第十，空气质量综合指数排名第七（见表 3-54）。

表 3-54　万宁市生活环境指数

一级指标	指数排名	二级指标	指数排名
生活环境	11	中等职业教育师生比	12
		普通中小学师生比	2
		社会保险参保人员比率	11
		人均社区服务机构数量	10
		空气质量综合指数	7

在改善生活环境方面，万宁市组建了 4 个教育集团，以城区优质学校带动农村少数民族地区薄弱学校发展。推进人事制度改革，完成第一批“市管校聘”任务，引进和招聘优秀校长、各类教师 300 余名。还在全省率先探索“网格化+数字化”治理模式，促进生态质量持续优化，空气质量优良天数达 99.2%[①]。

万宁市为了改善生活环境采取了许多举措，但在中等职业教育方面还存在不足，中等职业学校可以通过改善教育资源的配置效能，挖掘资源潜力，合理配置人力、物力和财力等，优化学校的师生比例。

① 2023 年万宁市政府工作报告，https：//wanning.hainan.gov.cn/wanning/zfxxgk/sgbmgk/zfb/zfb/202303/t20230308_3373602.html。

（四）万宁市人才工作的进展和经验

万宁市始终以深化人才发展体制机制改革为主线，努力找准人才工作服务经济社会发展大局结合点，立足万宁实际，着眼长远强化顶层设计，着力构建更具万宁特色和优势的人才体制。

1. 加强顶层设计，人才工作机制不断完善

万宁相继出台《关于更好发挥万宁市“候鸟”人才作用的暂行办法》《万宁市人才子女入学一事一议实施办法（试行）》《万宁市劳模和工匠人才创新工作室命名管理暂行办法》《万宁市高层次人才和急需紧缺人才周转编制管理和使用办法（试行）》《万宁市推行“信用+候鸟人才认定”工作方案》《万宁市进一步优化人才服务实施办法（试行）》《万宁市定向医学生免费培养实施方案》等系列政策文件，有效解决了人才引进、“候鸟”人才使用、基层留才等工作中存在的难点堵点问题，贯彻落实党中央、省委关于人才工作的决策部署，组织市住建局、市卫健委、市公安局等行业主管部门，主动做好对接。抓好住房保障、医疗保障、人才落户、子女教育、配偶就业等人才政策落地落实，充分释放各项政策红利，用心栽好“梧桐树”，用情留住“金凤凰”。进一步优化健全人才工作机制体制，有效推动人才政策落地见效。

2. 强化人才引育留用，全力打造人才集聚新高地

一是精诚引才。坚持“线上+线下”“走出去+引回来”相结合，组织用人单位1100余家，累计发布30000多个岗位，引进人才2100余人，其中，组织用人单位参与省委、省政府主办的“百场万岗”校招系列活动，分别奔赴武汉、广州、北京等地“抢”人才100余人，自行组织卫生、教育领域招才团队到9所高校设点引才150余人。有效发挥全市12个“就业驿站”人力资源服务供给作用，帮助3600余名农村实用人才在家门口实现就业；建立万宁籍在校大学生资源库，积极为2023届毕业生征集、推荐就业岗位920余个，鼓励优秀学子回万宁干事创业。支持万宁市人民医院以柔性方式引进28名“候鸟”人才专家，加快补齐医疗人才短板，提升医疗科研水平，比如，柔性引进医疗领域知名专家，助推万宁市人民医院获得国家临床重点专科建设项目。

二是精细育才。认真落实西部学者、“515”人才计划、引才奖励申报

等人才重点工作任务，指导各领域人才申报人才培养项目，近年来已有34人入选国家级、省级育才计划；深挖本土人才潜力，持续对58名“万州系列”人才进行跟踪培养，打造具有本地特色的“万州系列”人才培育品牌。组织开展各类职业技能培训1450余场班次，累计培训人数超11万人次，有效提升了农村实用人才技能。举办“万州工匠”杯等职业技能大赛，开展技能考核鉴定114批次8300余人。

三是精心留才。制定出台“信用+‘候鸟’”人才认定政策文件，建立起以海南个人诚信积分“金椰分”为评价标准的人才认定应用场景，有效解决了基层留才的梗阻难题。成立人才服务专班，以面对面指导服务方式，加大高层次人才认定力度，目前，已认定D类及以上高层次人才50余人，E类高层次人才1000余人。

四是精准用才。牢固树立“不求我有，但求我用”的人才理念，通过多渠道提供平台，让各类“候鸟”人才“才”尽其用。比如，“候鸟”人才时一文创办凤凰希望书屋，组织美术、音乐、心理咨询师等各领域“候鸟”人才，深入乡村开展公益活动累计40余场，受益孩子5000多人次；“候鸟”人才刘景臣依托在万宁创办的海南神州金融科技产业基地，配合市政府成功招商注册企业累计20余家，现已有6家企业入驻经营，为万宁市政府创造税收200多万元。持续开展人才工作中“唯帽子”问题排查治理，坚持多元化多维度评价人才，努力创造一个“英雄不问出处”的干事创业环境。扎实推进职称管理及评审工作，完成420余人初中级专业技术资格评审（认定）。深化职称制度改革向农村和艰苦贫困地区倾斜，对在一线工作的专业技术人员，重点考察其实际工作业绩，适当放宽学历要求，引导人才队伍向基层流动，助力乡村振兴。

3. 细化人才服务保障，全心优化人才发展新生态

一是暖心激励。持续深化基层教育卫生专业技术人才激励机制改革，加大财政投入保障力度，共为550余名基层医疗卫生专业技术人员发放补贴390余万元，不断增强基层人才的获得感、幸福感、归属感。

二是悉心服务。出台《万宁市引进人才过渡性周转房暂行管理办法》，筹集20套人才过渡性周转房，着力保障引进人才的过渡性住房需求；实施“万州人才卡”服务制度，为全市高层次人才提供金融、医疗、文化休闲等16项服务；推行“马上办、网上办、就近办、一次办”的“四办”人

才服务新模式，深入企业开展人才政策宣讲服务活动 100 多场，帮助人才协调解决疑难问题 300 余个，全方位消除人才的“后顾之忧”，努力打造宜居宜业的人才发展环境。

三是用心宣传。组织拍摄 10 期优秀人才微视频，宣传人才在万宁医疗、教育、农业等各领域做出的突出贡献。借助《海南日报》、南海先锋网、《组织人事报》等省内外媒体以及市级媒体发布人才工作宣传稿件 300 多篇，充分展示万宁人才风采，全力营造尊才爱才敬才的良好氛围。

专题篇

上市公司是各行各业的风向标，是中国最优秀的龙头企业的集合，这个群体一定程度上代表行业的发展现状、繁荣程度、市场的竞争格局，甚至反映整个区域的经济走势、政策导向、社会认知等。海南自由贸易港自建设以来，以其独特的政策优势、地理区位优势和逐步完善的营商环境，吸引了大量企业和资本的关注与投入。上市公司是区域经济发展的重要推动力量，其在海南自贸港的发展状况不仅反映了该地区经济活力及产业结构优化升级的程度，也体现了自贸港在金融开放创新、人才集聚效应以及产业引导政策等方面的成效。

本部分通过对海南上市公司现状进行全面梳理，对比国内其他地区的相关数据，深入剖析海南自贸港上市公司在规模扩张、结构分布、人才结构、盈利能力等多个维度的表现。同时，结合海南自贸港的战略定位和发展目标，探讨如何进一步优化资源配置，加强政策引导，提升海南对上市公司的吸引力，从而有效促进上市公司群体的整体竞争力和可持续发展能力，为海南自贸港迈向更高层次的对外开放与高质量发展提供有力支撑。

一、海南自贸港上市公司数量及规模分析

（一）2022 年海南省上市公司数量位居全国第 27

2022 年是分步实施、全面推行股票发行注册制的关键一年。沿着 2018 年证监会开启的“试点先行、先增量后存量、逐步推开”的路径，先后在科创板、创业板和北京证券交易所试点注册制，打开了资本市场改革发展的新局面，全面注册制下，企业发行上市条件将大幅优化。注册制仅保留了企业公开发行股票必要的资格条件、合规条件，将核准制下的实质性门槛尽可能转化为信息披露要求，监管部门不再对企业的投资价值作出判断，资本市场注册制改革行稳致远。

全面推行注册制改革，上交所、深交所主板将是重中之重。改革后，主板将突出大盘蓝筹特色，重点支持业务模式成熟、经营业绩稳定、规模较大、具有行业代表性的优质企业。主板将设置多元包容的上市条件，比如不再要求连续三年盈利，但还是要求最后一年盈利。截至 2022 年底，全国共有 5079 家上市公司，上市公司的数量在沪深交易所分布均衡，新增公司进度也趋同步。分交易所来看，截至 2022 年 12 月 31 日，分别有 2174 家、2743 家、162 家上市公司在上交所、深交所、北交所上市[①]。

从全国来看，如表 4-1 所示，广东省 A 股上市公司的数量居于第一，达到 834 家，浙江、江苏、北京、上海次之，可以看出经济发达的地区上市公司数量较多，占据了上市公司的半壁江山。上市公司的数量反映的是优质企业的数量，优质企业数量越多，代表该地区的经济发展动力越足，而且这几个地区拥有丰富的资源和优越的地理位置，能够为上市公司的发

---

① 中国上市公司协会：《中国上市公司 2022 年发展统计报告》，第 2 页。

展提供有利环境，促进它们全面发展。数量集中的趋势不仅反映了当地经济发展的强劲势头和上市公司的区域集中度，也彰显了这个地区的创新能力与产业优势，区域经济发展动力澎湃。

表 4-1　各省份 2022 年 A 股上市公司数量及排名

排名	省份名称	上市公司数量（家）	排名	省份名称	上市公司数量（家）
1	广东	834	17	天津	70
2	浙江	657	18	重庆	70
3	江苏	637	19	新疆	59
4	北京	460	20	吉林	49
5	上海	422	21	云南	42
6	山东	291	22	广西	40
7	福建	170	23	山西	40
8	四川	169	24	黑龙江	40
9	安徽	161	25	甘肃	36
10	湖南	138	26	贵州	35
11	湖北	138	27	海南	28
12	河南	107	28	内蒙古	26
13	辽宁	86	29	西藏	22
14	江西	77	30	宁夏	15
15	陕西	75	31	青海	11
16	河北	74			

如表 4-1 所示，海南省 2022 年的上市公司有 28 家，仅占全国上市公司总数的 0.55%，在全国排名第二十七。海南省自贸港建设以来，上市公司数量稳定增加，2021 年突破了前三年的瓶颈，新增了两家上市公司，但上市公司的数量在 2022 年开始减少（见图 4-1）。海南省政府陆续出台新政策保障上市公司的发展，例如 2023 年 3 月 31 日印发的《关于支持民营经济发展的若干措施》第 17 条提到，对民营企业上市予以财政支持，第 18 条提到大力培育本土民营企业品牌①。

① 海南省人民政府办公厅印发关于支持民营经济发展若干措施的通知，http：//en. hainan. gov. cn/hainan/5342/202304/0c33be88700e413fa3dbf82332b17d59. shtml。

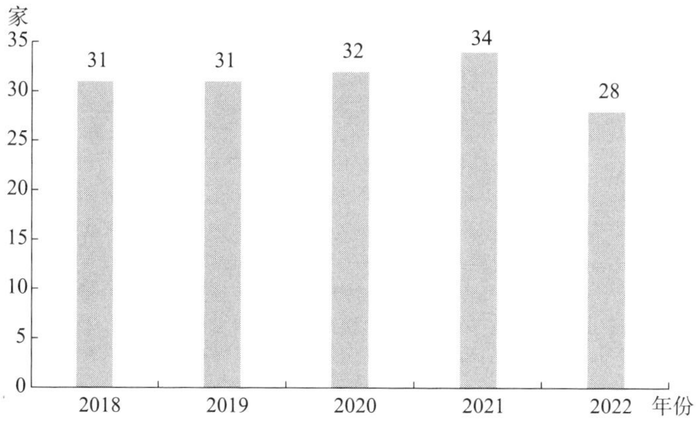

图 4-1　2018—2022 年海南省上市公司数量

数据来源：海南省国民经济和社会发展统计公报，https：//www.hainan.gov.cn/hainan/tjgb/list3.shtml。

（二）2018—2022 年海南省新增上市公司数量较少

自 2019 年科创板设立并试点注册制以来，上市公司数量迅速增长。截至 2022 年 12 月 31 日，A 股存量上市公司正式突破 5000 家。在“十四五”规划实施第二年，A 股进入“五谷丰登”新时代，中国资本市场迎来又一重要里程碑。2022 年，我国境内上市公司为 5079 家，5 年时间从 3584 家增长至 5079 家（见图 4-2），说明从当前的形势来看，多层次资本市场逐渐完善，注册制发展稳步推进，“四梁八柱”法制体系基本建成。5079 家上市公司多元发展，“含科量”持续提升，结构进一步优化，资本市场服务实体经济能力显著增强。上市公司既是国家税收增长的重要贡献者，也是中国创新的主要动力源；既是推动中国国家竞争力提升的关键因素，也是推动中国经济增长的重要力量；既是社会治理的有效承担者，也是社会思想进步的引领者。党的二十大报告指出，健全资本市场功能，提高直接融资比重。A 股上市公司数量突破 5000 家，成为市场新起点。

海南省新增上市公司数量在 2018—2022 年呈现先增加后减少的趋势（见图 4-3）。2019 年海南省无新增上市公司，陷入了停滞期。2022 年海南省上市公司新增数量远低于其他省份的新增数量，如广东省（72 家）、浙江省

(50家)、江苏省(66家)、北京市(35家)①，说明海南省的上市公司总量仍较低，政府仍需加大企业上市的力度。另外，从经济总量来看，海南省的经济总量也远低于这些经济发达省份，企业活力较为弱势，经济发展水平较低。

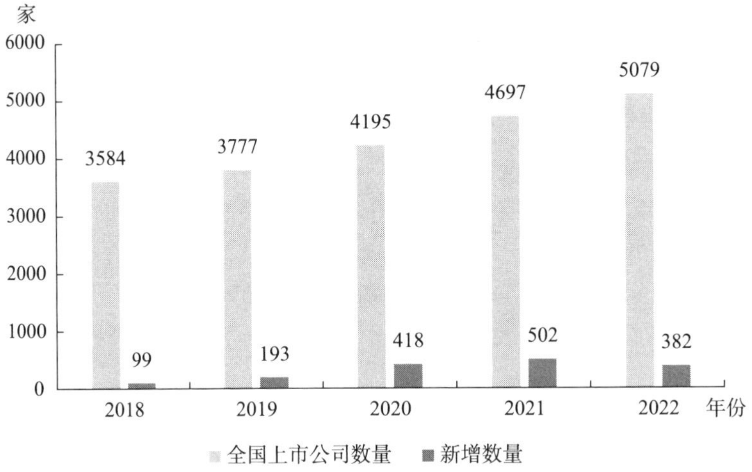

图4-2 2018—2022年全国上市公司及新增上市公司数量

数据来源：中国上市公司协会：《中国上市公司2022年发展统计报告》，第7~9页。

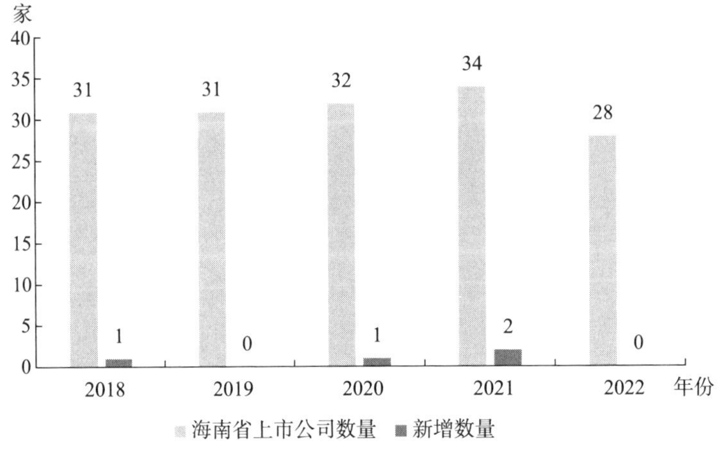

图4-3 2018—2022年海南省上市公司及新增上市公司数量

数据来源：海南省国民经济和社会统计公报，https://www.hainan.gov.cn/hainan/tjgb/list3.shtml。

① 中国上市公司协会：《中国上市公司2022年发展统计报告》，第7~9页。

（三）2022 年海南省上市公司总市值占全国比重较低

截至 2022 年底，全国 A 股上市公司合计总市值 790180. 29 亿元，海南省 A 股上市公司合计总市值为 3671. 24 亿元。海南省 A 股上市公司总市值同比下降了 4. 99%，全国 A 股总市值同比下降了 14%（见图 4-4）。市值下降与市场经济形势、政策变动等因素有关，2022 年初，美国货币政策大幅紧缩，对全球的经济价格都造成了一定影响，在这些外部因素和国内疫情因素的影响下，A 股市场整体走势偏弱，整体市值有所下降。

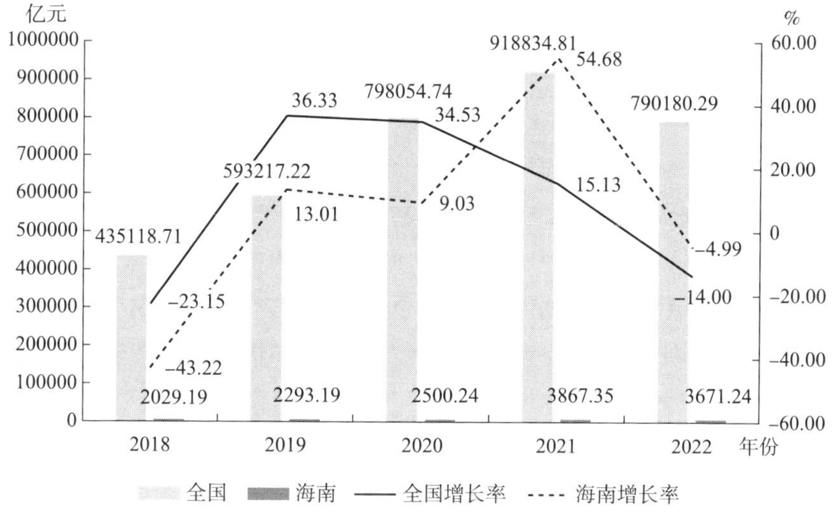

图 4-4　2018—2022 年全国 A 股、海南 A 股总市值及增长率

数据来源：海南省国民经济和社会统计公报，https://www.hainan.gov.cn/hainan/tjgb/list3.shtml。中国上市公司协会：《中国上市公司 2022 年发展统计报告》，第 16 页。

从所占比重来看，海南省的市值占全国的比重较低，仅为 0. 46%（见表 4-2），上市公司数量占全国的比重为 0. 55%，可看出海南省相对于其他省份来说，上市公司的规模较小，数量较少；从证券化率来看，2022 年海南省的证券化率（上市公司总市值/年度地区生产总值）为 55. 24%，与全国 A 股上市公司的证券化率 65. 29% 相比较低，这也表明了海南省的资本市场发展空间巨大，还有提升的空间，只要发展好经济，资本市场就会随着经济的增长迅速发展，证券化率也会随之提升，证券化率越高，意味着证券市场在该地区经济中的地位越重要。因此它可以衡量一个地区证券市场的发展程度，地区的证券化率越高，意味着证券市场在该地区的经济体系中越重要。

表 4-2 上市公司数量及市值统计表（截至 2022 年 12 月 31 日）

地区	上市公司数量（家）	数量占比（%）	上市公司市值（亿元）	市值占比（%）
全国	5079	—	790180. 29	—
海南	28	0. 55	3671. 24	0. 46

（四）2022 年海南省上市公司总股本规模稳步扩大

截至 2022 年 12 月 31 日，海南省 28 家上市公司总股本 829. 55 亿股，约占同期全国上市公司总股本的 1%，其中流通股本 695. 14 亿股，约占海南省总股本的 83. 8%。海南省总股本在 20 亿股以上的上市公司有 6 家，约占海南省上市公司总数的 21. 43%（见表 4-3）。其中海航控股和海南机场的股本规模达百亿股以上，股本规模大，提高了公司的市值，意味着公司更有价值，保障了股东的权益。企业可以通过发行新股票来增加资金来源，用于投资企业未来的发展，满足企业对长期资金的需求；当企业股本增加时，企业可以利用股票发行来拓展新市场，以获取长期的资金支持，同时也可以通过发行新股来拓展新市场，获得更多的投资者，投资者的投资风险能得到很好的控制，公司也可以更好地优化股权结构，实现更好的发展。

表 4-3 2022 年海南上市股本规模分布情况

股本规模（亿股）	公司数量（家）	公司名称
100 以上	2	海航控股、海南机场
20~100	4	海峡股份、洲际油气、海南橡胶、海南矿业
20 以下	22	京粮控股、海南海药、海德股份、新大洲控股、海马汽车、中钨高新、罗牛山、华闻集团、凯撒同盛、海南高速、欣龙控股、海南瑞泽、双成药业、钧达股份、康芝药业、神农科技、普利制药、海南椰岛、广晟有色、海汽集团、葫芦娃、金盘科技

2021 年，股本规模百亿股以上的上市公司数量新增了一家海南机场，截至 2022 年底，海南省有两家股本规模达百亿股以上的公司（见表 4-4），分别是海航控股和海南机场，这表明海南省对于航空业的发展给予了一定的支持。

表 4-4 2018—2022 年海南省上市公司股本规模数量

股本规模（亿股）	2018 年	2019 年	2020 年	2021 年	2022 年
100 以上	1	1	1	2	2
20~100	3	3	3	4	4
20 以下	22	22	23	22	22

注：以 2022 年的上市公司为准，其中葫芦娃药业于 2020 年成立，金盘科技于 2021 年成立，故本表 2021 年、2022 年统计的数量为 28 家，2020 年统计数量为 27 家，2019 年及 2018 年统计数量为 26 家。

（五）2018—2022 年海南省上市公司营收和盈利能力增强

2022 年，海南省 28 家上市公司全年实现营业总收入 1376.24 亿元（见图 4-5），占全国 A 股总收入的 0.19%，占全省 GDP 比重为 20.18%，比 2021 年上升 0.45 个百分点。广晟有色、海南橡胶、中钨高新在 28 家上市公司中位列收入前三名，报告期内分别实现营业总收入 228.64 万亿元、153.71 万亿元、130.80 万亿元。5 只营业总收入超百亿元的琼股共创造了 757.69 万亿元的营业总收入，占海南上市公司营业总收入的 55.1%。

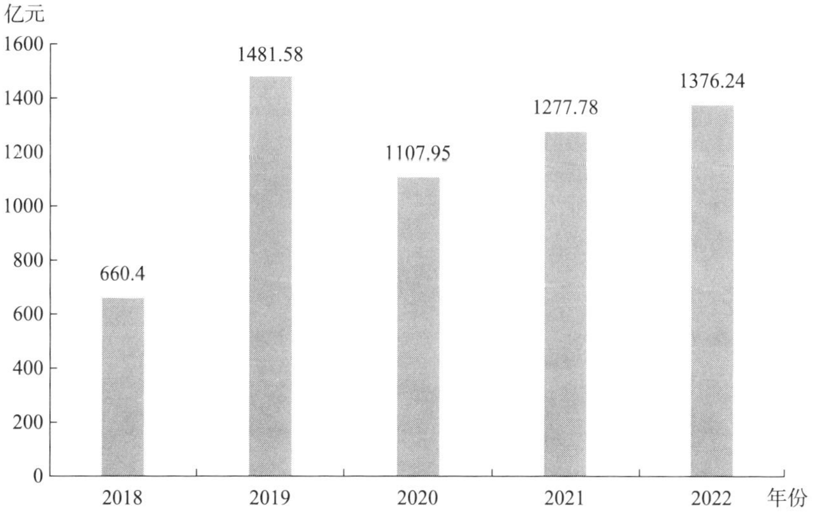

图 4-5 2018—2022 年海南省上市公司营业总收入变化情况

注：以海南省当年所有上市公司的营业总收入为准。

过去5年中，海南省上市公司的营业总收入持续增长，由2018年的660.4亿元增长至2022年的1376.24亿元，2022年的同比增长率达7.71%。营业收入的变化反映了海南省上市公司的销售活动及资本市场的良好状态，公司的盈利能力强，能给企业带来发展动力，对于企业而言，营业收入是企业发展的原动力，是企业持续经营的前提，会给企业进一步提供新鲜血液。

从净利润的水平看，受到经济环境的影响，资本性支出较多，海南省2022年的净利润水平有所下滑（见表4-5），净利润增长率最高的是海南高速（386.96%），海南机场（300.68%）次之，说明这两家上市公司经济状况良好，能通过提升公司自身的竞争力来吸引更多股东与投资者，为公司带来更多回报，未来的盈利潜力与增长空间巨大①。

表4-5　2018—2022年海南省上市公司净利润

年份	2018	2019	2020	2021	2022
净利润（亿元）	-88.07	-4.02	-814.65	26.77	-197.84

注：以2022年尚存的上市公司为标准，其中两家为2020年及2021年上市，故本表统计公司数量为26家。

二、海南自贸港上市公司分布及结构分析

（一）海南省上市公司区域分布不平均

从全省各地分布来看，海南省的上市公司分布不均，主要集中在海口，根据数据统计，如表4-6所示，在海口注册的上市公司有24家，占全琼上市公司的85.72%；其次是三亚，有2家上市公司；最后是澄迈和昌江，均有1家上市公司。其他市县仍然没有实现上市公司“零的突破”，海南上市公司增长空间还很大。无上市公司的各市县由于缺少资金和资源，可能会使企业难以在证券交易所上市，还有法规和程序问题、企业治理问题、公众信任问题和地方政策法规问题等都可能会影响企业的上市进程。企业需要寻找合适的融资和上市渠道，解决上述问题，以实现其上市目标。

① 国证券网：海南高速公司2022年年报，https：//company.cnstock.com/f10/ggqw/sz000886.html？l=25&p=3。

表 4-6　海南省境内上市公司分布情况（截至 2022 年 12 月 31 日）

城市	数量（家）	占比（%）
海口市	24	85.71
三亚市	2	7.14
澄迈县	1	3.57
昌江县	1	3.57

（二）海南省上市公司集中分布在制造业

如表 4-7 所示，截至 2022 年 12 月 31 日，在海南省 28 家上市公司中，行业分布数量最多的是制造业，共有 12 家，占比为 42.86%；其次是农、林、牧、渔业与采矿业，均为 4 家，共占比 28.58%；第三产业如交通运输、仓储和邮政业，房地产业，商务服务业、金融业数量较少，分别为 3 家、2 家、2 家、1 家，共占比 28.56%①。

表 4-7　海南省境内上市公司行业门类分布情况（截至 2022 年 12 月 31 日）

序号	行业门类	数量（家）	数量占比（%）	市值（亿元）	市值占比（%）	平均市值（亿元）
1	制造业	12	42.86	1087.96	29.61	90.66
2	采矿业	4	14.29	354.62	9.65	88.66
3	农、林、牧、渔业	4	14.29	369.31	10.05	92.33
4	交通运输、仓储和邮政业	3	10.71	1009.70	27.48	336.57
5	房地产业	2	7.14	621.51	16.92	310.76
6	商务服务业	2	7.14	101.76	2.77	50.88
7	金融业	1	3.57	129.41	3.52	129.41
合计		28	100	3674.27	100	1099.27

可以看出，2022 年海南省制造业行业的发展势头良好，省长刘小明在海南省举行的“蓬勃兴起自贸港”专场新闻发布会上表示，过去 5 年，海南省专注高质量发展，经济转型升级取得显著成效，从上市公司分布的行业来看，制造业居多，说明实体经济是海南省近几年发展的重中之重。而从制造业中分类行业的数量上来看，医药制造业公司数量最多，共有 5 家，

① 中国证券网：海南机场公司 2022 年年报，https：//company.cnstock.com/f10/dqbg/sh600515.html。

占比 41.68%；汽车制造业次之，共有 2 家，占比 16.67%；其余 5 种制造业占比相同，都是 8.33%，如表 4-8 所示。

表 4-8 海南省境内上市公司制造业次分类分布情况（截至 2022 年 12 月 31 日）

序号	行业门类	数量（家）	数量占比（%）	市值（亿元）	市值占比（%）	平均市值（亿元）
1	医药制造业	5	41.68	285.24	26.22	57.04
2	汽车制造业	2	16.67	340.74	31.32	170.37
3	有色金属冶炼及压延加工业	1	8.33	170.36	15.66	170.36
4	非金属矿物制品业	1	8.33	39.02	3.59	39.02
5	酒、饮料和精制茶制造业	1	8.33	71.71	6.59	71.71
6	电气机械及器材制造业	1	8.33	154.02	14.16	154.02
7	纺织业	1	8.33	26.87	2.46	26.87
合计		12	100	1087.96	100	689.39

从市值角度看，汽车制造业、医药制造业、有色金属冶炼及压延加工业、电气机械及器材制造业 4 个行业在制造业中市值占比较大，分别为 31.32%、26.22%、15.66%、14.16%，合计占比 87.36%。从平均市值的角度，以海马汽车、钧达股份为代表的汽车制造业平均市值最高，为 170.37 亿元；其次为有色金属冶炼及压延加工业，平均市值为 170.36。

（三）海南省高新技术上市公司占比较少

高新技术产业是经济增长的新动力，也是经济高质量发展的主要力量。截至 2022 年 12 月 31 日，在海南省 28 家上市公司中，只有 3 家与高新技术产业有关，同属有色金属行业，分别是中钨高新、广晟有色和海南矿业。有色金属在研发高新技术中占据重要地位，这 3 家上市公司 2022 年营业总收入为 407.74 亿元，占总营业收入的 29.63%，接近 1/3，说明高新技术的发展有极大的上升空间。

对于高新技术产业，海南省政府办公厅印发了《海南省高新技术产业“十四五”发展规划》，到 2025 年，海南高新技术产业取得跨越式发展，有力支撑海南“三区一中心”和自由贸易港建设。高新技术产业产值突破 8000 亿元，产业增加值占地区生产总值的比重达到 15%，高新技术企业达到 3000 家，专精特新“小巨人”企业达到 30 家以上；明确了九大重点产业，即加快发展数字经济、石油化工新材料和现代生物医药三大战略性新兴产业；培育壮大南繁、深海、航天三大未来产业；优化升级清洁能源、节能环保、高端食品加工三大优势产业。结合海南各市县产业基础、区位条件和市场环境，着力构筑“两区、三城、六园”的产业空间格局，并明确各个园区的定位和重点发展的产业①。

（四）海南省主板上市公司数量占比较大

从板块分布来看，截至 2022 年 12 月 31 日，在全省境内 28 家上市公司中，主板上市企业有 20 家，中小板上市公司有 4 家，创业板上市公司有 3 家，科创板企业有 1 家，在全国排名第 27。如图 4-6 所示，海南省的科创板数量低于其他省份，如江苏省（25 家）、上海市（19 家）、广东省（18 家）等。从图 4-6 中可以看出，江苏省的科创板数量最多，其次是上海市和广东省，侧面反映了这些地区科技创新实力的强盛。科创板发挥着创新引领、高科技领先作用，将支持和鼓励“硬科技”企业上市作为首要任务，促进了资本市场结构和生态的深刻变化，也有力支持了实体经济转型升级。目前海南省科创板上市公司体量还比较小，只有一家公司，仍需再接再厉，鼓励公司在科创板上市。

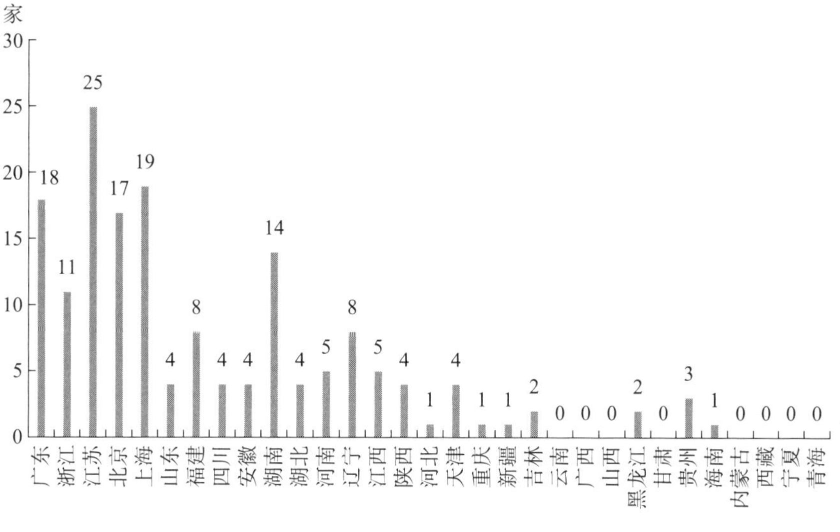

图 4-6　2022 年各省份科创板公司数量

① 2025 年产值突破 8000 亿元！海南高新技术产业迎政策利好 涉及九大重点，http://www.capwhale.com/newsfile/details/20210708/00f985e94f394e1f9c2e7146600fb95c.shtml。

（五）海南省百亿市值公司发展潜力较大

如表 4-9 所示，在 2022 年海南省的 28 家上市公司中，百亿元以上市值的公司有 11 家，占比 39.29%；20 亿～100 亿元市值的有 16 家，占比 57.14%；20 亿元以下市值的只有 1 家（新大洲控股公司）。

表 4-9　2018—2022 年海南省各市值规模对应的 A 股上市公司数量　单位：家

市值规模	2018 年	2019 年	2020 年	2021 年	2022 年
100 亿元以上	5	8	9	11	11
20 亿～100 亿元	23	19	18	19	16
20 亿元以下	3	4	5	4	1

注：表中数据以当年所有上市公司数量为准。

从表 4-9 中可以看出，百亿元以上市值规模的上市公司数量在逐年增加，从 2018 年的 5 家增长至 2022 年的 11 家，20 亿～100 亿元规模市值的上市公司数量在逐年减少，说明上市公司的盈利能力强，发展前景好。

三、海南自贸港上市公司人才规模及结构分析

由于统计数据的限制，为了更加客观地对比梳理自贸港上市公司的人才资源现状，本篇对上市公司人才资源的分析大多以 2022 年公开的高管数据为准，笔者将在后续的研究中，不断丰富数据获取方式，扩大样本量和时间维度，以求更加全面地反映海南自贸港人才资源的全貌。

（一）人才总量

从整体来看，近几年海南省大力吸引人才，上市公司高管规模快速增长。统计数据显示，海南省上市公司高管人数从 2018 年的 543 人增长至 2022 年的 626 人，2022 年高管规模较 2021 年增长了 9.06%，如图 4-7 所示。从总体来看，2022 年海航控股、欣龙控股、金盘科技等 3 家上市公司人才总量位居前三，如图 4-8 所示。

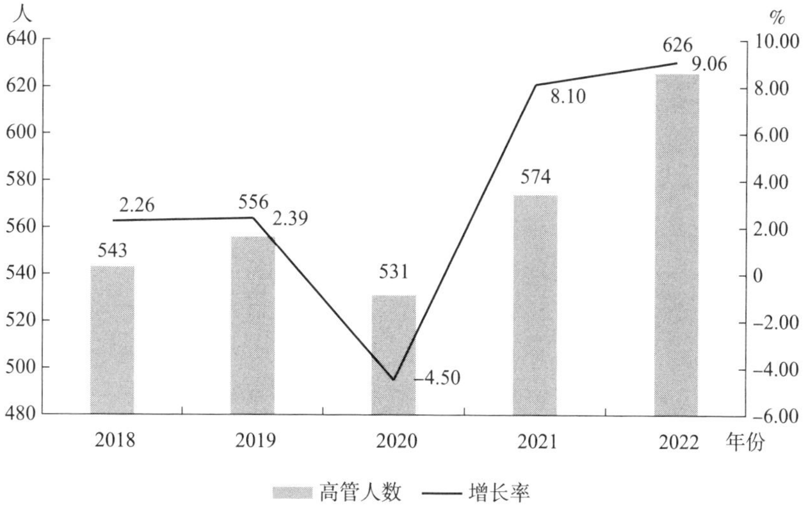

图 4-7　2018—2022 年海南省上市公司高管人数趋势

数据来源：国泰安数据库。

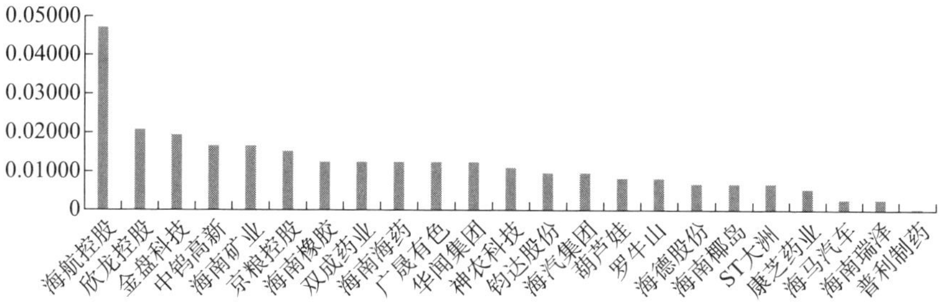

图 4-8　2022 年海南省上市公司人才总量指数排名

（二）人才密度

东方财富 Choice 数据统计显示，2022 年中国 5153 家 A 股上市公司员工总数 2976.31 万人，较 2021 年的 2909.61 万人增加了 66.7 万人。2022 年海南省所有上市公司员工总人数为 11.23 万人，占全国员工人数的 0.38%。其中，员工数量达到万人的上市公司为海航控股、海南橡胶，分别为 3.46 万人、1.51 万人。2022 年海南省上市公司高管规模为 626 人，所有上市公司员工中每万人中高管数量是 55.74 人，平均每家上市公司仅 22 个高管。从总体来看，2022 年海德股份、神农科技、双成药业人才密度较其他上市公司高，每百名员工分别有高管 15.52 人、12.43 人、5.31 人，主要集中在金融业、农业以及医药制造业，如图 4-9 所示。

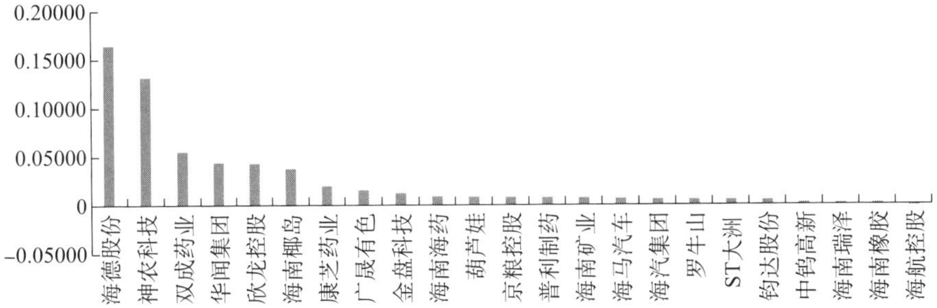

图 4-9　2022 年海南省上市公司人才密度指数排名

（三）性别结构

在有记录的高管履历中，2022 年海南省上市公司高管男性人数为 486 人，占比 77.64%；高管女性人数为 140 人，占比 22.36%。男性数量是女性的近 3.5 倍，两性比例几乎呈现“八二”分。2018 年海南省上市公司高管人数为 543 人，女性人数为 92 人，男性为 451 人，男性占比为 83.06%。男性高管数量是女性的 4.90 倍。由图 4-10 可见，2018—2022 年女性比例呈现上升趋势，男女比例逐渐向平衡趋势变化，但是与高管男女比例平衡的状态还差很大一段距离。

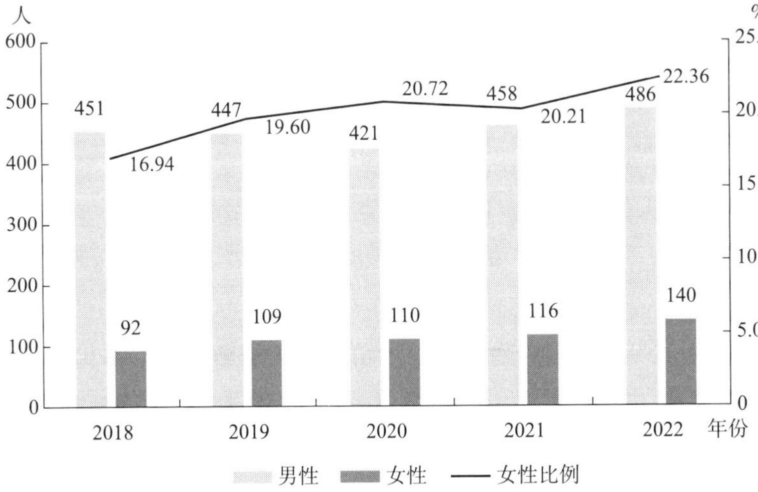

图 4-10　2018—2022 年海南省上市公司高管男女比例

数据来源：国泰安数据库。

（四）年龄结构

如图 4-11 所示，2022 年海南省上市公司高管中大于或等于 60 岁的有 81 人，占比 12.94%；50~59 岁的有 259 人，占比 41.37%；40~49 岁的有 213 人，占比 34.03%；30~39 岁的有 67 人，占比 10.70%；30 岁以下的有 6 人，占比 0.96%。50~59 岁年龄段是上市高管的中坚力量，其次是 40~49 岁年龄段。其中，最年轻的出生于 1994 年，28 岁；最年长的出生于 1941 年，已达到 81 岁的高龄。

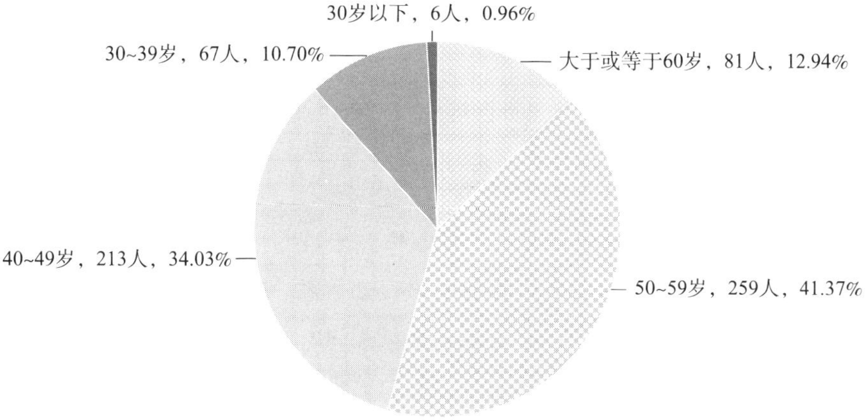

图 4-11　2022 年海南省上市公司高管年龄结构比例

四、海南自贸港上市公司人才素质及投入分析

（一）受教育情况

2022 年海南省上市公司高管总人数 626 人，除去未披露学历的 178 人，其余 448 人包括中专及中专以下 5 人，大专 17 人，本科 204 人，硕士研究生 173 人以及博士研究生 49 人。其中，本科生占比最大，为 45.54%（见图 4-12）；其次是硕士研究生，占比 38.62%；博士研究生占比 10.94%，居第三位。少数高管学历是专科，主要集中在 50~59 岁年龄段，占比 4.90%，男女比例相等。

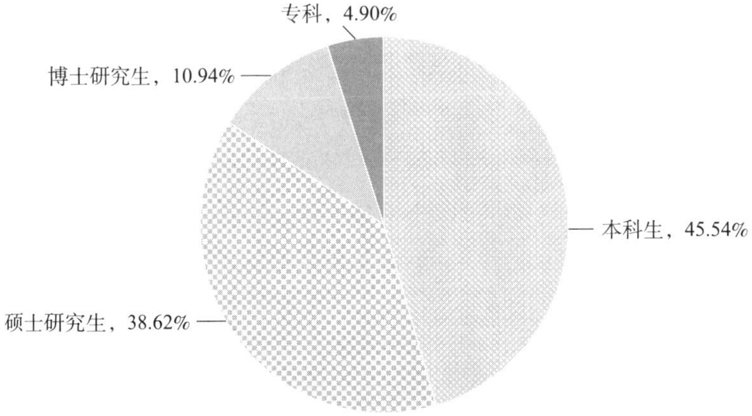

图 4-12　2022 年海南省上市公司高管学历层次比例

（二）获职称情况

2022 年海南省上市公司没有获取职称或未披露信息的共有 414 人，占 66. 13%；所有高管已知获得职称数量的有 212 人，比例为 33. 87%。其中，取得 1 个职称的有 159 个人；2 个职称的有 45 个人；3 个职称以上的有 7 个人；有 1 个高管职称多达 5 个，属于新闻和出版业的华闻集团。获取 1 个职称的主要是高级工程师（19）、高级会计师（19）以及律师（19），皆占比 11. 95%，其次是教授（16）和会计师（12），分别占比 10. 06%、7. 55%。海南省上市公司高级以上职称比例指数排名如图 4-13 所示。

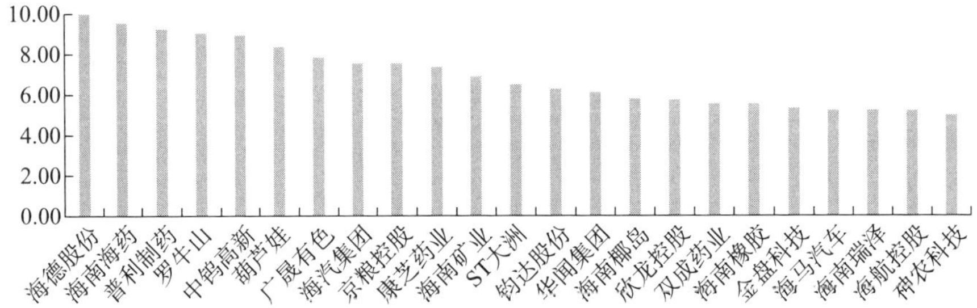

图 4-13　海南省上市公司高级以上职称比例指数排名①

① 因一类指标的赋值权重不同，为了更客观地体现一类指标的实际表现，本节在制作柱状图时，对不同维度的数据进行了标准化赋值处理，赋值区间在 1~10，以便更好地对一类指标进行比较，直观地反映出每个指标在整体评价中的表现和相对优势。

（三）薪酬与津贴

东方财富 Choice 数据统计显示，中国所有上市公司员工人均薪酬 19.18 万元，较 2021 年的 18.61 万元增加了 5700 元，增幅 3.06%。在高管薪酬方面，董事长薪酬合计 56.70 亿元，最高薪酬由 2021 年的 2533.49 万元提高至 2022 年的 4235.61 万元，平均薪酬由 2021 年的 129.54 万元增长至 2022 年的 135.64 万元，同比增长 4.71%；总经理薪酬合计 67.57 亿元，最高薪酬由 2021 年的 2603.63 万元提高至 2022 年的 5497.89 万元，平均薪酬由 2021 年的 134.87 万元增长至 2022 年的 140.33 万元，同比增长 4.05%；财务总监薪酬合计 38.92 亿元，平均薪酬由 2021 年的 77.94 万元增长至 2022 年的 81.02 万元，同比增长 3.95%；董事会秘书薪酬合计 37.80 亿元，平均薪酬由 2021 年的 75.49 万元增长至 2022 年的 77.24 万元，同比增长 2.32%。此外，2022 年独立董事薪酬合计 14.20 亿元，较 2021 年的 13.20 亿元同比增长 7.58%，增速位居高管职位前列。

2022 年海南省除去 20 个未披露信息的高管，上市公司高管中 367 人领取薪酬，其余不领取或仅领取津贴。2022 年报告期内高管薪酬平均为 65.47 万元/人；有 104 人领取津贴，皆为独立董事，平均 8.85 万元/人。海南省上市公司工资投入指数排名如图 4-14 所示。

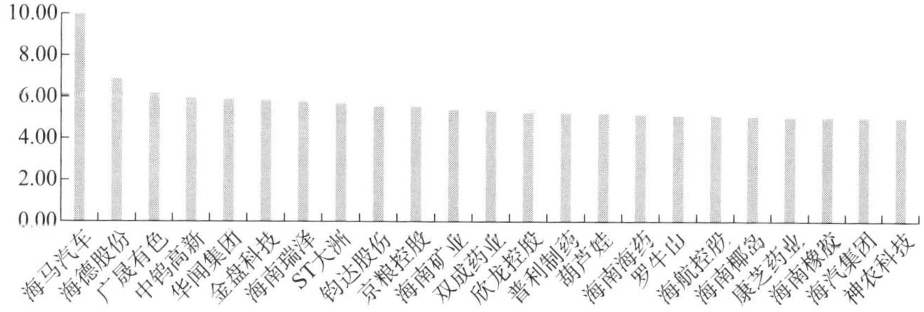

图 4-14　海南省上市公司工资投入指数排名

（四）研发费用

研发费用与创新息息相关，研发费用的提升有利于创新人才队伍的建设，人才自主培养与成长能力不断增强。所以研发费用的增减能够一定程度上反映人才发展环境的优劣。其中，中钨高新、普利制药与钧达股份的研发费用位居前三（见图 4-15）。海南省上市公司研发占营收比例指数排名如图 4-16 所示。

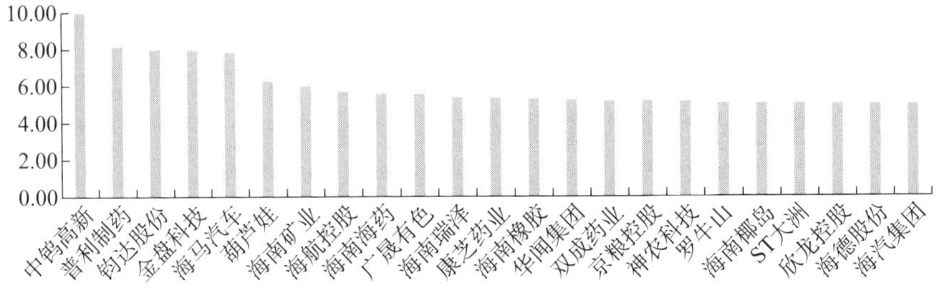

图 4-15　海南省上市公司研发费用指数排名

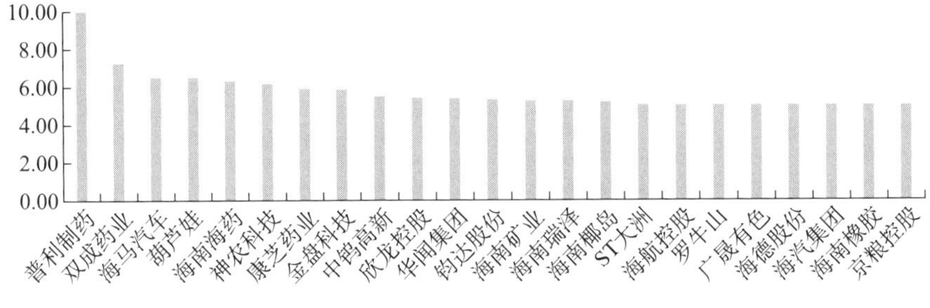

图 4-16　海南省上市公司研发占营收比例指数排名

五、海南自贸港上市公司财务绩效及市场绩效分析

地域指数可以较好地反映一个区域上市公司在资本市场的表现，具有代表性的是同花顺地域指数，该指数以 2010 年 12 月 31 日为基日，1320. 64 点为基点，截至 2022 年 12 月 31 日，海南省指数收于 1708. 92 点，涨幅为 1. 32%。海南省指数以在海南省内注册的所有 A 股上市公司为样本股，是反映海南省上市公司发展水平的综合指数。

（一）海南自贸港上市公司整体财务绩效分析

财务绩效评价体系主要是从盈利能力、偿债能力、营运能力、成长能力 4 个方面评价企业的经营状况。为了方便不同行业上市公司进行比较，选取了各行业相对一致的评价指标，即净资产收益率、每股收益、资产负债率和流动比率、总资产周转率、营业收入增长率。

本章财务信息截至 2022 年 12 月 31 日，数据来自巨潮资讯网以及各上市公司年报。

1. 盈利能力分析

（1）超六成企业实现盈利

截至 2022 年 12 月 31 日，海南省上市公司全年营业总收入 1376.24 亿元，累计亏损净利润 194.16 亿元。如表 4-10 所示，2022 年海南省上市公司有 17 家企业净利润率为正，实现盈利，占比 60.71%。但是不少公司业绩波动幅度剧烈，6 家琼股全年净利润率变动幅度超过 50%，其中，海南高速、海德股份 2 家公司净利润增幅超过 50%；＊ST 凯撒[①]、华闻集团、海航控股与海马汽车 4 家公司净利润率降幅超过 50%，降幅分别为 319.59%、90.04%、88.55%、66.23%。

表 4-10　2022 年海南省上市公司净利润率

序号	公司名称	净利润率（%）
1	海南高速公路股份有限公司	147.89
2	海南海德资本管理股份有限公司	65.87
3	海南机场设施股份有限公司	39.49
4	海南普利制药股份有限公司	23.29
5	海南矿业股份有限公司	12.73
6	海南钧达新能源科技股份有限公司	6.18
7	海南金盘智能科技股份有限公司	5.97
8	海南葫芦娃药业集团股份有限公司	5.66
9	海南海汽运输集团股份有限公司	5.30
10	海南海峡航运股份有限公司	5.13
11	中钨高新材料股份有限公司	4.09
12	海南双成药业股份有限公司	3.28
13	罗牛山股份有限公司	3.10
14	海南京粮控股股份有限公司	1.10
15	广晟有色金属股份有限公司	1.02
16	海南海药股份有限公司	0.59
17	海南天然橡胶产业集团股份有限公司	0.44
18	新大洲控股股份有限公司	-2.86

① ＊ST 是代表退市预警的股票，表示公司经营连续三年亏损，用于警示投资者注意退市风险。此处指凯撒同盛发展股份有限公司处于连续三年出现亏损状态。

续表

序号	公司名称	净利润率（%）
19	欣龙控股（集团）股份有限公司	-14.38
20	海南瑞泽新型建材股份有限公司	-25.54
21	洲际油气股份有限公司	-26.04
22	海南椰岛（集团）股份有限公司	-28.43
23	海南神农科技股份有限公司	-33.90
24	康芝药业股份有限公司	-35.01
25	海马汽车股份有限公司	-66.23
26	海南航空控股股份有限公司	-88.55
27	华闻传媒投资集团股份有限公司	-90.04
28	凯撒同盛发展股份有限公司	-319.59

分行业来看，金融业，商务服务业，交通运输、仓储和邮政业以及汽车制造业等行业净利润变动幅度较大，主要是因为第三产业不够稳定，更容易受到经济环境波动的影响。

（2）整体盈利能力欠佳

通过对海南省上市公司的经营业绩的分析（见表4-11），可以看出海南省上市公司2022年整体经营业绩欠佳，其平均每股收益及平均净利润均远远低于全国平均水平。

表4-11　2022年海南省和全国上市公司经营业绩比较

地区	平均每股收益（元）	平均净利润（亿元）
全国	0.68	11.07
海南省	0.23	-6.93

注：以海南省2022年所有上市公司的平均每股收益和净利润为准。

从表4-12中可以看出，2022年海南省上市公司的经营业绩相比2021年较差，平均净资产收益率较低，且平均净利润处于亏损状态。

表4-12　2018—2022年海南省上市公司经营业绩

年份	平均净资产收益率（%）	平均每股收益（元）	平均净利润（亿元）
2018	-6.0	-0.09	-3.39
2019	-2.97	0.01	-0.15
2020	2.1	-0.27	-31.33

续表

年份	平均净资产收益率（%）	平均每股收益（元）	平均净利润（亿元）
2021	−9.57	−0.08	1.03
2022	−174.42	0.16	−7.61

注：以2022年尚存的上市公司为标准，其中两家为2020年及2021年上市，故本表统计公司数量为26家。

从个股来看，海南省上市公司经营业绩两极分化严重。其中，海南机场以19.75亿元位居首位。钧达股份位列第二名，净利润达8.21亿元。净利润为7.02亿元的海德股份排名第三。2020年，海南省的平均净利润是5年来最低，2022年13家上市公司净利润均达到“亿级”。值得注意的是，其余11家亏损上市公司均在2012年以前上市。亏损榜上前三名分别是海航控股、海马汽车、*ST凯撒。双成药业、神农科技、海南椰岛、欣龙控股、康芝药业、海南瑞泽、ST[①]洲际、华闻集团亦出现几百万元到上亿元不等的亏损。

2. 偿债能力

（1）企业资产负债率平均值逐年走高

资产负债率是评价企业资本结构的综合指标，既反映了在企业的全部资产中由债权人提供的资产所占比重的大小，也反映了债权人向企业提供信贷资金的风险程度，还反映了企业举债经营的能力，一般以50%作为参考值。从资产负债率来看，2022年海南省上市公司平均资产负债率为53.81%，较2021年上升1.8个百分点（见表4-13）。

表4-13 海南省上市公司偿债能力一览表

年份	资产负债率平均值（%）	流动比率平均值（%）
2018	42.45	2.15
2019	44.23	1.85
2020	48.13	1.96
2021	52.01	1.65
2022	53.81	1.56

注：以2022年尚存的上市公司为标准，其中两家为2020年及2021年上市，故本表统计公司数量为26家，未包括葫芦娃药业和金盘科技。

① ST是代表特殊处理的股票，表示公司经营连续两年出现亏损，用于警示投资者注意投资风险。此处指洲际油气股份有限公司处于连续两年出现亏损状态。

如表4-14所示，2022年海南省28家上市公司中有10家企业资产负债率低于50%，占比35.71%；有18家企业资产负债率高于50%，占比64.29%，表明大部分企业的负债水平较高，财务风险也相对较高，可能会导致企业在面临经济困境时难以承受压力，甚至会出现破产的情况。

表4-14　2022年海南省上市公司资产负债率一览表

证券代码	公司简称	资产负债率（%）
000886	海南高速	10.20
300189	神农科技	14.20
002320	海峡股份	15.99
000955	欣龙控股	26.78
000567	海德股份	34.66
002693	双成药业	36.23
601969	海南矿业	38.27
300086	康芝药业	40.77
000505	京粮控股	43.28
000657	中钨高新	47.58
600259	广晟有色	51.31
603069	海汽集团	52.13
000572	海马汽车	52.76
300630	普利制药	52.97
000793	华闻集团	55.13
601118	海南橡胶	55.97
605199	葫芦娃	56.09
600515	海南机场	57.58
688676	金盘科技	61.51
000735	罗牛山	61.94
600238	海南椰岛	65.13
000571	ST大洲	66.00
002596	海南瑞泽	67.34
000566	海南海药	68.27

续表

证券代码	公司简称	资产负债率（%）
600759	ST 洲际	69.21
002865	钧达股份	88.93
600221	海航控股	99.67
000796	* ST 凯撒	126.66

由表 4-14 可知，海南海药、ST 洲际、钧达股份、海航控股、* ST 凯撒资产负债率最高，且远高于全国平均水平。尤其是 * ST 凯撒资产负债率超过 100%，达到 126.66%。企业无力偿还债务，其拥有的权益为负数，说明所有的负债超过其资产的总价值，资不抵债。

（2）企业短期偿债能力有待提高

流动比率反映企业短期资产的变现能力，一般以 2 为参考值。2022 年海南省流动比率平均值为 1.55，如图 4-17 所示，2022 年海南省上市公司共有 22 家企业流动比率小于 2，合计占比 78.57%。其中，10 家企业流动比率小于 1，占比 35.71%，表明其流动资产不足以偿还流动负债，ST 大洲、* ST 凯撒、ST 洲际的流动比率分别为 0.36、0.45、0.16，均低于 0.5，说明短期偿债能力严重不足。共有 6 家企业流动比率大于 2，基本是海南高速、海峡股份等老牌优质国有企业。

3. 营运能力

（1）企业资产利用效率逐年提高

总资产周转率和流动资产周转率反映了企业资产周转的状况，指标值越高代表企业周转速度越快，资产利用效率越高。从表 4-15 可以看出，2022 年，海南省上市公司总资产周转率平均值为 0.57，较 2021 年增加了 0.03。由于 2022 年有两家上市公司的上市时间是在 2021 年及之后，其上市时间不满 5 年，所以只选择 26 家上市公司来研究 5 年的增长趋势。在这 5 年中，海南省 26 家上市公司的总资产周转率、流动资产周转率、固定资产周转率的平均值在逐年上涨。

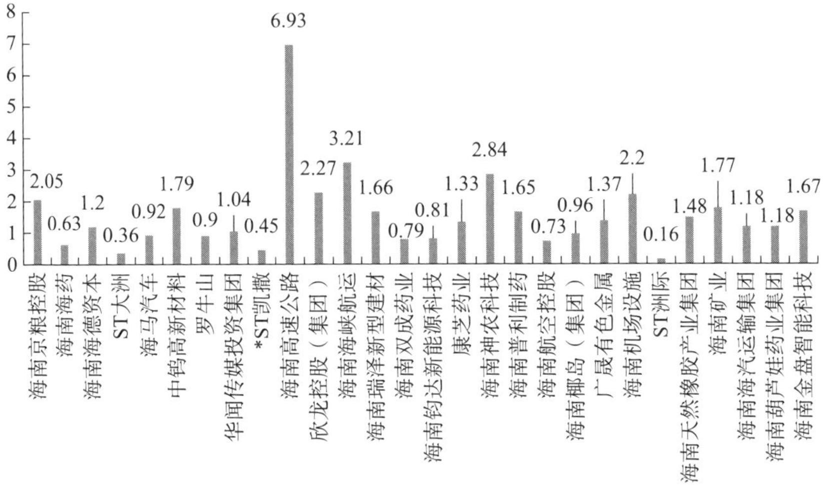

图 4-17　2022 年海南省上市公司流动比率

注：以海南省 2022 年所有上市公司的流动比率为准。

表 4-15　2018—2022 年海南省上市公司营运能力一览表

年份	总资产周转率平均值	流动资产周转率平均值	固定资产周转率平均值
2018	0.45	0.95	5.79
2019	0.48	1.13	6.91
2020	0.50	1.16	6.53
2021	0.54	1.38	9.87
2022	0.57	1.49	13.36

注：以 2022 年尚存的上市公司为标准，其中两家为 2020 年及 2021 年上市，故本表统计公司数量为 26 家。

具体来看，截至 2022 年底，海南省上市公司平均总资产周转率、流动资产周转率、固定资产周转率的上升都反映了这些上市公司的资产利用效率相较于前几年来说提高了，公司营运能力也在进一步增强，有助于企业在激烈的资本市场竞争中保持竞争力。

（2）企业资产周转率有待提高

2022 年海南省 28 家上市公司总资产周转率如图 4-18 所示。

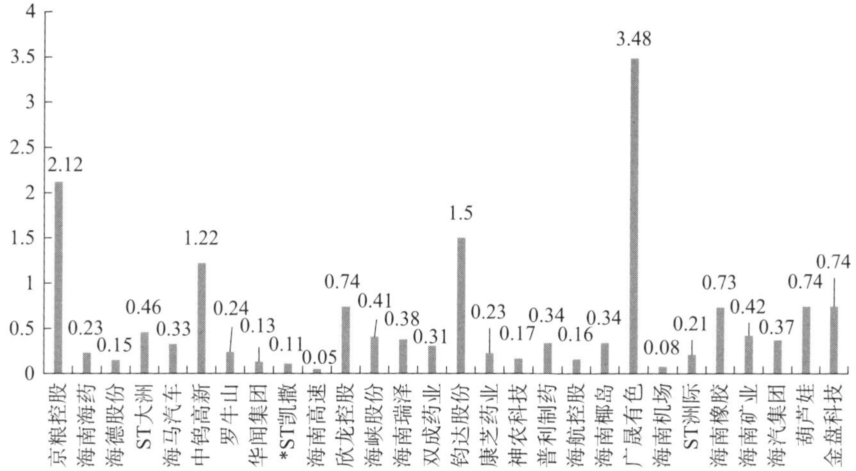

图 4-18　2022 年海南省 28 家上市公司总资产周转率

如图 4-19 所示，2022 年海南省上市公司中，有 20 家企业总资产周转率在 0.5 以下，占比 71.42%；有 4 家企业总资产周转率在 0.5~1，占比 14.29%；有 4 家企业总资产周转率大于 1，占比 14.29%。可见海南省大部分上市公司营运能力偏弱。

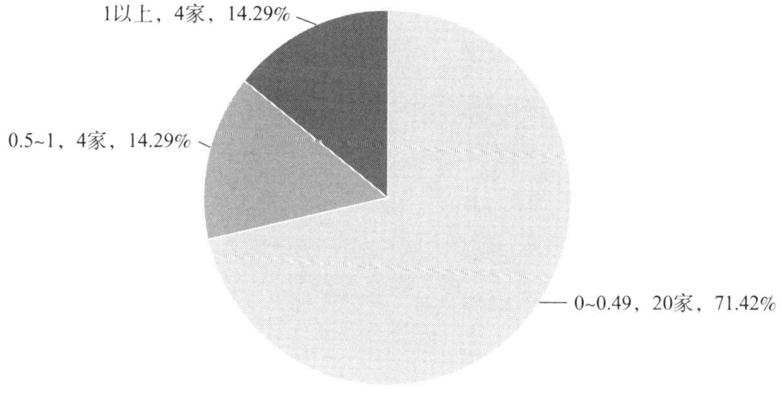

图 4-19　2022 年海南省上市公司数量及总资产周转率分布情况

注：以海南省 2022 年所有上市公司总资产周转率为准。

4. 成长能力

（1）上市企业整体营收平稳上升

2022 年海南省上市公司整体营业收入达到“千亿级”，总计 1376.24 亿元，增长幅度为18.78%。从个股来看，有6家营业收入是“百亿级”。其中，广晟有色和海航控股2022年营业收入最高，均为228.64亿元。

如表4-16所示，2022年海南省上市公司营业总收入增长率超过10%的公司有14家，占比50%；在5%~10%的公司有2家，占比7.14%；在0~5%的公司有3家，占比10.71%；营业总收入增长率小于0的公司有9家，占比达32.14%。总体而言，共有19家上市公司实现了营业总收入的增长，总体态势良好。2022年钧达股份实现营业收入115.95亿元，同比增长304.95%，为琼股增速最大。此外，海峡股份、海德股份、罗牛山也分别实现了111.81%、59.46%、53.99%的高速增长。

表4-16　2022年海南省上市公司营业收入与增长率

证券代码	公司简称	营业收入（亿元）	营业总收入增长率（%）
000796	*ST凯撒	3.20	-65.99
600238	海南椰岛	4.16	-50.03
300086	康芝药业	5.36	-35.96
600221	海航控股	228.64	-32.76
002596	海南瑞泽	19.33	-30.43
000793	华闻集团	7.59	-24.80
000955	欣龙控股	8.38	-17.63
000693	双成药业	2.75	-14.22
000566	海南海药	17.79	-13.60
601118	海南橡胶	153.71	0.25
603069	海汽集团	7.40	1.06
600515	海南机场	47.01	3.89
000657	中钨高新	130.80	8.16
000505	京粮控股	128.58	9.31
000571	ST大洲	13.17	10.89
605199	葫芦娃	15.15	11.91
600759	ST洲际	28.36	15.61
601969	海南矿业	48.30	17.26

续表

证券代码	公司简称	营业收入（亿元）	营业总收入增长率（%）
300630	普利制药	18.06	19.72
300189	神农科技	1.91	28.90
000886	海南高速	1.69	33.38
000572	海马汽车	23.77	34.87
600259	广晟有色	228.64	42.03
688676	金盘科技	47.46	43.69
000735	罗牛山	28.82	53.99
000567	海德股份	10.63	59.46
002320	海峡股份	29.63	111.81
002865	钧达股份	115.95	304.95

2022 年海南省上市公司营业总收入增长率对应公司数如图 4-20 所示。

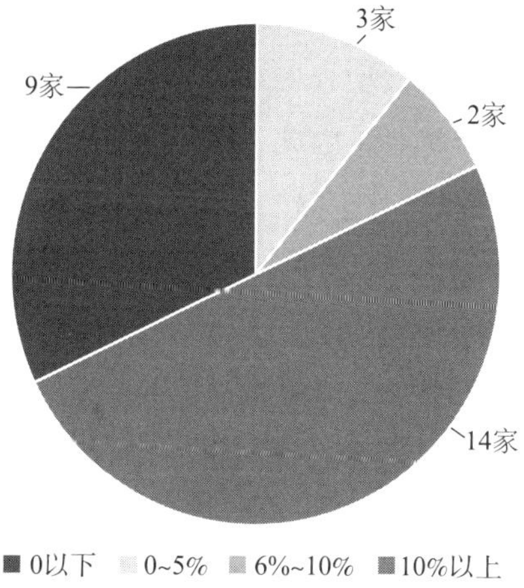

图 4-20　2022 年海南省上市公司营业总收入增长率对应公司数

注：以海南省当年上市公司的营业总收入增长率对应公司数为准。

（2）四成上市企业净利润同比增长

2022 年，28 家上市公司全年总共亏损净利润 194.16 亿元。其中 12 家企业净利润同比增长，占比 42.86%。

个股方面，不少上市公司净利润波动幅度剧烈，18 家琼股全年净利润增减幅度超过50%，其中，海南瑞泽、双成药业、海德股份等11家上市公司净利润增幅超过50%，海南海药、罗牛山、海汽集团以及ST大洲5家上市公司2022年相较于2021年扭亏为盈，ST洲际、海南瑞泽、双成药业虽然仍是负净利润，但是净利润是正增长。

钧达股份、海航控股、海南椰岛、海南橡胶等7家上市公司净利降幅超过50%，甚至，5家上市公司净利润降幅超过100%。其中，康芝药业、欣龙控股、华闻集团、海马汽车、海航控股5家上市公司转盈为亏。

从行业来看，2022年不少传统行业内部业绩走势各异。以医药制造业为例，普利制药2022年净利润4.21亿元，同比增长0.96%，增长率低，但一直是盈利状态；同样，葫芦娃也是持续盈利，2022年净利润0.85亿元；海南海药则转亏为盈，净利润增长100.15%；而康芝药业净利润严重下滑，亏损1.98亿元；双成药业2022年、2021年两年持续亏损。

（3）各企业股本扩张能力相差较大

资本公积金是指从公司的利润以外的收入中提取的一种公积金，其主要来源有股票溢价收入、财产重估增值，以及接受捐赠资产等。公积金用途主要是扩大公司生产经营活动和增加公司注册资本。上市公司用于转增股本的资产来源于资本公积金，因此，每股资本公积金在很大程度上反映了上市公司的股本扩张能力，越高越容易高送转股票。

当每股资本公积金为1.00元时，该公司股票相应地具备了10转增10的能力。公积金转增资本是在股东权益内部，把公积金转到“实收资本”或者“股本”账户，并按照投资者所持有公司的股份份额比例的大小分到各个投资者的账户中，以此增加每个投资者的投入资本。因此，转增股本不是利润分配，它只是公司增加股本的行为，它的来源是上市公司的资本公积金。如果每股资本公积金是负数，就意味着每股净资产价值降低。

由图4-21可知，2022年广晟有色每股资本公积金最多，为10.09元。其余上市公司均为0~4元，11家上市公司每股资本公积金在1元以下，9家上市公司每股资本公积金在1元以上2元以下，5家上市公司每股资本公积金在2元以上3元以下，2家上市公司每股资本公积金在3元以上4元以下。说明广晟有色公司的股本扩张能力很强，“家底”殷实，盈利情况及发展前景较好，抗风险能力强。

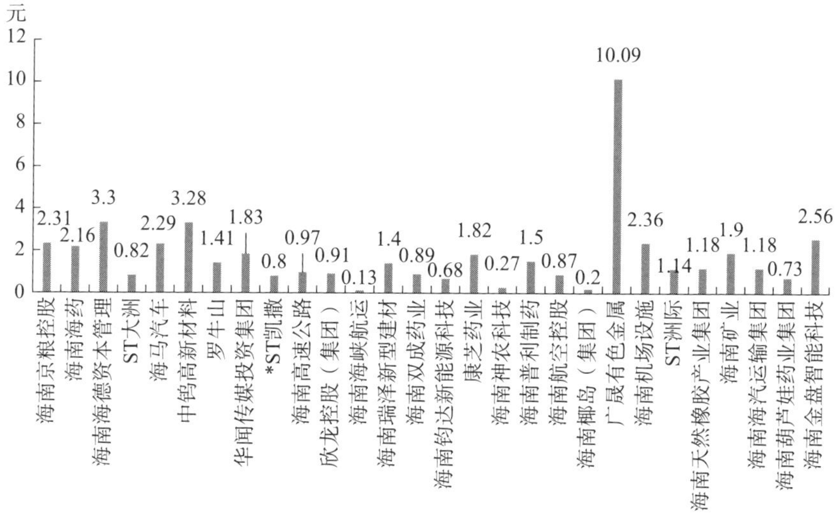

图 4-21　2022 年海南省上市公司每股资本公积金

注：以 2022 年海南省上市公司数量为准。

2022 年海南省每股资本公积金上市公司分布情况如图 4-22 所示。

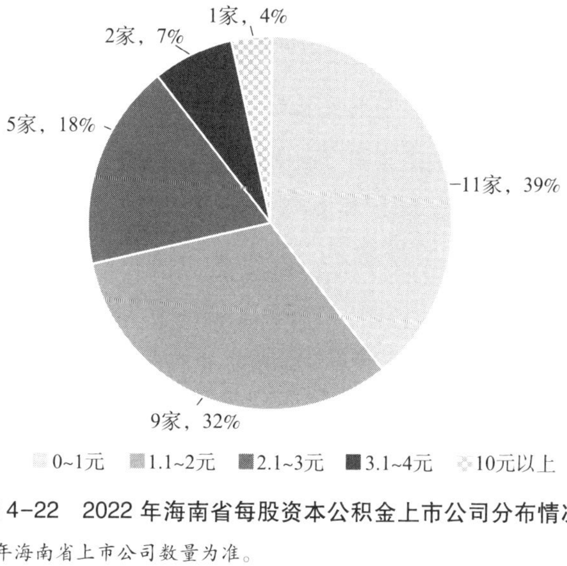

图 4-22　2022 年海南省每股资本公积金上市公司分布情况

注：以 2022 年海南省上市公司数量为准。

2018—2022 年海南省平均每股公积金如图 4-23 所示，2018 年上市公司的平均每股公积金为 2.13 元，2022 年的平均每股公积金为 1.76

元，可以看出从2018年到2022年，上市公司平均每股公积金整体呈下降趋势。

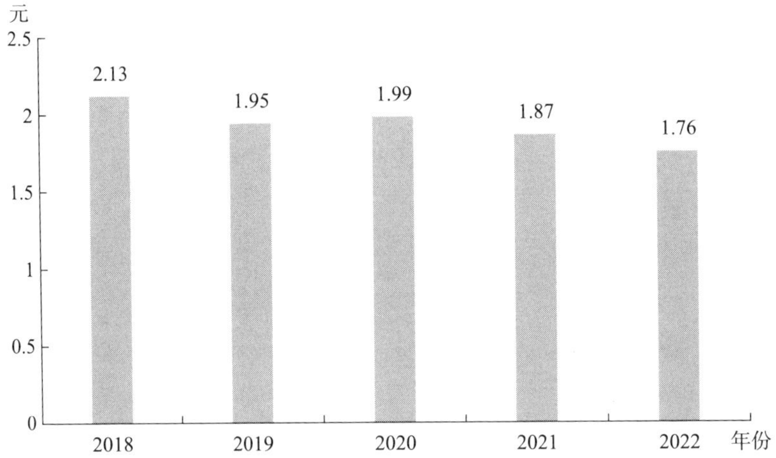

图4-23 2018—2022年海南省平均每股公积金

注：以2022年尚存的上市公司为标准，其中两家为2020年及2021年上市，故图中统计的公司数量为26家。

（二）海南自贸港上市公司整体市场绩效分析

1. 海南省指数与沪深各板块指数的对比分析

如表4-17所示，2022年全年各指数均有不同程度的下跌，上证综指下跌14.95%，深证成指下跌25.52%，沪深300下跌21.27%，创业板指下跌了27.80%，与各大指数相比，海南省指数全年下跌幅度较小，为13.85%[①]。

表4-17 沪深股指数2022年变动情况比较

指数	2022年1月4日	2022年12月30日	涨跌幅（%）
上证综指	3632.33	3089.26	-14.95
深证成指	14791.31	11015.99	-25.52
沪深300	4917.77	3871.63	-21.27
创业板指	3250.16	2346.77	-27.80

① 沪深各板块指数对比，http：//q.10jqka.com.cn/zs/。

续表

指数	2022 年 1 月 4 日	2022 年 12 月 30 日	涨跌幅（%）
中小 100	9994. 21	7340. 34	-26. 55
海南省指数	1983. 56	1708. 92	-13. 85

截至 2022 年 12 月 30 日，各指数的变动情况自 2018 年起到 2022 年，都呈现先增加后减少的趋势（见表 4-18），其中深证成指增速最快，2019 年的增速达到 44. 08%。且深证成指与上证综指的基数起点不一样，深证成指的基点是 1000 点起步，上证综指的基点是 100 点起步，差了 9 倍，所以整体来看深证成指要比上证综指高很多。而海南省指数与各重要 A 股指数相比低很多，到 2022 年 12 月 30 日也未突破 2000 点。

表 4-18　2018—2022 年重要指数变动情况

指数	2018 年 12 月 28 日	2019 年 12 月 31 日	2020 年 12 月 31 日	2021 年 12 月 31 日	2022 年 12 月 30 日
上证综指	2493. 9	3050. 12	3473. 07	3639. 78	3089. 26
深证成指	7239. 79	10430. 77	14470. 68	14857. 35	11015. 99
沪深 300	3010. 65	4096. 58	5211. 29	4940. 37	3871. 63
创业板指	1250. 53	1798. 12	2966. 26	3322. 67	2346. 77
中小 100	4703. 03	6632. 68	9545. 18	9985. 74	7340. 34
海南省指数	1064. 97	1265. 53	1493. 7	1956. 69	1708. 92

2. 海南省指数与各省指数的对比分析

与主要省份相比，海南省指数涨幅最小。我们选取经济较为发达，且上市公司数量较多的几个省份，如广东（除深圳外）、浙江、江苏、山东与海南进行比较。广东（除深圳外）、江苏、浙江和山东跌幅依次为 16. 46%、12. 50%、11. 54%、9. 89%（见表 4-19）。除广东外，海南省的跌幅较大，为 13. 85%，且其趋势变化幅度较大，3 月、4 月跌幅较大，4 月跌入当年最低点，收于 1440. 88 点；12 月涨幅最大，达到当年高点，收于 1708. 92 点①（见表 4-20）。

① 沪深各板块指数对比，http：//q. 10jqka. com. cn/zs/。

表 4-19　海南省指数与各主要省份指数 2022 年变动情况比较

指数	2022 年 1 月 4 日	2022 年 12 月 30 日	涨跌幅（%）
广东（除深圳外）	5602.40	4680.30	-16.46
江苏	4716.63	4127.17	-12.50
浙江	7411.73	6556.08	-11.54
山东	3638.02	3278.24	-9.89
海南	1983.56	1708.92	-13.85

表 4-20　2018—2022 年各省份指数的变动情况

指数	2018 年 12 月 28 日	2019 年 12 月 31 日	2020 年 12 月 31 日	2021 年 12 月 31 日	2022 年 12 月 30 日
广东（除深圳外）	3006.59	3953.65	4679.22	5544.05	4680.30
江苏	2403.45	3031.10	3705.85	4687.68	4127.17
浙江	3868.23	4957.58	5721.7	7341.32	6556.08
山东	1880.89	2404.99	2908.75	3600.38	3278.24
海南	1064.97	1265.53	1493.7	1956.69	1708.92

浙江省指数是这 5 个省份中指数上涨数量最多的，曾在 2021 年达到了 7341.32 点。5 个省份中，山东除了在 2018 年时指数为 1880.89 点，其他年份指数都达到了 2000 点以上，而海南省的指数直到 2022 年都没有突破 2000 点。

六、结论与讨论

经上述研究发现，上市公司有效支撑了海南自贸港高质量发展，发展潜力巨大。一是上市公司分布及结构与经济转型升级方向基本吻合，行业分布主要集中在制造业。截至 2022 年 12 月 31 日，在海南省 28 家上市公司中，行业分布数量最多的是制造业，共有 12 家，占比为 42.86%。二是发展潜力巨大，百亿元以上市值的公司逐年增加。根据数据统计，百亿元以上市值公司从 2018 年的 5 家增长至 2022 年的 11 家，20 亿~100 亿元规模市值的上市公司数量在逐年减少。三是海南自贸港上市公司人才素质整体良好，在人才受教育情况方面，2022 年海南省上市公司高管学历披露中，本科生占比最大，为 45.54%；其次是硕士研究生，占比 38.62%；博